新世纪高职高专
会计与电算化会计类课程规划教材

U0727347

企业纳税会计

QIYE NASHUI KUAIJI

（第二版）

新世纪高职高专教材编审委员会 组编

主　编　杨　雄

副主编　孙金莉

大连理工大学出版社
DALIAN UNIVERSITY OF TECHNOLOGY PRESS

图书在版编目(CIP)数据

企业纳税会计 / 杨雄主编. — 2版. — 大连：大
连理工大学出版社，2013.8(2016.7重印)
　新世纪高职高专会计与电算化会计类课程规划教材
　ISBN 978-7-5611-8111-9

　Ⅰ.①企…　Ⅱ.①杨…　Ⅲ.①企业管理－税收会计－
高等职业教育－教材 Ⅳ.①F275.2

中国版本图书馆 CIP 数据核字(2013)第 184291 号

大连理工大学出版社出版

地址：大连市软件园路 80 号　邮政编码：116023
发行：0411-84708842　邮购：0411-84708943　传真：0411-84701466
E-mail：dutp@dutp.cn　URL：http://www.dutp.cn
大连业发印刷有限公司印刷　　大连理工大学出版社发行

幅面尺寸：185mm×260mm　　印张：18.5　　字数：427 千字
2009 年 6 月第 1 版　　　　2013 年 8 月第 2 版
2016 年 7 月第 6 次印刷

责任编辑：巩玉芳　　　　　　　　责任校对：白　雪
封面设计：张　莹

ISBN 978-7-5611-8111-9　　　　定　价：39.00 元

总　序

　　我们已经进入了一个新的充满机遇与挑战的时代，我们已经跨入了 21 世纪的门槛。

　　20 世纪与 21 世纪之交的中国，高等教育体制正经历着一场缓慢而深刻的革命，我们正在对传统的普通高等教育的培养目标与社会发展的现实需要不相适应的现状作历史性的反思与变革的尝试。

　　20 世纪最后的几年里，高等职业教育的迅速崛起，是影响高等教育体制变革的一件大事。在短短的几年时间里，普通中专教育、普通高专教育全面转轨，以高等职业教育为主导的各种形式的培养应用型人才的教育发展到与普通高等教育等量齐观的地步，其来势之迅猛，发人深思。

　　无论是正在缓慢变革着的普通高等教育，还是迅速推进着的培养应用型人才的高职教育，都向我们提出了一个同样的严肃问题：中国的高等教育为谁服务，是为教育发展自身，还是为包括教育在内的大千社会？答案肯定而且唯一，那就是教育也置身其中的现实社会。

　　由此又引发出高等教育的目的问题。既然教育必须服务于社会，它就必须按照不同领域的社会需要来完成自己的教育过程。换言之，教育资源必须按照社会划分的各个专业（行业）领域（岗位群）的需要实施配置，这就是我们长期以来明乎其理而疏于力行的学以致用问题，这就是我们长期以来未能给予足够关注的教育目的问题。

　　众所周知，整个社会由其发展所需要的不同部门构成，包括公共管理部门如国家机构、基础建设部门如教育研究机构和各种实业部门如工业部门、商业部门，等等。每一个部门又可作更为具体的划分，直至同它所需要的各种专门人才相对应。教育如果不能按照实际需要完成各种专门人才培养的目标，就不能很好地完成社会分工所赋予它的使命，而教育作为社会分工的一种独立存在就应受到质疑（在市场经济条件下尤其如此）。可以断言，按照社会的各种不同需要培养各种直接有用人才，是教育体制变革的终极目的。

新世纪

随着教育体制变革的进一步深入,高等院校的设置是否会同社会对人才类型的不同需要一一对应,我们姑且不论。但高等教育走应用型人才培养的道路和走研究型(也是一种特殊应用)人才培养的道路,学生们根据自己的偏好各取所需,始终是一个理性运行的社会状态下高等教育正常发展的途径。

高等职业教育的崛起,既是高等教育体制变革的结果,也是高等教育体制变革的一个阶段性表征。它的进一步发展,必将极大地推进中国教育体制变革的进程。作为一种应用型人才培养的教育,它从专科层次起步,进而应用本科教育、应用硕士教育、应用博士教育……当应用型人才培养的渠道贯通之时,也许就是我们迎接中国教育体制变革的成功之日。从这一意义上说,高等职业教育的崛起,正是在为必然会取得最后成功的教育体制变革奠基。

高等职业教育还刚刚开始自己发展道路的探索过程,它要全面达到应用型人才培养的正常理性发展状态,直至可以和现存的(同时也正处在变革分化过程中的)研究型人才培养的教育并驾齐驱,还需要假以时日;还需要政府教育主管部门的大力推进,需要人才需求市场的进一步完善发育,尤其需要高职教学单位及其直接相关部门肯于做长期的坚忍不拔的努力。新世纪高职高专教材编审委员会就是由全国100余所高职高专院校和出版单位组成的旨在以推动高职高专教材建设来推进高等职业教育这一变革过程的联盟共同体。

在宏观层面上,这个联盟始终会以推动高职高专教材的特色建设为己任,始终会从高职高专教学单位实际教学需要出发,以其对高职教育发展的前瞻性的总体把握,以其纵览全国高职高专教材市场需求的广阔视野,以其创新的理念与创新的运作模式,通过不断深化的教材建设过程,总结高职高专教学成果,探索高职高专教材建设规律。

在微观层面上,我们将充分依托众多高职高专院校联盟的互补优势和丰裕的人才资源优势,从每一个专业领域、每一种教材入手,突破传统的片面追求理论体系严整性的意识限制,努力凸现高职教育职业能力培养的本质特征,在不断构建特色教材建设体系的过程中,逐步形成自己的品牌优势。

新世纪高职高专教材编审委员会在推进高职高专教材建设事业的过程中,始终得到了各级教育主管部门以及各相关院校相关部门的热忱支持和积极参与,对此我们谨致深深谢意,也希望一切关注、参与高职教育发展的同道朋友,在共同推动高职教育发展、进而推动高等教育体制变革的进程中,和我们携手并肩,共同担负起这一具有开拓性挑战意义的历史重任。

新世纪高职高专教材编审委员会
2001 年 8 月 18 日

前　言

　　《企业纳税会计》(第二版)是新世纪高职高专教材编审委员会组编的会计与电算化会计类课程规划教材之一。本教材是在2009年出版的《企业纳税会计》的基础上修订再版的。第一版教材出版后,受到了相关院校广大师生的欢迎。但是,为了适应我国市场经济发展的需要,近年来我国的会计核算体系及税收法律、法规已发生较大的变化。因此,有必要对第一版教材进行修订。

　　在2002年12月财政部发布《企业会计制度》、2004年6月财政部发布《小企业会计制度》、2006年2月财政部发布《企业会计准则》的基础上,我国的会计核算体系逐步完善;为贯彻落实《中华人民共和国中小企业促进法》和《国务院关于进一步促进中小企业发展的若干意见》,工业和信息化部、国家统计局、发展和改革委员会、财政部研究制定并于2011年6月发布了《中小企业划型标准规定》;为了规范小企业会计确认、计量和报告行为,促进小企业可持续发展,发挥小企业在国民经济和社会发展中的重要作用,根据《中华人民共和国会计法》及其他有关法律、法规,财政部制定了《小企业会计准则》,自2013年1月1日起在小企业范围内施行,同时废止了2004年6月财政部发布的《小企业会计制度》。

　　近年来,国家在税收法律、法规上也出台了一系列新的政策,如:2009年1月修订执行《中华人民共和国增值税暂行条例》《中华人民共和国营业税暂行条例》和《中华人民共和国消费税暂行条例》;2011年6月第六次修订《中华人民共和国个人所得税法》;2011年2月车船税通过立法,并于2012年1月开始执行《中华人民共和国车船税法》;2011年9月国务院修改《中华人民共和国资源税暂行条例》,并于2011年11月开始执行;另外,为了建立健全有利于科学发展的税收制度、促进经济结构调整、支持现代服务业发展,经国务院批准,我国自2012年1月1日起率先在上海启动营业税改增值税试点,目前试点地区已由上海扩大到北京、天津、江苏、浙江、宁波、安徽、福建、厦门、湖北、广东、深圳等12个省、直辖市和计划单列市,财政部、国家税务总局及试点地区的税务机关也相应出台了相关的税收政策。

新世纪

　　基于上述变化,我们对教材进行了再版修订,在保留原来章节结构的基础上,根据我国会计核算体系及税收法律、法规的变化,对各章节进行了必要的补充或修改。

　　考虑到高职高专学生将来的就业方向主要是中小企业的客观实际,本教材在编写过程中贯彻三个指导思想:一是,教材的编写以现行的《企业会计准则》为主线,引用最新的税收政策,同时,对小企业的企业所得税核算适用的"应付税款法"也作了必要的说明,以适应学生将来在小企业从事会计工作的需要;二是,从高职高专教学"主要培养动手能力强的实用型人才"的目标出发,在教材编写中力求多举例说明,并使案例内容贴近当前的纳税实务,从而突出教材的可操作性和通俗易懂性;三是,注重理论与实训结合,通过"复习与思考"的内容加深读者对教材各章内容的理解。

　　本教材是在参考大量税收法律、法规,最新注册税务师考试相关材料,会计、税收方面的相关资料以及引用相关专家研究成果的基础上,结合编者长期从事税收、会计实际工作和教学工作的经验编写而成的。本教材主要作为高职院校会计专业教学的核心教材,同时也可作为中专、高职院校会计专业教师的教学参考书以及在岗会计人员日常学习和自学考试的参考用书。

　　本教材由厦门华天涉外职业技术学院杨雄任主编,郑州轻工业学院民族职业学院孙金莉任副主编。具体编写分工如下:孙金莉编写第1章、第2章和第9章;杨雄编写第3章至第8章;全书由杨雄负责拟定大纲并总撰定稿。

　　本教材在编写和修订过程中,得到了福建德润会计师事务所吴腾烽、厦门晟源税务师事务所江勇航等人的大力支持和帮助,他们为本教材的编写提供了相关资料;姚露也为本教材的修订做了大量的基础性工作,在此一并表示衷心的感谢。

　　由于编者的水平有限,所以书中难免存在不妥和疏漏之处,恳请读者给予批评和指正。

编　者

2013 年 8 月

所有意见和建议请发往:dutpgz@163.com

欢迎访问教材服务网站:http://www.dutpbook.com

联系电话:0411-84707492　84706671

目 录

第**1**章

纳税会计概述

知识目标

1. 了解纳税会计的概念、纳税会计的目标、纳税会计与财务会计的区别与联系；
2. 熟悉税务登记管理办法，发票的领购、开具与保管；
3. 掌握纳税会计核算的基本内容。

1.1　纳税会计的性质

1.1.1　纳税会计的概念

纳税会计就是纳税人为了适应纳税的需要，在遵循国家税收法令和企业会计准则、会计制度的基础上，核算和监督纳税人的纳税事务，实现合理税负的一种专门会计。它以现行国家税收法令为依据，运用会计的专门方法对纳税人的计税依据、税款进行准确计算，依法申报和纳税，从而对纳税人的资金运动进行连续、系统、全面的核算和监督。

1.1.2　纳税会计的目标

纳税会计的目标就是企业通过纳税会计工作要达到的目的，包括依法纳税、履行纳税义务，正确进行纳税会计核算，科学进行税务筹划等。

1. 依法纳税，履行纳税义务

纳税会计是以国家现行税收法令为依据，在会计核算的有关资料基础上，正确计算应纳税款，依法进行纳税申报和税款缴纳有关的会计核算和调整，及时履行纳税义务，为国家税务机关及时提供真实、准确、完整的纳税人会计信息。

2. 正确进行纳税会计核算，认真协调与财务会计的关系

纳税会计要以国家现行税法为准绳，又要按会计规范作会计分录，还要在财务报告中正确披露有关纳税会计信息。它与财务会计是相互补充、相互服务、相互依存的关系。财

务会计要求符合会计准则、会计制度的规定,保持其稳定性、规范性;纳税会计要求保持其依法性。两者作为企业会计的重要组成部分,只有认真配合、相互协调,才能完成各自的具体目标,才能为企业共同的目标服务。

3.合理选择纳税方案,科学进行税务筹划

财务会计要为投资人、债权人、经营者服务,纳税会计同样也要为投资人、债权人、经营者服务。但纳税会计涉及的是与企业纳税有关的特定领域,在这个领域,纳税会计服务、服从于企业会计的总目标,就是如何减轻企业税负。在其他各项收入、成本、费用不变的前提下,如何选择税负较轻的纳税方案,在企业经营的各个环节如何事先进行税负的测算并作出税负最轻的决策,事后如何进行税负分析等,应是纳税会计的主要目标。

1.1.3　纳税会计与财务会计的区别与联系

1.两者的联系

纳税会计作为一项实质性的工作并不是独立存在的,而是企业会计中的一个专门领域,与财务会计相伴而存。它不要求企业在财务会计的凭证、账簿、报表之外,再设一套会计凭证、账簿,而是在此基础上进行纳税计算和调整。纳税会计资料来源于财务会计,它对财务会计与现行税法不符的事项或出于税务筹划目的需要调整的事项,按纳税会计方法计算、调整,并作会计调整分录,体现在财务会计账簿或报告之中。税收与会计之间是相互影响、相互制约、相互促进的。

2.两者的区别

(1)目标不同。财务会计所提供的信息,除了服务于综合部门及外界有关经济利益者,同时也服务于企业自身的生产经营活动;纳税会计则要按现行税法和缴纳办法计算应纳税款,正确履行纳税义务,充分享受纳税人的权利。

(2)对象不同。企业财务会计核算和监督的对象是企业能以货币计量的全部经济业务事项,包括资金的投入、循环、周转、退出等过程;而纳税会计核算和监督的对象只是与计税有关的经济事项,即与计税有关的资金运动。这就是说,原来在财务会计中有关税款的核算、申报、解缴的内容归属于纳税会计核算,由纳税会计以此为核心内容进行分门别类地阐述,而企业财务会计只是对这部分内容作必要的提示即可。

(3)核算基础不同。财务会计是在遵循会计准则、会计制度的基础上,按照企业自身的特点制定核算办法,对企业的经济事项进行核算和反映,力求客观公允地反映经济业务和资金运动。纳税会计不仅要遵循一般会计原则,更要严格按现行税法的要求进行会计核算,当会计准则、会计制度与税法对某一项业务处理的规定不符时,必须按税法的规定进行调整,以保证应纳税款的及时足额的缴纳。

(4)计量标准不同。即收入、收益和费用的确认范围和时间不同。纳税会计是以纳税人立即支付现金的能力、管理上的方便性以及征收当期税款的必要性来确定应税收益的,它是收付实现制和权责发生制的混合物;而财务会计是以持续经营假设为依据的,其记账基础遵循的是权责发生制原则。

1.2 税务登记管理办法

税务登记管理办法的主要内容包括：设立登记，变更登记，停业、复业登记，注销登记，外出经营报验登记等。

1.2.1 设立登记

1. 应当向国家税务机关申报办理税务登记的纳税人

(1)领取营业执照，有缴纳增值税、消费税义务的国有企业、集体企业、私营企业、股份制企业、联营企业、外商投资企业、外国企业以及上述企业在外地设立的分支机构和从事生产、经营的场所。

(2)领取营业执照，有缴纳增值税、消费税义务的个体工商户。

(3)经有权机关批准从事生产、经营，有缴纳增值税、消费税义务的机关、团体、部队、学校以及其他事业单位。

(4)从事生产经营，按照有关规定不需要领取营业执照，有缴纳增值税、消费税义务的纳税人。

(5)实行承包、承租经营，有缴纳增值税、消费税义务的纳税人。

(6)从2002年1月1日起，新成立的非个体工商户纳税人，无论经营范围是否有缴纳增值税、消费税义务，均应办理税务登记。

(7)有缴纳企业所得税义务的纳税人。

可以不申报办理税务登记的有：国家机关、个人、无固定生产、经营场所的流动性农村小商贩。

2. 办理程序

(1)申请：纳税人向办税服务厅税务登记窗口提出申请，并报送所需的有关申请材料。

(2)审核受理：税务登记窗口审核申请人提交的申请材料，材料齐全的，当即受理；申请材料存在可以当场更正错误的，应当允许申请人当场更正；材料不齐或者不符合法定形式的，一次性告知纳税人需要补正的全部内容，申请人补齐有关材料后，再行受理。

(3)交费。

(4)领证。

3. 办理税务登记需提交的申请材料

单位纳税人办理税务登记应当出示、提供以下证件资料(所提供资料原件用于税务机关审核，复印件留存税务机关)：

(1)税务登记表(适用单位纳税人)。

(2)营业执照副本或其他核准执业证件原件及复印件。

(3)组织机构代码证书副本原件及复印件。

(4)注册地址及生产、经营地址证明(产权证、租赁协议)原件及复印件；如为自有房产，应提供产权证或买卖契约等合法的产权证明原件及复印件；如为租赁的场所，应提供租赁协议原件及复印件，出租人为自然人的，还须提供产权证明的复印件；如为生产、经营地址与注册地址不一致的，应分别提供相应证明。

（5）公司章程复印件。

（6）有权机关出具的验资报告或评估报告原件及复印件。

（7）法定代表人（负责人）居民身份证、护照或其他证明身份的合法证件原件及复印件；复印件粘贴在税务登记表的相应位置上。

（8）纳税人跨县（市）设立的分支机构办理税务登记时，还须提供总机构的税务登记证副本复印件。

（9）改组改制企业还须提供有关改组改制的批文原件及复印件。

（10）税务机关要求提供的其他证件资料。

个体工商户办理税务登记应当出示、提供以下证件资料（所提供资料原件用于税务机关审核，复印件留存税务机关）：

（1）税务登记表（适用个体经营）。

（2）营业执照副本或其他核准执业证件原件及复印件。

（3）业主身份证原件及复印件。

（4）房产证明（产权证、租赁协议）原件及复印件；如为自有房产，应提供产权证或买卖契约等合法的产权证明原件及复印件；如为租赁的场所，应提供租赁协议原件及复印件，出租人为自然人的还须提供产权证明的复印件。

个体合伙企业办理税务登记应当出示、提供以下证件资料（所提供资料原件用于税务机关审核，复印件留存税务机关）：

（1）税务登记表（适用个体经营）。

（2）组织机构代码证书副本原件及复印件。

（3）营业执照副本或其他核准执业证件原件及复印件。

（4）房产证明（产权证、租赁协议）原件及复印件；如为自有房产，应提供产权证或买卖契约等合法的产权证明原件及复印件；如为租赁的场所，应提供租赁协议原件及复印件，出租人为自然人的还须提供产权证明的复印件。

（5）负责人居民身份证、护照或其他证明身份的合法证件原件及复印件。

办理临时税务登记应出示、提供以下证件资料（所提供资料原件用于税务机关审核，复印件留存税务机关）：

（1）税务登记表（适用临时税务登记纳税人）。

（2）临时营业执照副本或其他核准执业证件原件及复印件。

（3）法定代表人（负责人）居民身份证、护照或其他证明身份的合法证件原件及复印件；复印件粘贴在税务登记表的相应位置上。

（4）税务机关要求提供的其他证件资料。

4. 办理时限规定

（1）从事生产、经营的纳税人领取工商营业执照（含临时工商营业执照）的，应当自领取工商营业执照之日起 30 日内申报办理税务登记，税务机关核发税务登记证及副本（纳税人领取临时工商营业执照的，税务机关核发临时税务登记证及副本）。

（2）从事生产、经营的纳税人不需办理工商营业执照但须经有关部门批准设立的，应当自有关部门批准设立之日起 30 日内申报办理税务登记，税务机关核发税务登记证及副本。

（3）从事生产、经营的纳税人未办理工商营业执照也未经有关部门批准设立的,应当自纳税义务发生之日起 30 日内申报办理税务登记,税务机关不得发放临时税务登记证件,但要按规定征税。

5.税务登记证的使用规定

（1）税务登记证不得转借、涂改、损毁、买卖或者伪造。

（2）应当在生产、经营场所内明显易见的地方张挂。

（3）固定业户外出经营的,应携带税务登记证副本亮证经营,并接受税务机关的查验。

（4）除税法规定不需要发给税务登记证件外,纳税人办理下列事项必须持税务登记证件:开立银行账户,申请减税、免税、退税,申请办理延期申报、延期缴纳税款,领购发票,申请开具外出活动税收管理证明,办理停业、歇业、其他有关税务事项。

1.2.2 变更登记

如果税务登记内容发生变化,应向主管税务机关申报办理变更税务登记。需向工商行政管理部门办理变更登记的,应当自办理变更之日起 30 日内,持有关证件向主管税务机关申报办理变更税务登记。不需向工商行政管理部门办理变更登记的,应当自有关机关批准或宣布变更之日起 30 日内,持有关证明向主管税务机关申报办理变更税务登记。

办理税务登记时,应当向主管税务机关提交变更证明,如实填写变更税务登记表,一式三份。

1.变更税务登记应提供的证件、资料包括:

（1）税务登记变更表。

（2）工商登记变更表、工商营业执照证件及复印件。

（3）纳税人变更登记内容的有关证明文件及复印件。

（4）税务机关发放的原税务登记证件（登记证正、副本和税务登记表）。

（5）税务机关需要的其他资料。

2.不需要在工商行政机关办理变更登记,或者变更登记的内容与工商登记内容无关的,应提供的证件、资料包括:

（1）税务登记变更表。

（2）纳税人变更登记内容的有关证明文件及复印件。

（3）税务机关发放的原税务登记证件（登记证正、副本和税务登记表等）。

（4）税务机关需要的其他资料。

1.2.3 停业、复业登记

实行定期定额征收方式的个体工商户需要停业的,应当在停业前向税务机关申报办理停业登记。纳税人的停业期限不得超过一年。

注:停业登记的对象仅限于实行"非查账征收"的纳税人。对实行"查账征收"的纳税人不予办理停业登记,该类纳税人在核定的申报纳税期间内,无经营收入或其他收入的,应办理零纳税申报。

1.纳税人在申报办理停业登记时,应如实填写停业申请登记表,说明停业理由、停业期限、停业前的纳税情况和发票的领、用、存情况,并结清应纳税款、滞纳金、罚款。税务机关应收存其税务登记证件及副本、发票领购簿、未使用完的发票和其他税务证件。

2.纳税人在停业期间发生纳税义务的,应当按照税收法律、行政法规的规定申报缴纳税款。

3.纳税人应当于恢复生产经营之前,向税务机关申报办理复业登记,如实填写停、复业报告书,领回并启用税务登记证件、发票领购簿及其停业前领购的发票。

4.纳税人停业期满不能及时恢复生产经营的,应当在停业期满前向税务机关提出延长停业登记申请,并如实填写停、复业报告书。

1.2.4　注销登记

纳税人发生解散、破产、撤销以及其他情形,依法终止纳税义务的,应当在向工商行政管理机关或者其他机关办理注销登记前,持有关证件向原税务主管机关申报办理注销税务登记。

1.按照规定不需要在工商行政管理机关或者其他机关办理注册登记的,应当自有关机关批准或宣告终止之日起15日内,持有关证件向原税务主管机关申报办理注销税务登记。

2.纳税人因住所、经营地点变动而涉及改变税务登记机关的,应当在向工商行政管理机关或者其他机关申请办理变更或注销登记前或者住所、经营地点变动前,向原税务主管机关申报办理注销税务登记,并在30日内向迁达地税务机关申请办理税务登记。

3.纳税人被工商行政管理机关吊销营业执照或者其他机关予以撤销登记的,应当自营业执照被吊销或者被撤销登记之日起15日内,向原税务主管机关申报办理注销税务登记。

4.纳税人办理注销税务登记的前提条件包括:

(1)使用防伪税控开票系统的企业,办理防伪税控开票系统、金税卡、IC卡缴销手续。

(2)申请注销一般纳税人。

(3)缴销发票。

(4)清算所得税。

(5)结清税款、滞纳金、罚款。

5.纳税人办理注销税务登记须报送的附件资料包括:

(1)税务登记注销申请报告。

(2)税务登记证正、副本。

(3)发票登记簿和发票缴销申报审批表。

(4)增值税一般纳税人年检结果通知书。

(5)防伪税控注销证明。

1.2.5　外出经营报验登记

纳税人到外县(市)临时从事生产经营活动的,应当在外出生产经营以前,持税务登记证向主管税务机关申请开具外出经营活动税收管理证明(以下简称外管证)。

1.税务机关按照一地一证的原则核发外管证,外管证的有效期限一般为30日,最长不得超过180天。

2.纳税人应当在外管证注明地进行生产经营前向当地税务机关报验登记,并提交下列证件、资料：

(1)税务登记证件副本。

(2)外管证。纳税人在外管证注明地销售货物的,除提交以上证件、资料外,应如实填写外出经营货物报验单,申报查验货物。

3.纳税人外出经营活动结束,应当向经营地税务机关填报外出经营活动情况申报表,并结清税款、缴销发票。

4.纳税人应当在外管证有效期届满后 10 日内,持外管证回原税务登记地税务机关办理外管证缴销手续。

1.2.6　证照管理

纳税人、扣缴义务人遗失税务登记证件的,应当自遗失税务登记证件之日起 15 日内,书面报告主管税务机关,如实填写税务登记证件遗失报告表,并将纳税人的名称、税务登记证件名称、税务登记证件号码、税务登记证件有效期、发证机关名称在税务机关认可的报刊上作遗失声明,凭报刊上刊登的遗失声明向主管税务机关申请补办税务登记证件。

1.2.7　非正常户处理

已办理税务登记的纳税人未按照规定的期限申报纳税,在税务机关责令其限期改正后,逾期不改正的,税务机关应当派员实地检查。查无下落并且无法强制其履行纳税义务的,由检查人员制作非正常户认定书,存入纳税人档案,税务机关暂停其税务登记证件、发票领购簿和发票的使用。

纳税人被列入非正常户超过 3 个月的,税务机关可以宣布其税务登记证件失效,其应纳税款的追征仍按《税收征管法》及其实施细则的规定执行。

1.2.8　法律责任

1.纳税人未按照规定期限申报办理税务登记、变更或者注销登记的,税务机关应当自发现之日起 3 日内责令其限期改正,并依照《税收征管法》第六十条的规定,可以处以 2 000 元以下的罚款;情节严重的,处以 2 000 元以上 1 万元以下的罚款。

2.纳税人不办理税务登记的,税务机关应当自发现之日起 3 日内责令其限期改正;逾期不改正的,依照《税收征管法》第六十条的规定,处以 2 000 元以上 1 万元以下的罚款;情节严重的,处以 1 万元以上 5 万元以下的罚款。经税务机关提请,由工商行政管理机关吊销其营业执照。

3.纳税人未按照规定使用税务登记证件,或者转借、涂改、损毁、买卖、伪造税务登记证件的,依照《税收征管法》第六十条的规定,处以 2 000 元以上 1 万元以下的罚款;情节严重的,处以 1 万元以上 5 万元以下的罚款。

4.纳税人通过提供虚假的证明资料等手段,骗取税务登记证的,处以 2 000 元以下的罚款;情节严重的,处以 2 000 元以上 1 万元以下的罚款。纳税人涉嫌其他违法行为的,按有关法律、行政法规的规定处理。

5.扣缴义务人未按照规定办理扣缴税款登记的,税务机关应当自发现之日起 3 日内责令其限期改正,并可处以 2 000 元以下的罚款。

6.纳税人、扣缴义务人违反本办法规定,拒不接受税务机关处理的,税务机关可以收缴其发票或者停止向其发售发票。

7.税务人员徇私舞弊或者玩忽职守,违反本办法规定为纳税人办理税务登记相关手续,或者滥用职权,故意刁难纳税人、扣缴义务人的,调离工作岗位,并依法给予行政处分。

1.3　发票概述

1.3.1　发票的基本内容及领购

发票是指在购销商品、提供或者接受劳务以及从事其他经营活动中所开具的收付款凭证。发票是财务收支的法定凭证,是会计核算的原始凭据,也是税务稽查的重要依据。

1.发票的基本内容

发票的基本内容包括:发票的名称、字轨号码、联次及用途;客户名称、开户银行及账号;商品名称或经营项目;计量单位、数量、单价、大小写金额;开票人、开票日期及开票单位(个人)名称(章)等。如果是代扣、代收、委托代征税款的,其发票内容应当包括代扣、代收、委托代征税种的税率和代扣、代收、委托代征的税额。增值税专用发票还应当包括:购货人地址;购货人税务登记号;增值税税率、税额;供货方名称、地址及其税务登记号。

2.发票的领购

依法办理税务登记的单位和个人,在领取税务登记证件后,应向主管税务机关申请领购发票。依法不需办理税务登记的单位,如需要领购发票,可按照有关规定向主管税务机关申请领购发票,经主管税务机关审核后,发给发票领购簿。领购发票的单位和个人,凭发票领购簿核准的种类、数量以及购票方式,向主管税务机关领购发票。需要临时使用发票的单位和个人,可直接向税务机关申请办理。临时到外省、自治区、直辖市从事经营活动的单位或个人,应当凭所在地税务机关的证明,向经营地税务机关申请领购经营地的发票。具体程序是:

(1)纳税人提出购票申请。

(2)纳税人提供经办人身份证件、税务登记证件或其他有关证明、财务印章或发票专用章的印模。

(3)主管税务机关审核后,发给发票领购簿。

(4)纳税人凭发票领购簿核准的种类、数量以及购票方式,向主管税务机关领购发票。

增值税专用发票只准增值税一般纳税人领购使用,增值税小规模纳税人和非增值税纳税人不得领购使用。

1.3.2　发票的使用

销售商品、提供劳务以及从事其他经营活动的单位和个人,对外发生经营业务收取款项,收款方应向付款方开具发票;在特殊情况下,也可由付款方向收款方开具发票。填开发票的单位和个人必须在发生经营业务确认营业收入时开具发票。未发生经营业务,一律不准开具发票。所有单位和从事生产经营活动的个人,在购买商品、接受劳务以及从事其他经营活动而支付款项时,应当向收款方索取发票。取得发票时,不得要求变更品名和金额。

开具发票应当按照规定的时限、顺序,逐栏、全部联次一次性如实开具,并加盖单位财务印章或者发票专用章。使用电子计算机开具发票,应经主管税务机关批准,并使用税务机关统一监制的机外发票,开具后的存根应当按照顺序号装订成册。任何单位和个人不得转借、转让、代开发票;未经税务机关批准,不得拆本使用发票;不得自行扩大发票的使用范围。发票限于领购单位和个人在本省、自治区、直辖市内开具。任何单位和个人未经批准不得跨规定的使用区域携带、邮寄、运输空白发票,禁止携带、邮寄或者运输空白发票出入境。不符合规定的发票,不得作为财务报销凭证,任何单位和个人有权拒收。

1.3.3 发票的保管和检查

开具发票的单位和个人应当按照税务机关的规定存放和保管发票,不得擅自损毁,已经开具的发票存根联和发票登记簿应当保存5年。保存期满后必须经税务机关查验方可销毁。开具发票的单位和个人应当建立发票使用登记制度,设置发票记账簿,并定期向主管税务机关报告发票使用情况。如果办理变更或者注销税务登记,应同时办理发票和发票领购簿的变更、缴销手续;发票丢失应于丢失当日书面报告主管税务机关,并在报刊和电视等新闻媒体上公告声明作废。

印制、使用发票的单位和个人必须接受税务机关的依法检查,如实反映情况,提供有关资料,不得拒绝、隐瞒。税务机关有权检查发票的印刷、领购、开具、取得和保管情况,有权调出发票查验,有权查阅、复制与发票有关的资料、凭证,有权向当事人询问与发票有关的情况,并进行记录、录音、录像、照相、复制等。

对从境外取得的与纳税有关的发票、凭证,税务机关在纳税审查有疑义时,可以要求企业提供境外公证机构或注册会计师的确认证明,经税务机关认可后,方可作为记账凭证。违反发票管理法规的,要依法承担有关法律责任。

1.4 纳税申报与税款征收方式

1.4.1 纳税申报

1. 纳税申报的内容

纳税人应在规定的申报期限内办理纳税申报。报送的内容主要有:纳税申报表、财务会计报表、税务机关要求报送的其他纳税资料。

扣缴义务人应在规定的申报期限内报送如下资料:代扣代缴人、代收代缴人税款报告表;代扣代缴、代收代缴税款的合法凭证;税务机关要求扣缴义务人报送的其他有关资料。

2. 纳税申报方式

(1)直接申报:纳税人到办税服务厅报送纳税申报表及有关资料,办理税款入库的方式。

(2)数据电文申报:主要有电话申报、网上申报、银行网点申报等。

①电话申报纳税系统

以电话线为传输媒体,纳税人通过电话机进入税务机关报税服务器,然后根据语音提示,分步输入纳税人的编码、密码、税种、税额等数据。税务机关通过与银行联网,将信息传给银行,银行根据与纳税人签订的协议,从其账户或信用卡中直接扣款完成税款划解,并将征收信息实时或定时传输至税务机关。

②网上申报纳税系统

税务机关利用国际互联网(Internet)技术,建立综合性网站作为传输媒体,或者通过电信专线网(X.25、DDN、FR 等)以"点对点"形式将纳税人的电脑终端与税务机关报税系统网络服务器连接。纳税人使用报税软件输入纳税申报信息,将生成的电子数据通过网络传送到税务机关的计算机主机系统。经审核确认电子数据合法、准确后,利用税银联网实时传输信息,由银行将税款从纳税人的税款预储账户中直接划入国库。

③银行网点申报纳税系统

税务机关选择实现了全系统联网、能够通存通兑的银行,与其合作实现双方联网运作,并委托该银行代征税款。自愿申请采取银行网点申报纳税方式的纳税人可以到选定银行的任何一个营业网点就近办理申报纳税事宜,银行网点电脑终端从税务机关的报税服务器上调取纳税人的纳税信息,然后从纳税人账户或信用卡中直接扣款(或收取缴税现金)完成税款划解,并将征收信息实时或定时传输至税务机关。

(3)邮寄申报:纳税人在法定申报期限内自行计算应纳税款,然后将纳税申报表及有关资料,用当地税务机关发放的专用信封邮寄到税务机关指定部门,然后通过邮汇或者电汇方式缴纳税款的一种申报方式。

(4)税收法律法规规定的其他申报方式。

1.4.2　税款征收方式

1.自核自缴

由纳税人对企业当期实现的营业收入或利润总额进行核实后,按税法规定的税率计算应纳税额,填写税收缴款书,自行到指定银行交款纳税。主管税务机关定期或不定期进行检查。

2.查账征收

纳税人在规定的期限内,向主管税务机关报送会计报表和其他有关资料,经税务机关核实后,先开税收缴款书,由纳税人在规定期限内到指定银行交款纳税。然后,税务机关派员查账,并根据查账结果进行多退少补。

3.查定征收

由税务机关根据纳税人的生产经营情况核定产量或销售额,并依税率计算税额,纳税人按核定的税额缴纳税款。

4.查验征收

税务机关对纳税人的申报资料进行审核并实地查看后,确定应纳税额,纳税人按核定的税额缴纳税款。

5.定期定额征收

由税务机关根据纳税人经营情况及同行的平均水平核定各期的应纳税额,纳税人按核定的税额缴纳税款。

此外,还有代收代缴、代扣代缴、委托代征等征收方式。

复习与思考

一、名词解释

纳税会计　发票

二、单项选择题

1.从事生产、经营的纳税人,自领取工商营业执照之日起(　　)日内办理税务登记。

A. 30　　　　　　　B. 15　　　　　　　C. 20　　　　　　　D. 10

2.已经开具的发票存根联和发票登记簿应当保存(　　)年。

A. 10　　　　　　　B. 5　　　　　　　C. 3　　　　　　　D. 15

3.税务机关根据纳税人的生产经营情况核定产量或销售额,并依率计算税额,纳税人按核定的税额缴纳税款的征收方式为(　　)。

A.查账征收　　　　B.查验征收　　　　C.查定征收　　　　D.自核自缴

三、多项选择题

1.下列各项中属于纳税会计目标的有(　　)。

A.依法纳税,履行纳税义务

B.正确进行纳税会计核算,认真协调与财务会计的关系

C.合理选择纳税方案,科学进行税务筹划

D.为使用者提供有用的会计信息

2.纳税会计与财务会计的区别是(　　)。

A.目标不同　　　　B.对象不同

C.核算基础不同　　D.计量标准不同

3.纳税申报的方式有(　　)。

A.直接申报　　　　B.数据电文申报

C.邮寄申报　　　　D.定期定额申报

四、判断题

1.纳税人税务登记内容发生变化的,应当自办理工商变更登记之日起 15 日内,持有关证件向主管税务机关申报办理变更税务登记。　　　　　　　　　　　(　　)

2.实行定期定额征收方式的个体工商户需要停业的,应当在停业前向税务机关申报办理停业登记。　　　　　　　　　　　　　　　　　　　　　　　　　(　　)

3.已经开具的发票存根保存期满后可自行销毁。　　　　　　　　　　　　(　　)

4.查定征收即税务机关对纳税人的申报资料进行审核并实地查看后,确定应纳税额,纳税人按此核定税额缴纳税额的一种税款征收方式。　　　　　　　　　　(　　)

第 **2** 章

增值税会计

知识目标

1. 了解增值税的概念及特点、增值税的征税范围、增值税一般纳税人与小规模纳税人的认定、增值税税率、增值税的税收优惠规定、增值税纳税义务发生时间、增值税的纳税期限和地点、税务机关代开增值税专用发票的相关规定；

2. 熟悉增值税专用发票的领购、使用、保管、检查、作用、开具范围、内容、开具要求等；

3. 掌握增值税专用发票开具后发生退货或销售折让的处理、电子计算机开具增值税专用发票的要求、增值税应纳税额的计算、增值税会计核算和纳税申报。

2.1 增值税概述

2.1.1 增值税的概念及特点

增值税是对在我国境内销售货物或者提供加工、修理修配劳务以及进口货物的单位和个人,就其取得的货物或应税劳务的增值额征收的一种流转税。

我国现行增值税具有以下特点:

1. 征税范围广

增值税依据普遍征税原则,征税对象广泛涉及商品生产、批发、零售和各种服务业,甚至农业。

2. 价外计税

增值税以不含增值税税额的价格为计税依据,销售商品时,增值税专用发票上分别注明增值税税款和不含增值税的销售额。

3. 实行根据增值税专用发票抵扣税款的制度

购进货物或接受应税劳务支付款项时所取得的增值税专用发票上注明的税款,在计算本环节销售货物或提供应税劳务应纳税款时予以抵扣,以避免出现重复征税。

4. 实行多环节征税

从纳税环节看,增值税实行多环节征税,即一种货物或劳务从生产到最终进入消费,每经过一道生产经营环节就征收一道税,而不是只在某一环节征税,也不是只征一道税。

2.1.2 增值税的征税范围

增值税的征税范围是指在我国境内销售的货物或者提供的加工、修理修配劳务以及进口的货物。具体包括:

1. 销售货物

销售货物是指有偿转让货物的所有权,能从购货方取得货款、货物或者其他经济利益的行为。货物是指包括电力、热力、气体等在内的有形动产。

2. 提供加工、修理修配劳务

加工是指受托加工货物,即委托方提供原料及主要材料,受托方按照委托方的要求制造货物并收取加工费的业务;修理修配是指受托对损伤和丧失功能的货物进行修复,使其恢复原状和功能的业务。

3. 视同销售行为

(1)将货物交付其他单位或者个人代销;

(2)销售代销货物;

(3)设有两个以上机构并实行统一核算的纳税人,将货物从一个机构移送其他机构用于销售,但相关机构设在同一县(市)的除外;

(4)将自产或者委托加工的货物用于非增值税应税项目;

(5)将自产、委托加工的货物用于集体福利或者个人消费;

(6)将自产、委托加工或者购进的货物作为投资,提供给其他单位或者个体工商户;

(7)将自产、委托加工或者购进的货物分配给股东或者投资者;

(8)将自产、委托加工或者购进的货物无偿赠送其他单位或者个人。

4. 混合销售行为

一项销售行为如果既涉及货物又涉及非增值税应税劳务,这项销售行为称为混合销售行为。为了避免对同一销售行为征收两种税,现行税法规定从事货物生产、批发或零售以及以货物生产、批发或零售为主的企业、企业性单位和个体经营者的混合销售行为,视同销售货物,一并征收增值税;其他单位和个人的混合销售行为,视为提供非增值税应税劳务,不征收增值税。

5. 兼营销售

兼营销售是指增值税的纳税人在销售货物和提供应税劳务的生产经营过程中,还兼营非应税劳务。对兼营销售,纳税人应分别核算货物或应税劳务和非应税劳务的销售额,分别纳税;不分别核算或不能准确核算的,其非应税劳务应与货物或应税劳务一并征收增值税。

6.特殊征税项目

特殊征税项目包括货物期货(含商品期货和贵金属期货)、银行销售金银的业务、典当业销售死当物品、寄售业代委托人销售寄售物品、集邮商品(如邮票、首日封、邮折等)的生产以及邮政部门以外的其他单位和个人的销售业务。

2.1.3　增值税一般纳税人与小规模纳税人的认定

根据《增值税暂行条例》的规定,凡是在我国境内从事销售货物或者提供加工、修理修配劳务以及进口货物的单位和个人,均是增值税的纳税人。单位包括企业、行政单位、事业单位、军事单位、社会团体及其他单位。个人包括个体经营者及其他个人。

我国现行增值税实行税凭证抵扣税款的制度,为了严格增值税的征收管理和对某些经营规模小的纳税人简化计税办法,我国现行增值税条例规定,将纳税人按其经营规模的大小及会计核算健全与否分为一般纳税人和小规模纳税人。

1.一般纳税人的认定

年应征增值税销售额超过增值税暂行条例规定的小规模纳税人标准且会计核算健全的企业和企业性单位,经税务机关审核认定为增值税一般纳税人,个人、非企业性单位和不经常发生增值税应税行为的企业不能认定为一般纳税人。企业被认定为一般纳税人,可以按规定领购和使用增值税专用发票,按增值税一般纳税人的有关规定计算缴纳增值税。除国家税务总局另有规定外,纳税人一经认定为一般纳税人后,不得转为小规模纳税人。

2.小规模纳税人的认定

(1)从事货物生产或者提供应税劳务的纳税人以及以从事货物生产或者提供应税劳务为主并兼营货物批发或者零售的纳税人,年应征增值税销售额(以下简称应税销售额)在50万元以下(含本数,下同)的。以从事货物生产或者提供应税劳务为主,是指纳税人的年货物生产或者提供应税劳务的销售额占年应税销售额的比重在50%以上。

(2)除上述(1)项规定以外的纳税人,年应税销售额在80万元以下的。

(3)年应税销售额超过小规模纳税人标准的其他个人按小规模纳税人纳税;非企业性单位、不经常发生应税行为的企业可选择按小规模纳税人纳税。

2.1.4　增值税税率

1.一般纳税人的税率

一般纳税人的增值税税率分为基本税率和低税率。

(1)基本税率为17%,它适用于除低税率和纳税人出口货物适用退(免)税规定的货物以外的其他应税货物以及加工、修理修配劳务。

(2)低税率为13%,主要包括:粮食、食用植物油;自来水、暖气、冷气、热水、煤气、石油液化气、天然气、沼气、居民用煤炭制品;图书、报纸、杂志;饲料、化肥、农药、农机(不包括农机零部件)、农膜;国务院规定的其他货物。

2．小规模纳税人的征收率

小规模纳税人采用简易办法征收，适用的征收率为 3%。包括工业和商品流通企业的小规模纳税人。

2.1.5　增值税的税收优惠规定

1．起征点规定

纳税人销售额未达到国务院财政、税务主管部门规定的增值税起征点的，免征增值税；达到起征点的，依照税法规定全额计算缴纳增值税。增值税起征点的适用范围限于个人。增值税的起征点是：

(1)货物销售额的起征点为月销售额 5 000～20 000 元；

(2)应税劳务销售额的起征点为月销售额 5 000～20 000 元；

(3)按次纳税的起征点为每次(日)销售额 300～500 元。

前款所称销售额，是指小规模纳税人的销售额。

省、自治区、直辖市财政厅(局)和国家税务局应在规定的幅度内，根据实际情况确定本地区适用的起征点，并报财政部、国家税务总局备案。如福建省，销售货物的起征点为 5 000 元，销售应税劳务的起征点为 3 000 元，按次纳税的起征点为 200 元。

2．减免税规定

下列项目免征增值税：

(1)农业生产者销售的自产农产品；

(2)避孕药品和用具；

(3)古旧图书；

(4)直接用于科学研究、科学试验和教学的进口仪器、设备；

(5)外国政府、国际组织无偿援助的进口物资和设备；

(6)由残疾人组织直接进口供残疾人专用的物品；

(7)个人(不包括个体经营者)销售自己使用过的物品(游艇、摩托车、汽车除外)。

纳税人(含旧机动车经营单位)销售自己使用过的属于应征消费税的机动车、游艇、摩托车，不论销售者是否属于一般纳税人，售价超过原值的，按照 4% 的征收率减半征收，售价未超过原值的，免征增值税。销售自己使用过的其他固定资产，不论销售者是否属于一般纳税人，均暂免征收增值税。但使用过的其他固定资产应具备下列条件：

(1)属于企业固定资产目录所列货物；

(2)企业按固定资产管理，并确定已使用过的货物；

(3)销售价格不得超过其原值的货物。

2.1.6　增值税纳税义务发生时间

销售额的确认时间是纳税义务发生时间。按现行税法的规定，销售货物或应税劳务，增值税纳税义务发生时间为收讫销售款项或者取得索取销售款项凭据的当天；先开具发票的，为开具发票的当天。按销售结算方式的不同具体分为：

1．采取直接收款方式销售货物，不论货物是否发出，均为收到销售款或者取得索取销售款凭据，并将提货单交给买方的当天。

2．采取托收承付和委托收款方式销售货物，为发出货物并办妥托收手续的当天。

3．采取赊销和分期收款方式销售货物，为按合同约定的收款日期的当天。

4．采取预收货款方式销售货物，为货物发出的当天，但生产销售生产工期超过12个月的大型机械设备、船舶、飞机等货物，为收到预收款或者书面合同约定的收款日期的当天。

5．委托其他纳税人代销货物，为收到代销单位的代销清单或者收到全部或者部分货款的当天。未收到代销清单及货款的，为发出代销货物满180天的当天。

6．销售应税劳务，为提供劳务同时收讫销售款或者取得索取销售款凭据的当天。

7．纳税人发生前述增值税征税范围中的"视同销售行为"除（1）、（2）项之外的，为货物移送当天。

进口货物，增值税纳税义务发生时间为报关进口当天。

增值税扣缴义务发生时间为纳税人增值税纳税义务发生的当天。

2.1.7　增值税的纳税期限、地点

1．纳税期限

纳税人以1个月或者1个季度为1个纳税期的，自期满之日起15日内申报纳税；以1日、3日、5日、10日或者15日为1个纳税期的，自期满之日起5日内预缴税款，于次月1日起15日内申报纳税并结清上月应纳税款。纳税人进口货物，应当自海关填发海关进口增值税专用缴款书之日起15日内缴纳税款。

2．纳税地点

（1）固定业户应当向其机构所在地的主管税务机关申报纳税。总机构和分支机构不在同一县（市）的，应当分别向各自所在地的主管税务机关申报纳税；经国务院财政、税务主管部门或者其授权的财政、税务机关批准，可以由总机构汇总向总机构所在地的主管税务机关申报纳税。

（2）固定业户到外县（市）销售货物或者应税劳务，应当向其机构所在地的主管税务机关申请开具外出经营活动税收管理证明，并向其机构所在地的主管税务机关申报纳税；未开具证明的，应当向销售地或者劳务发生地的主管税务机关申报纳税；未向销售地或者劳务发生地的主管税务机关申报纳税的，由其机构所在地的主管税务机关补征税款。

（3）非固定业户销售货物或者应税劳务，应当向销售地或者劳务发生地的主管税务机关申报纳税；未向销售地或者劳务发生地的主管税务机关申报纳税的，由其机构所在地或者居住地的主管税务机关补征税款。

（4）进口货物，应当向报关地海关申报纳税。

（5）扣缴义务人应当向其机构所在地或者居住地的主管税务机关申报缴纳其扣缴的税款。中华人民共和国境外的单位或者个人在境内提供应税劳务，在境内未设有经营机构的，以其境内代理人为扣缴义务人；在境内没有代理人的，以购买方为扣缴义务人。

2.2　增值税发票

2.2.1　增值税专用发票管理的基本内容

1.增值税专用发票的概念

增值税专用发票(以下简称专用发票),是增值税一般纳税人(以下简称一般纳税人)销售货物或者提供应税劳务开具的发票,是购买方支付增值税额并可按照增值税有关规定据以抵扣增值税进项税额的凭证。

一般纳税人应通过增值税防伪税控系统(以下简称防伪税控系统)使用专用发票。所谓使用,包括领购、开具、缴销、认证纸质专用发票及其相应的数据电文。

所称防伪税控系统,是指经国务院同意推行的,使用专用设备和通用设备、运用数字密码和电子存储技术管理专用发票的计算机管理系统。所称专用设备,是指金税卡、IC卡、读卡器和其他设备。所称通用设备,是指计算机、打印机、扫描器具和其他设备。

2.增值税专用发票联次

专用发票由基本联次或者基本联次附加其他联次构成,基本联次为三联:发票联、抵扣联和记账联。发票联,作为购买方核算采购成本和增值税进项税额的记账凭证;抵扣联,作为购买方报送主管税务机关认证和留存备查的凭证;记账联,作为销售方核算销售收入和增值税销项税额的记账凭证。其他联次用途,由一般纳税人自行确定。

3.增值税专用发票的最高开票限额管理

专用发票实行最高开票限额管理。最高开票限额,是指单份专用发票开具的销售额合计数不得达到的上限额度。

最高开票限额由一般纳税人申请,税务机关依法审批。最高开票限额为十万元及以下的,由区县级税务机关审批;最高开票限额为一百万元的,由地市级税务机关审批;最高开票限额为一千万元及以上的,由省级税务机关审批。防伪税控系统的具体发行工作由区县级税务机关负责。

税务机关审批最高开票限额应进行实地核查。批准使用最高开票限额为十万元及以下的,由区县级税务机关派人实地核查;批准使用最高开票限额为一百万元的,由地市级税务机关派人实地核查;批准使用最高开票限额为一千万元及以上的,由地市级税务机关派人实地核查后将核查资料报省级税务机关审核。

一般纳税人申请最高开票限额时,需填报最高开票限额申请表(格式见表2-1)。

4.增值税发票的初始发行

一般纳税人领购专用设备后,凭最高开票限额申请表、发票领购簿到主管税务机关办理初始发行。所谓初始发行,是指主管税务机关将一般纳税人的企业名称、税务登记代码、开票限额、购票限量、购票人员姓名、密码、开票机数量、国家税务总局规定的其他信息等载入空白金税卡和IC卡的行为。一般纳税人发生税务登记代码信息变化,应向主管税务机关申请注销发行,除此之外的信息变化,应向主管税务机关申请变更发行。一般纳税人凭发票领购簿、IC 卡和经办人身份证明领购专用发票。

一般纳税人有下列情形之一的,不得领购开具专用发票:

(1)会计核算不健全,不能向税务机关准确提供增值税销项税额、进项税额、应纳税额数据及其他有关增值税税务资料的。上列其他有关增值税税务资料的内容,由省、自治区、直辖市和计划单列市国家税务局确定。

(2)有《税收征管法》规定的税收违法行为,拒不接受税务机关处理的。

(3)有下列行为之一,经税务机关责令限期改正而仍未改正的:

①虚开增值税专用发票;

②私自印制专用发票;

③向税务机关以外的单位和个人买取专用发票;

④借用他人专用发票;

⑤未按规定开具专用发票;

⑥未按规定保管专用发票和专用设备;

⑦未按规定申请办理防伪税控系统变更发行;

⑧未按规定接受税务机关检查。

有上列情形的,如已领购专用发票,主管税务机关应暂扣其结存的专用发票和 IC 卡。

表 2-1　　　　　　　　　　　　　**最高开票限额申请表**

	企业名称		税务登记代码	
申请事项（由企业填写）	地　　址		联系电话	
	申请最高开票限额	□一亿元　　□一千万元　　□一百万元 □十万元　　□一万元　　□一千元 （请在选择数额前的□内打"√"）		
	经办人(签字):　　　　　　企业(印章): 　年　月　日　　　　　　年　月　日			
区县级税务机关意见	批准最高开票限额: 经办人(签字):　　　　批准人(签字):　　　　　税务机关(印章) 　年　月　日　　　　　年　月　日　　　　　　年　月　日			
地市级税务机关意见	批准最高开票限额: 经办人(签字):　　　　批准人(签字):　　　　　税务机关(印章) 　年　月　日　　　　　年　月　日　　　　　　年　月　日			
省级税务机关意见	批准最高开票限额: 经办人(签字):　　　　批准人(签字):　　　　　税务机关(印章) 　年　月　日　　　　　年　月　日　　　　　　年　月　日			

注:本申请表一式两联;第一联,申请企业留存;第二联,区县级税务机关留存。

2.2.2　增值税专用发票的作用、开具范围、要求及基本内容

1.增值税专用发票的作用

增值税专用发票,既是增值税制度的基本内容之一,也是增值税得以实施的一项重要基础工作。它对增值税的计算和管理起着决定性的作用。

(1)由于实行凭发票购进税款扣税,购货方要向销货方支付增值税,因而增值税专用发票具有完税凭证的作用,是兼具销货方纳税义务和购货方进项税额的合法证明。

(2)增值税专用发票可以将一种货物从最初生产到最终消费之间的各个环节连接起来,按专用发票上注明的税额,逐环节征税,逐环节扣税,把税款从一个经营环节传递到下一个经营环节,直到把商品或劳务供应给最终消费者。从而使各环节开具的专用发票上注明的应纳税款之和就是该商品或劳务的整体税负,体现了增值税普遍征收和公平税负的特征。

增值税专用发票像链条一样,把各个环节的纳税人连接在一起,从而形成了增值税自身的制约机制,即购销双方利用发票进行交叉审计的机制。

2.增值税专用发票的开具范围

纳税人销售货物或者应税劳务,应当向索取增值税专用发票的购买方开具增值税专用发票,并在增值税专用发票上分别注明销售额和销项税额。

属于下列情形之一的,不得开具增值税专用发票:

(1)销售货物或者应税劳务适用免税规定的;

(2)向消费者个人销售货物或者应税劳务的;

(3)小规模纳税人销售货物或者应税劳务的。

3.增值税专用发票开具要求

专用发票应按下列要求开具:

(1)项目齐全,与实际交易相符;

(2)字迹清楚,不得压线、错格;

(3)发票联和抵扣联加盖财务专用章或者发票专用章;

(4)按照增值税纳税义务的发生时间开具。

对不符合上列要求的专用发票,购买方有权拒收。

4.增值税专用发票的基本内容

(1)购销双方纳税人名称;

(2)购销双方纳税人地址、电话;

(3)购销双方纳税人登记号、开户银行及账户;

(4)销售货物或应税劳务的名称、计量单位和销售数量;

(5)不包括增值税在内的单位售价及货款总金额;

(6)增值税税率、税额;

(7)发票填开日期、发票号码等。

2.2.3　增值税专用发票重新开具及红字增值税专用发票开具的规定

1. 增值税专用发票的作废

(1)作废的情形:一般纳税人在开具专用发票当月,发生销货退回、开票有误等情形,收到退回的发票联、抵扣联符合作废条件的,按作废处理;开具时发现有误的,可即时作废。

(2)作废的处理方法:作废专用发票须在防伪税控系统中将相应的数据电文按"作废"处理,在纸质专用发票(含未打印的专用发票)各联次上注明"作废"字样,全联次留存。

(3)增值税专用发票作废必须同时具有下列条件:

①收到退回的发票联、抵扣联时间未超过销售方开票当月;

②销售方未抄税并且未记账;

③购买方未认证或者认证结果为"纳税人识别号认证不符"、"专用发票代码、号码认证不符"。

所称抄税,是报税前用 IC 卡或者 IC 卡和软盘抄取开票数据电文。

2. 增值税专用发票的重新开具

符合增值税专用发票作废条件的,可按下列情形重新开具发票:

(1)销售方在开具专用发票后发生销货退回、开票有误等情形,当月收到退回的未抄税的发票联、抵扣联且购买方未认证的,按作废处理,可重新开具发票。

(2)销售方开具发票时发现有误的,可即时作废,重新开具发票。

3. 红字增值税专用发票的开具

(1)可申请开具红字增值税专用发票的范围

购买方取得专用发票后发生销货退回、开票有误等情形但不符合作废条件的,销售方已抄税的发票在当月不能按作废处理的,因销货部分退回及发生折扣折让行为的,可向主管税务机关申请办理开具红字增值税发票的有关事宜。

(2)开具红字增值税专用发票的流程

购买方应先向主管税务机关填报开具红字增值税专用发票申请单(以下简称申请单,格式见表 2-2),主管税务机关进行审核后,出具开具红字增值税专用发票通知单(以下简称通知单,格式见表 2-3)。销售方凭购买方提供的通知单方可开具红字增值税专用发票。

购买方向主管税务机关申请出具通知单时,应提供以下资料:

①申请单(应加盖购买方财务专用章或发票专用章);

②对应蓝字发票原件及复印件(复印件上应加盖购买方财务专用章或发票专用章);

③涉及退货、索取折扣折让的,应提供相关合同、协议原件及复印件(复印件上应加盖购买方公章);

④对应蓝字发票相关记账凭证原件及复印件(复印件上应加盖购买方财务专用章或发票专用章);

⑤承诺书(表明该笔业务确系真实退货,若实际未发生退货,承诺不抵扣。仅适用于"超期发票");

⑥主管税务机关要求报送的其他资料。

主管税务机关审核后,退回原件,复印件与申请单第二联留存。

申请单所对应的蓝字专用发票应经税务机关认证。经认证结果为"认证相符"并且已经抵扣增值税进项税额的,购买方在填报申请单时可不填写相对应的蓝字专用发票信息。

经认证结果为"纳税人识别号认证不符"、"专用发票代码、号码认证不符"的,购买方在填报申请单时应填写具体原因及相对应的蓝字专用发票信息。

购买方所购货物不属于增值税扣税项目范围,取得的专用发票需要开具红字专用发票的,由购买方填报申请单,并在申请单上填写具体原因以及相对应蓝字专用发票的信息,主管税务机关审核后出具通知单。

购买方主管税务机关开具通知单时,对实际发生退货或销售折让,抵扣联未经认证,且已超过认证期限的,应在通知单上注明"超期发票"字样。注明"超期发票"的通知单开具只能由购买方提出申请。

主管税务机关出具的通知单一式三联并加盖主管税务机关印章:第一联由购买方主管税务机关留存;第二联由购买方送交销售方留存;第三联由购买方留存。

开具有"超期发票"字样通知单的主管税务机关,应按月审核相应业务发生情况,对实际未发生退货或销售折让,属超期换票行为的,则不予抵扣进项税款。

(3)购买方进项税额转出的规定

对"认证相符"并且已经抵扣增值税进项税额的发票,购买方暂依通知单所列增值税额从当期进项税额中转出;对尚未抵扣增值税进项税额的发票,认证后可列入当期进项税额,待取得销售方开具的红字专用发票后,与留存的通知单一并作为记账凭证,核算当期进项税额转出。

(4)销售方开具红字增值税专用发票的规定

①销售方必须凭购买方提供的通知单开具红字增值税专用发票,在防伪税控系统中以销项负数开具。红字增值税专用发票相关内容应与通知单一一对应。

②因开票有误购买方拒收专用发票的,销售方须在专用发票认证期限内向主管税务机关填报开具红字增值税专用发票申请单(格式见表2-2),并在申请单上填写具体原因以及相对应蓝字专用发票的信息,同时提供由购买方出具的写明拒收理由、错误具体项目以及正确内容的书面材料,主管税务机关审核确认后出具开具红字增值税专用发票通知单(格式见表2-3)。销售方凭通知单开具红字专用发票。

③因开票有误(指隔月发现开票有误)等原因尚未将专用发票交付购买方的,销售方须在开具有误专用发票的次月向主管税务机关填报申请单,并在申请单上填写具体原因以及相对应蓝字专用发票的信息,同时提供由销售方出具的写明错误具体项目以及正确内容的书面材料,主管税务机关审核确认后出具通知单。销售方凭通知单开具红字专用发票。

在国家税务总局对通知单的监控管理系统应用之前,通知单暂由一般纳税人留存备查,税务机关不进行核销。销售方对通知单及相应记账凭证一一对应,按月装订备查。红字专用发票暂不报送主管税务机关认证。

　　税务机关为小规模纳税人代开专用发票需要开具红字专用发票的,比照一般纳税人开具红字专用发票的处理办法,通知单第二联交代开税务机关。通知单、申请单开具、保管及增值税专用发票开具、认证、保管、丢失处理等有关问题按增值税专用发票使用规定中有关规定执行。

表 2-2　　　　　　　　　　　　**开具红字增值税专用发票申请单**

填开日期:　　　年　月　　日　　　　　　　　　　　　　　　　NO.

销售方	名　称		购买方	名　称			
	税务登记代码			税务登记代码			
开具红字专用发票内容	货物(劳务)名称	数量	单价	金额		税率	税额
	合计	—	—			—	

说明	一、购买方申请 □
	对应蓝字专用发票抵扣增值税销项税额情况:
	1.已抵扣□
	2.未抵扣□
	(1)无法认证□
	(2)纳税人识别号认证不符□
	(3)增值税专用发票代码、号码认证不符□
	(4)所购货物不属于增值税扣税项目范围□
	对应蓝字专用发票密码区内打印的代码:_____
	号码:_____
	二、销售方申请 □
	(1)因开票有误购买方拒收的□
	(2)因开票有误等原因尚未交付的□
	对应蓝字专用发票密码区内打印的代码:_____
	号码:_____
	开具红字专用发票理由:

申明:我单位提供的申请单内容真实,否则将承担相关法律责任。

申请方经办人:　　　　联系电话:　　　申请方名称(印章):_____

注:本申请单一式两联:第一联,申请方留存;第二联,申请方所属主管税务机关留存。

表 2-3　　　　　　　　　　**开具红字增值税专用发票通知单**

填开日期：　年　月　日　　　　　　　　　　　　　　　　NO.

销售方	名　称		购买方	名　称			
	税务登记代码			税务登记代码			

开具红字专用发票内容	货物（劳务）名称	数量	单价	金额		税率	税额
	合计	—	—			—	

说明	一、购买方申请 □ 　　对应蓝字专用发票抵扣增值税销项税额情况： 　　　1.需要作进项税额转出□ 　　　2.不需要作进项税额转出□ 　　　　(1)无法认证□ 　　　　(2)纳税人识别号认证不符□ 　　　　(3)增值税专用发票代码、号码认证不符□ 　　　　(4)所购货物不属于增值税扣税项目范围□ 　　　　对应蓝字专用发票密码区内打印的代码：＿＿＿＿＿ 　　　　　　　　　　　　　　　　号码：＿＿＿＿＿ 二、销售方申请 □ 　　　(1)因开票有误购买方拒收的□ 　　　(2)因开票有误等原因尚未交付的□ 　　　对应蓝字专用发票密码区内打印的代码：＿＿＿＿＿ 　　　　　　　　　　　　　　　号码：＿＿＿＿＿ 开具红字专用发票理由：

经办人：　　　负责人：　　　主管税务机关名称(印章)：＿＿＿＿＿

注：1.本通知单一式三联；第一联，申请方主管税务机关留存；第二联，申请方送交对方留存；第三联，申请方留存。

　　2.通知单应与申请单一一对应。

(说明：一些地方将申请单和通知单分为供货方和销货方两类。)

2.2.4 增值税专用发票认证抵扣的相关规定

用于抵扣增值税进项税额的专用发票应经税务机关认证相符(国家税务总局另有规定的除外)。认证相符的专用发票应作为购买方的记账凭证,不得退还销售方。所谓认证,是税务机关通过防伪税控系统对专用发票所列数据的识别、确认。所谓认证相符,是指纳税人识别号无误,专用发票所列密文解译后与明文一致。

经认证,有下列情形之一的,不得作为增值税进项税额的抵扣凭证,税务机关退还原件,购买方可要求销售方重新开具专用发票。

(1)无法认证。无法认证是指专用发票所列密文或者明文不能辨认,无法产生认证结果。

(2)纳税人识别号认证不符。纳税人识别号认证不符是指专用发票所列购买方纳税人识别号有误。

(3)专用发票代码、号码认证不符。专用发票代码、号码认证不符是指专用发票所列密文解译后与明文的代码或者号码不一致。

经认证,有下列情形之一的,暂不得作为增值税进项税额的抵扣凭证,税务机关扣留原件,查明原因,分别情况进行处理。

(1)重复认证。重复认证是指已经认证相符的同一张专用发票再次认证。

(2)密文有误。密文有误是指专用发票所列密文无法解译。

(3)认证不符。认证不符是指纳税人识别号有误,或者专用发票所列密文解译后与明文不一致。

(4)列为失控专用发票。列为失控专用发票是指认证时的专用发票已被登记为失控专用发票。

一般纳税人丢失已开具专用发票的发票联和抵扣联,如果丢失前已认证相符的,购买方凭销售方提供的相应专用发票记账联复印件及销售方所在地主管税务机关出具的丢失增值税专用发票已报税证明单(格式见表 2-4),经购买方主管税务机关审核同意后,可作为增值税进项税额的抵扣凭证;如果丢失前未认证的,购买方凭销售方提供的相应专用发票记账联复印件到主管税务机关进行认证,认证相符的凭该专用发票记账联复印件及销售方所在地主管税务机关出具的丢失增值税专用发票已报税证明单,经购买方主管税务机关审核同意后,可作为增值税进项税额的抵扣凭证。

一般纳税人丢失已开具专用发票的抵扣联,如果丢失前已认证相符的,可使用专用发票发票联复印件留存备查;如果丢失前未认证的,可使用专用发票发票联到主管税务机关认证,专用发票发票联复印件留存备查。

一般纳税人丢失已开具专用发票的发票联,可将专用发票抵扣联作为记账凭证,专用发票抵扣联复印件留存备查。

专用发票抵扣联无法认证的,可使用专用发票发票联到主管税务机关认证。专用发票发票联复印件留存备查。

表 2-4　　丟失增值税专用发票已报税证明单

NO.

销售方	名　称				购买方	名　称			
	税务登记代码					税务登记代码			

丟失增值税专用发票	发票代码	发票号码	货物(劳务)名称	单价	数量		金额	税额

报税及纳税申报情况	报税时间： 纳税申报时间： 经办人：　　　　负责人： <div align="right">主管税务机关名称(印章)：_____</div> <div align="right">年　　月　　日</div>
备注	

注：本证明单一式三联；第一联,销售方主管税务机关留存；第二联,销售方留存；第三联,购买方主管税务机关留存。

2.2.5　增值税普通发票重新开具及红字增值税普通发票开具的规定

1. 增值税普通发票的重新开具

符合增值税普通发票作废条件的,可重新开具发票。

(1)销售方当月开具增值税普通发票后未作账务处理,收到退回的未抄税的发票联,即发生销货退回或发现开票有误,且购买方退回货物的,销售方对收回的原发票按作废处理。在收回的原发票和本单位用于记账的相应发票上注明"作废"字样,作废处理后重新开具普通发票。

(2)销售方开具发票时发现有误的,可即时作废,重新开具增值税普通发票。

2. 红字增值税普通发票的开具

开具红字增值税普通发票是指发生销售货物退回且不符合作废条件的,或当月已抄税发票不能按作废处理的,可开具红字增值税普通发票。

(1)销售方开具增值税普通发票后已作账务处理,发生销货退回或发现开票有误且购买方退回发票和货物的,销货方开具相同内容的红字发票,将收回的发票粘附在红字发票的记账联上,以红字发票记账联作为抵减当期的销售收入。

(2)销售方销货后发生销货退回或发现开票有误,购买方购货发票已入账,不能退回发票的,购买方应先向主管税务机关填报开具红字普通发票证明单(以下简称证明单),写明申请开具红字发票的理由,附发票联复印件,复印件应加盖企业发票专用章。主管税务机关对纳税人填报的证明单及附件审核后,由纳税人按月装订,留存备查。销售方凭购买方提供的加盖税务机关印章的证明单,作为开具红字普通发票的有效证明。

若购买方为不需要办理税务登记的单位,可由销售方向主管税务机关填报证明单,写明申请开具红字发票的理由,附发票联复印件,复印件应加盖企业发票专用章。主管税务机关对纳税人填报的证明单及附件审核后,由纳税人按月装订,留存备查。销售方凭加盖主管税务机关印章的证明单,作为开具红字普通发票的有效证明。

销售方开具相同内容的红字普通发票给购买方,以红字发票(记账联)作为抵减当期销售收入的凭证。

发生销售折扣折让行为的,应将价款与折扣额在同一张发票上注明;对因折扣折让内容开具有误的普通发票,应在收回原发票并注明"作废"字样后重新开具发票,不可开具红字普通发票。

证明单只限于本市销货方与购买方之间购销业务开具红字普通发票使用。

2.2.6　税务机关代开增值税专用发票

由于小规模纳税人按规定不得领购和使用增值税专用发票,为了既有利于加强增值税专用发票的管理,又不影响小规模纳税人的销售,税法规定由税务机关为小规模纳税人代开增值税专用发票。

凡是能够认真履行纳税义务的小规模纳税人,经县(市)税务局批准,其销售货物或应税劳务可由税务机关代开增值税专用发票。税务机关应将代开增值税专用发票的情况造册,详细登记备查。但销售免税货物或将货物、应税劳务销售给消费者以及小额零星销售,不得代开增值税专用发票。

小规模纳税人在税务机关代开增值税专用发票前,应先到税务机关临时申报应纳税额,持税务机关开具的税收缴款书,到其开户银行办理税款入库手续后,凭盖有银行转讫章的纳税凭证,税务机关方能代开增值税专用发票。

对于不能认真履行纳税义务的小规模纳税人,不能代开增值税专用发票。

为小规模纳税人代开增值税专用发票,应在增值税专用发票"单价"栏和"金额"栏分别填写不含其本身应纳税额的单价和销售额;"税率"栏填写增值税征收率3%;"税额"栏填写其本身的应纳税额,即按销售额依照3%征收率计算的增值税额。一般纳税人取得由税务机关代开的增值税专用发票后,应以增值税专用发票上填写的税额为其进项税额。

2.3　增值税应纳税额的计算

2.3.1　一般纳税人应纳税额的计算

增值税一般纳税人应纳税额等于当期销项税额减去当期进项税额,其计算公式为

当期应纳增值税额＝当期销项税额－当期进项税额

1.销项税额的计算

销项税额是指纳税人销售货物或者提供应税劳务,按照销售额或者应税劳务的收入乘以规定的税率计算的,并向购买方收取的增值税额。用公式表示为

$$销项税额＝销售额×税率$$

(1)销售额的一般规定

纳税人销售货物或提供应税劳务以销售额为计税依据,销售额是指纳税人销售货物或提供应税劳务向购买方收取的全部价款和价外费用。所谓价外费用,是指价外向购买方收取的手续费、补贴、基金、集资费、返还利润、奖励费、违约金、滞纳金、延期付款利息、赔偿金、代收款项、代垫款项、包装费、包装物租金、储备费、优质费、运输装卸费及其他各种性质的价外收费。但下列项目不包括在内:

①受托加工应征消费税的消费品所代收代缴的消费税;

②同时符合以下条件的代垫运输费用:一是承运部门的运输费用发票开具给购买方的;二是纳税人将该项发票转交给购买方的。

③同时符合以下条件代为收取的政府性基金或者行政事业性收费:一是由国务院或者财政部批准设立的政府性基金,由国务院或者省级人民政府及其财政、价格主管部门批准设立的行政事业性收费;二是收取时开具省级以上财政部门印制的财政票据;三是所收款项全额上缴财政。

④销售货物的同时代办保险等而向购买方收取的保险费,以及向购买方收取的代购买方缴纳的车辆购置税、车辆牌照费。

凡价外费用,无论其会计制度如何核算,均应并入销售额计算应纳税额。价外费用一律视为含税销售额,在计算增值税时应先换算为不含税的销售额。换算公式为

$$销售额＝含税销售额÷(1＋增值税税率)$$

(2)销售额的特殊规定

①采取折扣销售方式时,如果销售额和折扣额在同一张发票上分别注明的,可按折扣后的余额作为销售额计算增值税;如果将折扣另外开票,不论其在财务上如何处理,均不得从销售额中减除折扣额。

②采取以旧换新销售方式时,应按新货物的同期销售价格确定销售额,不得扣减旧货的收购价格。

③采取以物易物方式销售时,应按发出货物核算销售额并计算销项税额,以换回的货物(取得增值税专用发票)核算购货额并计算进项税额。

④采取还本销售方式时,应按销售货物收取的价款作为销售额,不得从销售额中减除还本支出。

⑤发生混合销售时,其销售额应是货物与非应税劳务的销售额的合计,或者是货物或者应税劳务与非应税劳务的销售额的合计。

⑥纳税人兼营不同税率的货物或者应税劳务,应分别核算不同税率货物或应税劳务的销售额。否则,从高适用税率征收增值税。

（3）对销售价格的确定

纳税人销售货物或者应税劳务的价格明显偏低并无正当理由或者有视同销售货物行为而无销售额者，按下列顺序确定销售额：

①按纳税人最近时期同类货物的平均销售价格确定；

②按其他纳税人最近时期同类货物的平均销售价格确定；

③按组成计税价格确定。

组成计税价格的公式为

$$组成计税价格＝成本×（1＋成本利润率）$$

属于应征消费税的货物，其组成计税价格中应加计消费税额。计算公式为

$$组成计税价格＝成本×（1＋成本利润率）＋消费税额（适用从量定额计税办法）$$

或

$$组成计税价格＝成本×（1＋成本利润率）÷（1－消费税税率）（适用从价定率计税办法）$$

公式中的成本是指：销售自产货物的为实际生产成本，销售外购货物的为实际采购成本。

公式中的成本利润率由国家税务总局确定。卷烟、粮食白酒为 10%；薯类白酒、化妆品、护肤护发品、鞭炮、焰火、汽车轮胎、小客车为 5%；贵重首饰及珠宝玉石、摩托车、越野车为 6%；小轿车为 8%。

纳税人按外汇结算销售额的，其销售额的人民币折合率可以选择销售额发生的当天或当月 1 日的国家外汇牌价（原则上为中间价）。纳税人应在事先确定采用何种折合率，确定后一年内不得变更。

2.进项税额的计算

进项税额是指纳税人购进货物或者接受应税劳务所支付或者负担的增值税额。它与销项税额相对应，销售方收取的销项税额就是购买方的进项税额。纳税人的应纳税额是当期的销项税额减去当期的进项税额的差额，但并不是纳税人所有的进项税额都能抵扣。税法对进项税额能否抵扣作了明确规定。

（1）准予从销项税额中抵扣的进项税额

①从销售方取得的增值税专用发票上注明的增值税额。

②从海关取得的海关进口增值税专用缴款书上注明的增值税额。

③一般纳税人购进农业生产者销售的农产品，或者向小规模纳税人购买的农产品，除取得增值税专用发票或者海关进口增值税专用缴款书外，按照农产品收购发票或者销售发票上注明的农产品买价和 13% 的扣除率计算的进项税额，从当期销项税额中扣除。其中买价，包括纳税人购进农产品在农产品收购发票或者销售发票上注明的价款和按规定缴纳的烟叶税。准予抵扣的项目和扣除率的调整，由国务院决定。其计算公式为

$$准予抵扣的进项税额＝买价×扣除率$$

④一般纳税人外购货物所支付的运输费用，以及一般纳税人销售货物所支付的运输费用，根据运费结算单据所列运费金额依 7% 的扣除率计算进项税额准予扣除。运输费

用金额,是指运输费用结算单据上注明的运输费用(包括铁路临管线及铁路专线运输费用)、建设基金,不包括装卸费、保险费等其他杂费。其计算公式为

$$准予抵扣的进项税额＝运输费用金额×扣除率$$

自2007年1月1日起,纳税人取得的货运发票必须是通过货运发票税控系统开具的新版货运发票才能作为抵扣凭证。

⑤自2004年12月1日起,增值税一般纳税人购置税控收款机所支付的增值税额,准予按取得增值税专用发票上注明的增值税额抵扣当期销项税额。

⑥自2009年1月1日起,施行消费型增值税,增值税一般纳税人新购进设备所含的进项税额,准予抵扣,未抵扣完的进项税额结转下期继续抵扣。允许抵扣进项税额的固定资产是指使用期限超过12个月的机器、机械、运输工具以及其他与生产经营有关的设备、工具、器具等,房屋、建筑物等不动产除外。

(2)不得从销项税额中抵扣的进项税额

①用于非增值税应税项目、免征增值税项目、集体福利或者个人消费的购进货物或者应税劳务。其中用于免征增值税项目的购进货物或者应税劳务包括:农业生产者销售的自产农产品;避孕药品和用具;古旧图书,是指向社会收购的古书和旧书;直接用于科学研究、科学试验和教学的进口仪器、设备;外国政府、国际组织无偿援助的进口物资和设备;由残疾人组织直接进口供残疾人专用的物品;销售自己使用过的物品,是指个人(不包括个体经营者)销售自己使用过的除游艇、摩托车、汽车以外的货物;除前款规定外,增值税的免税、减税项目由国务院规定。任何地区、部门均不得规定免税、减税项目。

②非正常损失的购进货物及相关的应税劳务。包括:自然灾害损失,因管理不善造成货物被盗、发生霉烂变质等损失,其他非正常损失;"相关的应税劳务"是指与购进货物相关的应税劳务,如运输费、加工修理等。

③非正常损失的在产品、产成品所耗用的购进货物或者应税劳务。

④国务院财政、税务主管部门规定的纳税人自用消费品。包括与企业技术更新无关,且容易混为个人消费的应征消费税的小汽车、摩托车和游艇。

⑤不得抵扣增值税项目中包含的货物的运输费用和销售免税货物的运输费用。

⑥纳税人购进货物或者应税劳务,取得的增值税扣税凭证不符合法律、行政法规或者国务院税务主管部门有关规定的,其进项税额不得从销项税额中抵扣。

⑦自2009年1月1日起,取消进口设备增值税免税政策和外商投资企业采购国产设备增值税退税政策。

一般纳税人兼营免税项目或者非增值税应税劳务而无法划分不得抵扣的进项税额的,按下列公式计算不得抵扣的进项税额:

$$不得抵扣的进项税额＝当月无法划分的全部进项税额×\frac{当月免税项目销售额、非增值税应税劳务营业额合计}{当月全部销售额、营业额合计}$$

已抵扣进项税额的购进货物或者应税劳务,发生规定的不得从销项税额中抵扣的情形(免税项目、非增值税应税劳务除外),应当将该项购进货物或者应税劳务的进项税额从当期的进项税额中扣减;无法确定该项进项税额的,按当期实际成本计算应扣减的进项税额。

3.进项税额的抵扣时间规定

(1)增值税专用发票、公路内河货物运输业统一发票和机动车销售统一发票,应在开具之日起180日内到税务机关办理认证,并在认证通过的次月申报期内,向主管税务机关申报抵扣进项税额。

(2)实行海关进口增值专用缴款书(以下简称海关缴款书)"先比对后抵扣"管理办法的增值税一般纳税人取得的海关缴款书,应在开具之日起180日内向主管税务机关报送《海关完税凭证抵扣单》(包括纸质资料和电子数据)申请稽核比对。稽核比对无误后,方可允许计算进项税额抵扣。

(3)未实行海关缴款书"先比对后抵扣",管理办法的增值税一般纳税一般纳税人取得的海关缴款书,应在开具之日起180日后的第一个纳税申报期结束之前,向主管税务机关申报抵扣进项税额。

4.计算应纳税额时进项税额不足抵扣的处理

由于增值税实行购进扣税法,当企业当期购进的货物的进项税额较大时,在计算应纳税额时会出现当期销项税额小于当期进项税额不足抵扣的情况。税法规定,不足抵扣的部分可以结转下期继续抵扣。

【例2-1】 某企业为增值税一般纳税人,2012年6月发生购销业务如下:

(1)购进生产用甲原料一批,取得的增值税专用发票上注明的价款为200 000元,增值税税款为34 000元,另支付运费(取得运费结算单据)10 000元,材料已验收入库。

(2)购进生产用钢材50吨,取得的增值税专用发票上注明的价款为150 000元,增值税税款为25 500元,材料已验收入库。

(3)直接向农民收购用于生产加工的农产品一批,经税务机关批准的收购凭证上注明价款为100 000元,材料已验收入库。

(4)销售商品一批,货物已发出,并向买方开出增值税专用发票一张,注明价款为400 000元,税款为68 000元。

(5)将本月外购钢材20吨移送本企业修建车间工程使用。

(6)期初留抵进项税额10 000元。

上述款项均以银行存款收付。

要求:计算该企业当期应纳增值税税额或期末留抵进项税额。

(1)当期进项税额=34 000+10 000×7%+25 500+100 000×13%-25 500÷50×20

　　　　　　　　=63 000(元)

(2)当期销项税额=68 000(元)

(3)当期应纳税额=68 000-63 000-10 000=-5 000(元)

(4)期末留抵进项税额=5 000(元)

2.3.2　小规模纳税人应纳税额的计算

小规模纳税人销售货物或者应税劳务,实行按照销售额和征收率计算应纳税额的简

易办法,并不得抵扣进项税额。应纳税额计算公式为

$$应纳增值税税额＝销售额×征收率(3\%)$$

其中销售额与一般纳税人的销售额所包含的内容是一致的,都是销售货物或者提供应税劳务向购买方收取的全部价款和价外费用,但不包括向购买方收取的增值税税额。由于小规模纳税人的销售额一般都是含税的,采用以下的公式进行转换。

$$不含税销售额＝含税销售额÷(1＋征收率)$$

小规模纳税人因销售货物退回或者折让退还给购买方的销售额,应从发生销售货物退回或者折让当期的销售额中扣减。

2.3.3　进口货物应纳税额的计算

纳税人(无论是一般纳税人还是小规模纳税人)进口货物,按组成计税价格和规定的税率计税,不得抵扣任何税额。

组成计税价格和应纳税额计算公式为

$$组成计税价格＝关税完税价格＋关税＋消费税$$
$$应纳税额＝组成计税价格×适用税率$$

上述进口货物增值税的组成计税价格中包括已纳关税税额,如果进口货物属于消费税应税消费品,其组成计税价格中还要包括已纳消费税税额。进口货物的关税完税价格是以该货物运抵我国的到岸价格为依据的。

2.4　增值税的会计核算

2.4.1　账户设置

1. 一般纳税人增值税核算的会计账户

为了更好地核算增值税,根据现行增值税条例规定,一般纳税人应在"应交税费"一级科目下开设"应交税费——应交增值税"和"应交税费——未交增值税"两个明细账户。

(1)"应交税费——应交增值税"账户

①"进项税额"项目:记录企业购入货物、接受应税劳务而支付的、并准予从销项税额中抵扣的增值税额。若发生购货退回或者折让,应以红字记入,以示冲销的进项税额。

②"已交税金"项目:记录企业本期应交而实际已交的增值税额。企业已交纳的增值税额用蓝字登记;退回多交的增值税额用红字登记。

③"减免税款"项目:记录企业按规定直接减免的、准予从销项税额中抵扣的增值税额。按规定,直接减免的增值税用蓝字登记,应冲销增值税直接减免的用红字登记。

④"出口抵减内销产品应纳税额"项目:记录内资企业及 1993 年 12 月 31 日以后批准设立的外商投资企业直接出口或者委托外贸企业代理出口的货物,按规定的退税率计算的出口货物的进项税额抵减内销产品的应纳税额。

⑤"转出未交增值税"项目:记录企业月终时转出当月发生的应交未交的增值税。作此转账后,"应交税费——应交增值税"的期末余额不再包括当期应交未交增值税额。

⑥"销项税额"项目:记录企业销售货物、提供应税劳务所收取的增值税额。若发生销货退回或者折让,应以红字记入。

⑦"出口退税"项目:记录纳税人出口货物适用退(免)税规定的,应当向海关办理出口手续,凭出口报关单等有关凭证,在规定的出口退(免)税申报期内按月向主管税务机关申报办理该项出口货物的退(免)税(具体办法由国务院财政、税务主管部门制定)。若办理退税后,又发生退货或者退关而补交已退税款,则用红字记入。

⑧"进项税额转出"项目:记录企业已抵扣进项税额的货物,在发生损失或改变用途时,不应从销项税额中抵扣而应按规定转出的进项税额。

⑨"转出多交增值税"项目:记录企业月末转出当月多交增值税额。作此转账后,"应交税费——应交增值税"期末余额不会包含多交增值税因素。

"应交税费——应交增值税"明细账的设置格式一般是借方贷方多栏式明细账格式,样式见表2-5。

表2-5　　　　　　　　　　应交税费——应交增值税

年		凭证号数	摘要	借　方						贷　方				余额
月	日			合计	进项税额	已交税金	减免税款	出口抵减内销产品应纳税额	转出未交增值税	合计	销项税额	出口退税	进项税额转出	转出多交增值税	

(2)"应交税费——未交增值税"账户

①"应交税费——未交增值税"账户的借方发生额,反映企业上交以前月份未交增值税额和月末自"应交税费——应交增值税"账户转入的当月多交的增值税额。

②"应交税费——未交增值税"账户的贷方发生额,反映企业月末自"应交税费——应交增值税"账户转入的当月未交的增值税额。

③"应交税费——未交增值税"账户的期末余额如在借方表示企业多交的增值税,如在贷方表示企业未交的增值税。

"应交税费——未交增值税"明细账户可设借方、贷方、余额三栏式账页。

2. 小规模纳税人增值税核算的会计账户

小规模纳税人只需在"应交税费"账户下设置"应交增值税"二级账户,无需设置明细项目。"应交税费——应交增值税"贷方反映应交的增值税,借方反映实际上交的增值税;贷方余额反映尚未上交或欠交的增值税,借方余额反映多交的增值税。

2.4.2　销项税额的会计核算

1. 正常销售货物或提供劳务销项税额的会计核算

企业销售产品时,应按实现的营业收入和按规定收取的增值税额,借记"应收账款"、"应收票据"、"银行存款"等科目,按实现的营业收入,贷记"主营业务收入"等科目,按专用发票上注明的增值税额,贷记"应交税费——应交增值税(销项税额)"。发生的销货退回,作相反会计分录。

借:银行存款(应收账款、应收票据等)
　　贷:主营业务收入(其他业务收入)
　　　　应交税费——应交增值税(销项税额)

【例 2-2】 甲公司于 2012 年 4 月 22 日销售给乙公司商品一批,该批商品成本为 80 000 元,增值税专用发票上注明的售价 100 000 元,增值税 17 000 元,当天收到乙公司开具的银行承兑汇票一张,金额为 117 000 元。则甲公司的会计处理如下:

借:应收票据——乙公司　　　　　　　　　　　117 000
　　贷:主营业务收入　　　　　　　　　　　　　　　100 000
　　　　应交税费——应交增值税(销项税额)　　　　　17 000

2. 发生销货退回及折让时销项税额的会计核算

(1)发生销货退回时销项税额的会计核算

【例 2-3】 甲公司于 4 月 10 日销售给天方公司的 A 商品因质量问题全部退货,4 月 15 日已收到对方转来的增值税专用发票的发票联和抵扣联(未认证),上列价款 50 000 元,税额 8 500 元,甲公司尚未收天方公司的货款。甲公司的会计处理如下:

冲销原入账收入和销项税额:

借:主营业务收入　　　　　　　　　　　50 000
　　应交税费——应交增值税(销项税额)　　8 500
　　贷:应收账款——天方公司　　　　　　　　　58 500

如因退货原因而产生应由甲公司承担的运费,应作销售费用处理。假设上述退货产生运费 1 000 元,收到承运部门转来的单证,并以银行存款支付。甲公司的会计处理如下:

借:销售费用　　　　　　　　　　　　　930
　　应交税费——应交增值税(进项税额)　　70
　　贷:银行存款　　　　　　　　　　　　　1 000

(2)发生销货折让时销项税额的会计核算

销售产品因质量等原因,购销双方协商后不需退货,按折让一定比例后的价款和增值税税额收取。如果具备增值税专用发票作废条件的,作废后重新开具。如果不具备增值税专用发票作废条件的,则应按规定由购买方或销售方向主管税务机关提交《申请单》,经主管税务机关审核后开具《通知单》给申请人,销售方根据《通知单》开具红字增值税专用发票,作为销售方冲销项税额、购买方进项税额转出的依据。

【例 2-4】 甲公司 2012 年 3 月 20 日销售 A 商品 100 000 元给华纶公司,增值税税额 17 000 元。由于质量问题,双方协商给予华纶公司 20% 的货款折让。3 月 23 日收到华纶公司转来的增值税专用发票的发票联和抵扣联(未认证),甲公司收回增值税专用发票的发票联及抵扣联,同记账联一同作废处理。然后,根据折让后的价款开具蓝字增值税专用发票。根据上述资料,甲公司应作如下会计处理:

3 月 20 日发出商品,开出发票时:

借:应收账款——华纶公司　　　　　　　　　　　　117 000
　贷:主营业务收入　　　　　　　　　　　　　　　　100 000
　　　应交税费——应交增值税(销项税额)　　　　　17 000

3 月 23 日收回增值税专用发票时,先作冲销原分录(或作与原来分录相反的分录):

借:应收账款——华纶公司　　　　　　　　　　　　117 000
　贷:主营业务收入　　　　　　　　　　　　　　　　100 000
　　　应交税费——应交增值税(销项税额)　　　　　17 000

然后,按扣除折扣后的价款 80 000 元[即 100 000×(1－20%)]和增值税额 13 600 元[即 17 000×(1－20%)],重新开具增值税专用发票,会计核算为:

借:应收账款——华纶公司　　　　　　　　　　　　93 600
　贷:主营业务收入　　　　　　　　　　　　　　　　80 000
　　　应交税费——应交增值税(销项税额)　　　　　13 600

【例 2-5】 甲公司 1 月份销售给乙公司甲商品 100 000 元,增值税 17 000 元,因质量问题,3 月份二公司经协商给予乙公司甲商品 10 000 元的折让。由于已经不具备增值税专用发票作废条件,由乙公司填写申请单向主管税务机关提出申请,并将主管税务机关开具的通知单转交给甲公司,注明货款为 10 000 元,税款为 1 700 元。因 1 月份乙公司货款尚未支付,款项直接从货款中扣除。按上述情况,甲公司应作如下会计处理:

甲公司应按通知单,核对收到货物后,开具红字(负数)增值税专用发票,并将红字增值税专用发票的发票联及抵扣联交乙公司。冲销的收入为 10 000 元,冲销的销项税额为 1 700 元。甲公司的会计处理如下:

借:应收账款——乙公司　　　　　　　　　　　　　11 700
　贷:主营业务收入　　　　　　　　　　　　　　　　10 000
　　　应交税费——应交增值税(销项税额)　　　　　1 700

乙公司的会计处理如下:

根据甲公司转来的红字专用发票的发票联、抵扣联,作会计分录如下:

借:库存商品　　　　　　　　　　　　　　　　　　10 000
　　应交税费——应交增值税(进项税额)　　　　　　1 700
　贷:应付账款——甲公司　　　　　　　　　　　　　11 700

（3）发生销售折扣时销项税额的会计核算

销售折扣分为商业折扣和现金折扣两种。商业折扣也就是税法所称折扣销售，它是在实现销售时确认的，销售方应在同一张增值税专用发票上分别注明销售全额和折扣额，此时可按折扣后的余额作为计算销项税额的依据，其会计核算与前述产品正常销售相同。但若折扣额另开增值税专用发票，不论财务会计如何处理，计算销项税额都要按未折扣的销售额乘以税率，以此贷记"应交税费——应交增值税（销项税额）"。如果是现金折扣，由于它是企业一种筹资理财行为，按税法规定，这种折扣不得从销售额中抵减。

【例 2-6】 甲公司销售一批商品给乙公司，全部价款为 200 000 元，税额为 34 000 元，规定的现金折扣条件为：2/10，n/30。甲公司的会计处理如下：

发出商品并开具发票时：

借：应收账款——乙公司　　　　　　　　　　234 000

　　贷：主营业务收入　　　　　　　　　　　　　　200 000

　　　　应交税费——应交增值税（销项税额）　　　34 000

如果乙公司在 10 天内付款，则只需支付货款的 98%，甲公司收到货款时，会计核算如下：

借：银行存款　　　　　　　　　　　　　　　230 000

　　财务费用　　　　　　　　　　　　　　　　4 000

　　贷：应收账款——乙公司　　　　　　　　　　234 000

如果乙公司超过 10 天后才付款，则甲公司全额收款，收到货款时，会计核算如下：

借：银行存款　　　　　　　　　　　　　　　234 000

　　贷：应收账款——乙公司　　　　　　　　　　234 000

3. 视同销售行为销项税额的会计核算

新会计准则对将自产、委托加工或购买的货物分配给股东或投资者以及将自产、委托加工的货物用于集体福利或个人消费等原视同商品销售的业务，改作正常商品销售处理，会计处理上按公允价值确认销售收入，并据以计算缴纳各种税费。除此之外，新会计准则还规定，企业在进行非货币性资产交换时，换出资产为存货的，应作销售处理，按公允价值确认销售收入；企业以非现金资产抵债，非现金资产为存货的，应作销售处理。这些调整与新《企业所得税法实施条例》第十三条、第二十五条的精神相符。在关于是否确认非货币形式收入的问题上，新会计准则与新企业所得税法趋于一致。

现行的《增值税暂行条例》、《消费税暂行条例》及《企业所得税法》均有"视同销售"的相关规定。在"视同销售"的会计处理上，应结合《企业所得税法》的规定进行会计处理。若《企业所得税法》规定"视同销售"的，应通过"主营业务收入"或"其他业务收入"账户核算，并将成本转入"主营业务成本"或"其他业务成本"账户；若《企业所得税法》没有规定"视同销售"，而《增值税暂行条例》、《消费税暂行条例》又有规定"视同销售"的，不通过"主营业务收入"账户核算，直接将成本转入"主营业务成本"或"其他业务成本"账户。

（1）将货物交给他人代销及销售代销货物

委托其他单位代销产品，按税法的规定，应于收到受托方送交的代销清单的当天开具增值税专用发票。按实现的营业收入和按规定收取的增值税额，借记"应收账款"或"银行存款"，贷记"主营业务收入"、"应交税费——应交增值税（销项税额）"。委托单位支付的代销手续费，应在接到受托单位转来的普通发票后，借记"销售费用"，贷记"银行存款"或"应收账款"。

【例 2-7】 2012 年 5 月 10 日，甲公司委托新华商场代销甲商品 1 000 件，不含税代销价 200 元/件,税率 17%,单位成本 120 元。6 月 30 日,收到新华商场转来的代销清单,列明已售甲商品 100 件的价款 20 000 元,收取增值税 3 400 元,开出增值税专用发票。代销手续费按不含税代销价的 5%支付,已通过银行收到扣除代销手续费的全部款项。

根据以上资料,该企业委托方(甲公司)应作如下会计处理:

①发出代销商品时:

借:委托代销商品　　　　　　　　　　　　　120 000
　　贷:库存商品　　　　　　　　　　　　　　　　120 000

②收到新华商场转来的代销清单并结算代销手续费时:

借:银行存款　　　　　　　　　　　　　　　　22 400
　　销售费用(20 000×5%)　　　　　　　　　　1 000
　　贷:主营业务收入　　　　　　　　　　　　　　20 000
　　　　应交税费——应交增值税(销项税额)　　　3 400

③结转代销商品成本时:

借:主营业务成本　　　　　　　　　　　　　　12 000
　　贷:委托代销商品　　　　　　　　　　　　　　12 000

受托方(新华商场)的会计处理如下:

①收到某企业发来的受托代销商品时:

借:受托代销商品　　　　　　　　　　　　　200 000
　　贷:代销商品款　　　　　　　　　　　　　　200 000

②对外销售时:

借:银行存款　　　　　　　　　　　　　　　　23 400
　　贷:应付账款——甲公司　　　　　　　　　　　20 000
　　　　应交税费——应交增值税(销项税额)　　　3 400

③开出代销清单并收到委托方开来的增值税专用发票时:

借:代销商品款　　　　　　　　　　　　　　20 000
　　贷:受托代销商品　　　　　　　　　　　　　　20 000

借:应交税费——应交增值税(进项税额)　　　3 400
　　贷:应付账款——甲公司　　　　　　　　　　　3 400

④支付代销款,结算手续费时:

借:应付账款——甲公司　　　　　　　　　　23 400
　　贷:银行存款　　　　　　　　　　　　　　　　22 400
　　　　其他业务收入　　　　　　　　　　　　　　1 000

⑤新华商场取得了手续费收入,属应纳营业税行为,计提营业税税金 50 元。

借:营业税金及附加　　　　　　　　　　　　　50
　　贷:应交税费——应交营业税　　　　　　　　　　50

(2)设有两个以上机构并实行统一核算的纳税人,将货物从一个机构移送至其他机构(不在同一县、市)用于销售

货物的转移,只是存放地点的改变,没有转移任何与货物所有权有关的风险和报酬,也没有导致经济利益流入企业,属于企业内部商品的调拨。但税收是有地域性的,在哪里实现的收入就应在哪里交税,为了平衡地区间的利益分配,税法作出了这条规定。

货物移送要开增值税专用发票,调出方作为销项税额,调入方作为进项税额。借记

"库存商品——甲仓库"、"应交税费——应交增值税(进项税额)",贷记"库存商品——乙仓库"、"应交税费——应交增值税(销项税额)"。

(3)将自产或者委托加工的货物用于非增值税应税项目

根据新税法,非增值税应税项目是指提供非增值税应税劳务、转让无形资产、销售不动产和不动产在建工程。非增值税应税劳务是指属于应缴营业税的交通运输业、建筑业、金融保险业、邮电通信业、文化体育业、娱乐业、服务业税目征收范围的劳务。纳税人新建、改建、扩建、修缮、装饰不动产,均属于不动产在建工程。企业将自产或者委托加工的货物用于非增值税应税项目,其具体会计核算方法如下:

将自产自用的产品移送在建工程使用时,应将该产品的公允价值(计税价格),借记"在建工程",贷记"库存商品"、"应交税费——应交增值税(销项税额)"。

【例2-8】 乙公司将自产A产品10台,用于本公司非生产设备改造工程,该产品单位生产成本是2 000元/台,售价为3 000元/台。根据以上资料,乙公司的会计处理如下:

借:在建工程   25 100
  贷:库存商品——A产品   20 000
    应交税费——应交增值税(销项税额)(3 000×10×17%)   5 100

本例中,如果自产A产品(或企业生产用原材料)用于本公司的生产设备改造工程,则不应作为视同销售处理(或进项税额转出),因为增值税暂行条例规定,生产性固定资产如生产设备等的进项税额允许抵扣。所以会计处理为:

借:在建工程   20 000
  贷:库存商品——A产品(或原材料等)   20 000

(4)将自产、委托加工或者购进的货物作为投资,提供给其他单位或者个体工商户

将自产、委托加工或购买的货物作为投资的,货物移送的当天为纳税义务发生时间。

《企业会计准则第2号——长期股权投资》第四条规定:"通过非货币性资产交换取得的长期股权投资,其初始投资成本应当按照《企业会计准则第7号——非货币性资产交换》确定"。

以支付非现金资产作为对价的,应当按照支付非现金资产的公允价值作为长期股权投资的初始投资成本。支付的非现金资产存在活跃市场的,按其市场价格作为公允价值;不存在活跃市场的,可以同类或类似资产的市场价格经适当调整后作为其公允价值;既不存在活跃市场,也无法取得同类或类似资产市价的,应当以该项资产预计产生的未来现金流量现值或其他合理的方法估计的价值作为其公允价值。

【例2-9】 甲公司为增值税一般纳税人,适用的增值税税率为17%。该公司于2012年1月1日以自制的原材料对乙公司投资,占乙公司注册资本的5%,甲公司对该项投资计划长期持有。投出原材料的账面金额为9 500 000元,该项原材料已计提减值准备30 000元,该原材料的公允价值为9 500 000元。

甲公司对该项投资应作如下会计处理:

    初始投资成本=9 500 000+1 615 000=11 115 000(元)
  借:长期股权投资——乙公司   11 115 000

```
    贷:其他业务收入                                          9 500 000
      应交税费——应交增值税(销项税额)                      1 615 000
  结转成本:
  借:其他业务成本                                          9 470 000
    存货跌价准备                                            30 000
    贷:原材料                                               9 500 000
```

【例 2-10】 A 公司为增值税一般纳税人,适用的增值税税率为 17%。2012 年 1 月 20 日,A 公司与 D 公司签订资产置换协议,以库存商品换取 D 公司所持有 E 公司股权的 4%。上述协议涉及的股权及资产的所有权变更手续于 2012 年 4 月 1 日完成。资产置换日,A 公司换出的库存商品实际成本为 200 万元,未计提存货跌价准备,该部分库存商品的市场价格和计税价格均为 240 万元。A 公司获得 E 公司股权后对 E 公司不具有重大影响。2012 年 4 月 1 日,E 公司所有者权益总额为 3 500 万元(假定与可辨认净资产公允价值相等)。假定取得投资时被投资单位各项资产的公允价值与账面价值的差额不具重要性。

要求:编制 A 公司 2012 年对 E 公司长期股权投资相关的会计分录。

2012 年 4 月 1 日

```
  借:长期股权投资——E 公司(成本)(240 万元×117%)    2 808 000
    贷:主营业务收入                                          2 400 000
      应交税费——应交增值税(销项税额)(240 万元×17%)       408 000
  借:主营业务成本                                          2 000 000
    贷:库存商品                                             2 000 000
```

按照 E 公司权益份额计算(3 500 万元×4%=140 万元),投出资产公允价值大于享有对方权益份额不作调整。

(5)将自产、委托加工或者购买的货物分配给股东或投资者

企业将自产、委托加工或者购买的货物分配给股东或投资者,按税法规定属于视同销售行为,按新会计准则规定属于正常的销售行为,按正常销售处理。

```
  借:应付股利
    贷:主营业务收入(其他业务收入)
      应交税费——应交增值税(销项税额)
```

【例 2-11】 甲公司将自产的 A 商品作为应付股利分配给投资者。A 商品售价为 100 000 元,成本为 70 000 元。甲公司应作如下会计处理:

$$A 商品应计销项税额 = 100\ 000 × 17\% = 17\ 000(元)$$

```
  借:应付股利                                              117 000
    贷:主营业务收入                                          100 000
      应交税费——应交增值税(销项税额)                      17 000
  借:主营业务成本                                          70 000
    贷:库存商品——A 商品                                    70 000
```

（6）将自产、委托加工的货物用于集体福利或者个人消费

企业将自产、委托加工的货物用于集体福利或者个人消费,按新会计准则规定属于正常销售,按税法规定,应视同销售货物计算缴纳增值税,借记"应付职工薪酬"等;贷记"主营业务收入"、"其他业务收入"等,按应纳增值税额,贷记"应交税费——应交增值税（销项税额）";结转实际成本时,借记"主营业务成本"、"其他业务成本"等,贷记"库存商品"、"原材料"等。

【例 2-12】 乙公司将自产的空调器 400 台发给职工作为福利。产品成本为 2 000 元/台,售价为 3 000 元/台。会计核算如下:

$$应纳的增值税额 = 400 \times 3\,000 \times 17\% = 204\,000（元）$$

借:应付职工薪酬　　　　　　　　　　　 1 404 000
　　贷:主营业务收入　　　　　　　　　　 1 200 000
　　　　应交税费——应交增值税（销项税额）　 204 000

结转成本:
借:主营业务成本　　　　　　　　　　　　　 800 000
　　贷:库存商品——空调器　　　　　　　　 800 000

（7）将自产、委托加工或者购买的货物无偿赠送他人

将货物无偿赠送他人,按税法规定视同销售计算缴纳增值税,按新会计准则规定属于正常销售。会计处理为:按所赠货物的公允价值（计税价格）,借记"营业外支出",贷记"主营业务收入"、"其他业务收入"等,按应纳增值税额,贷记"应交税费——应交增值税（销项税额）";结转实际成本时,借记"主营业务成本"、"其他业务成本"等,贷记"库存商品"、"原材料"等。

【例 2-13】 乙公司将自产的 B 商品无偿赠送其他单位和个人试用,该产品成本为 10 000 元,售价为 15 000 元。

$$企业应计销项税额 = 15\,000 \times 17\% = 2\,550（元）$$

根据以上资料,企业应作如下账务处理:
借:营业外支出　　　　　　　　　　　　　　 17 550
　　贷:主营业务收入　　　　　　　　　　　 15 000
　　　　应交税费——应交增值税（销项税额）　 2 550
借:主营业务成本　　　　　　　　　　　　　 10 000
　　贷:库存商品——B 商品　　　　　　　　 10 000

4.包装物销项税额的会计核算

（1）随同产品销售并单独计价的包装物销售收入

对随同产品销售并单独计价的包装物的收入,应作为"其他业务收入",并按规定计算缴纳增值税。

【例 2-14】 丙公司销售一批商品给甲公司,开出增值税专用发票注明的价款为 60 000 元,增值税款为 10 200 元;随同商品销售包装箱 5 个,开出增值税专用发票价款为 5 000 元,增值税款为 850 元。以上款项尚未收到。丙公司的会计处理如下:

借:应收账款——甲公司　　　　　　　　　　 76 050
　　贷:主营业务收入　　　　　　　　　　　 60 000

| 　其他业务收入 | 5 000 |
| 　应交税费——应交增值税（销项税额） | 11 050 |

（2）出租包装物租金收入

出租包装物租金收入属于纳税人销售货物或应税劳务向购买方收取的价外费用，应缴纳增值税。

【例2-15】 丙公司销售一批商品给乙公司，开出的增值税专用发票注明价款为50 000元，增值税款为8 500元。同时，丙公司出租包装物给乙公司以供包装商品使用，收取租金1 170元，开具普通发票。款已收存银行。丙公司的会计处理如下：

借：银行存款	59 670
贷：主营业务收入	50 000
其他业务收入	1 000
应交税费——应交增值税（销项税额）	8 670

2.4.3　进项税额的会计核算

1.国内采购物资进项税额的会计核算

（1）单货同到，即收到销货方发票等有关单证，材料也已验收入库，应借记"原材料"、"应交税费——应交增值税（进项税额）"，贷记"应付账款"、"应付票据"、"银行存款"、"库存现金"、"其他货币资金"等。

【例2-16】 某公司是增值税一般纳税人，存货按实际成本核算。2012年4月29日购入原材料一批，取得增值税专用发票上注明的原材料价款为200 000元，增值税额为34 000元，发票等结算凭证已收到，货款尚未支付，材料已验收入库。根据上述资料，应作如下会计处理：

借：原材料	200 000
应交税费——应交增值税（进项税额）	34 000
贷：应付账款	234 000

（2）单到货未到，即已收到对方转来的增值税专用发票等有关单证，但材料尚未验收入库，应借记"在途物资"、"材料采购"、"应交税费——应交增值税（进项税额）"，贷记"应付账款"、"应付票据"、"银行存款"、"库存现金"、"其他货币资金"等。货物验收入库后，借记"原材料"，贷记"在途物资"、"材料采购"。

【例2-17】 承【例2-16】，若货物未到或尚未验收入库，则会计处理如下：

借：在途物资	200 000
应交税费——应交增值税（进项税额）	34 000
贷：应付账款	234 000

假设货物于5月2日收到并验收入库，则：

| 借：原材料 | 200 000 |
| 　贷：在途物资 | 200 000 |

（3）货到单未到，即材料先验收入库，未收到增值税专用发票等相关单证，此时，在实际成本核算的情况下，应先按合同规定的价款暂估入账，下月初用红字冲回，等收到增值税专用发票后，再按实际成本入账。

【例2-18】　承【例2-16】,若货物已到并验收入库,尚未收到增值税专用发票等相关单证时,合同价暂估入账,假设合同价款为200 000元。会计处理如下:

借:原材料　　　　　　　　　　　　　　　　200 000
　　贷:应付账款——暂估应付账款　　　　　　　　　200 000

下月初,用红字冲销:

借:原材料　　　　　　　　　　　　　　　　200 000
　　贷:应付账款——暂估应付账款　　　　　　　　　200 000

收到增值税专用发票等相关单证时:

借:原材料　　　　　　　　　　　　　　　　200 000
　　应交税费——应交增值税(进项税额)　　　34 000
　　贷:应付账款　　　　　　　　　　　　　　　　234 000

2.接受应税劳务进项税额的会计核算

企业接受加工、修理修配劳务,应使用增值税专用发票,分别反映加工、修理修配的成本和进项税额;发生往返运费的,也要按7%的扣除率计算进项税额。

企业接受应税劳务并已支付价款,应根据增值税专用发票上注明的增值税额,借记"应交税费——应交增值税(进项税额)"科目,按专用发票上记载的应计入加工、修理修配等货物成本的金额,借记"委托加工物资"等科目,按实际支付的金额,贷记"银行存款"等科目。

【例2-19】　甲企业为增值税一般纳税人,2012年6月1日委托某包装箱公司加工包装箱。发出原木100立方米,成本42 000元,28日包装箱加工完毕,结算加工费8 000元,并取得了对方填开的专用发票,专用发票上注明进项税额为1 360元。按合同约定,2个月后付款。包装箱运回并已验收入库,支付运送原木及包装箱的运费共计1 000元,取得了承运部门开具的运费发票,转账支付。根据以上资料,甲企业的会计处理如下:

发出原木时:

借:委托加工物资——包装箱　　　　　　　42 000
　　贷:原材料——原木　　　　　　　　　　　　　42 000

结算加工费时,收到增值税专用发票时:

借:委托加工物资——包装箱　　　　　　　8 000
　　应交税费——应交增值税(进项税额)　　1 360
　　贷:应付账款——包装公司　　　　　　　　　　9 360

支付运费时:

借:委托加工物资——包装箱　　　　　　　930
　　应交税费——应交增值税(进项税额)　　70
　　贷:银行存款　　　　　　　　　　　　　　　　1 000

包装箱运回验收入库时:

借:周转材料——包装物　　　　　　　　　50 930
　　贷:委托加工物资——包装箱　　　　　　　　　50 930

3.接受投资转入货物进项税额的会计核算

企业接受投资转入的货物,按照增值税专用发票上注明的增值税额,借记"应交税费——应交增值税(进项税额)",按照投资确认的价值(扣除增值税)借记"原材料"、"库存商品"、"周转材料"等,按投资确认的价值与增值税额的合计数,贷记"实收资本(股本)",借贷之差贷记"资本公积"。

【例 2-20】 2012 年 2 月 10 日,甲企业接受乙企业用原材料作投资,增值税专用发票上注明的价款为 500 000 元,增值税为 85 000 元,材料已运到仓库验收入库。假定材料的公允价值与账面价值相同。双方确认的占注册资本的份额为 400 000 元。甲企业应作如下会计处理:

借:原材料　　　　　　　　　　　　　　　　　　　500 000
　　应交税费——应交增值税(进项税额)　　　　　　85 000
　　贷:实收资本(股本)——乙企业　　　　　　　　400 000
　　　　资本公积　　　　　　　　　　　　　　　　　185 000

假设此例中投入的货物是乙企业的产品,而甲企业作为设备使用,也取得了增值税专用发票。则甲企业应作如下会计处理:

借:固定资产——机器设备　　　　　　　　　　　　500 000
　　应交税费——应交增值税(进项税额)　　　　　　85 000
　　贷:实收资本(股本)——乙企业　　　　　　　　400 000
　　　　资本公积　　　　　　　　　　　　　　　　　185 000

4. 接受捐赠转入货物进项税额的会计核算

企业接受捐赠转入的货物,按照增值税专用发票上注明的增值税额,借记"应交税费——应交增值税(进项税额)",按捐赠确认的价值,借记"原材料"、"库存商品"等,按规定的入账价值,贷记"营业外收入"。

【例 2-21】 甲公司接受国外客户捐赠的特种生产材料一批,捐赠方提供的账单列明该批材料的到岸价值折合人民币 90 000 元,进口关税 10 000 元,海关代征增值税 17 000 元,用银行存款支付进口关税及增值税。

按新会计准则作下会计处理:

借:原材料　　　　　　　　　　　　　　　　　　　100 000
　　应交税费——应交增值税(进项税额)　　　　　　17 000
　　贷:银行存款　　　　　　　　　　　　　　　　　27 000
　　　　营业外收入　　　　　　　　　　　　　　　　90 000

5. 购进免税农产品进项税额的会计核算

以免税农产品为原料的轻纺产品生产企业,购进免税农产品时可按规定扣除率 13% 计算抵扣税额。

【例 2-22】 2012 年 4 月 6 日,某罐头生产企业向农民收购农副产品一批,法定收购凭证内列买价共计 200 000 元,同时发生运输费用 5 000 元,收到运输公司开具的运费发票。以上款项均以现金支付,农副产品已运达并验收入库。该罐头生产企业应作会计处理如下:

$$应抵扣的进项税额 = 200\ 000 \times 13\% + 5\ 000 \times 7\% = 26\ 350(元)$$

借:原材料   178 650

 应交税费——应交增值税(进项税额) 26 350

 贷:库存现金   205 000

6. 进项税额转出的会计核算

企业购进的货物(包括商品、原材料、包装物、免税农产品等)发生非正常损失或者改变用途(由用于增值税应税项目生产经营改为用于非增值税应税项目、免税项目、集体福利、个人消费等),其进项税额不能从销项税额中抵扣。由于这些货物的进项税额在其购进时已从当期销项税额中抵扣,因此,应将其从进项税额中转出,作为相关项目的成本、费用或损失处理。账务处理为:借记"待处理财产损溢"、"在建工程"、"应付职工薪酬"等科目,贷记"应交税费——应交增值税(进项税额转出)"。

【例2-23】 某商场为增值税一般纳税人,国庆节期间,将商场中的一批商品发给职工作为福利,该批商品的进价为100 000元,增值税额17 000元。该商场应作如下会计处理:

借:应付职工薪酬   117 000

 贷:库存商品   100 000

  应交税费——应交增值税(进项税额转出) 17 000

【例2-24】 某企业为增值税一般纳税人,因火灾造成材料仓库材料被烧毁,共计价值为500 000元,因已投财产保险,保险公司确认应赔偿480 000元,款未收,该企业购进材料的增值税税率为17%。

在批准处理前:

借:待处理财产损溢——待处理流动资产损溢 585 000

 贷:原材料   500 000

  应交税费——应交增值税(进项税额转出) 85 000

在批准处理后:

借:其他应收款——保险公司   480 000

 营业外支出——非常损失   105 000

 贷:待处理财产损溢——待处理流动资产损溢 585 000

7. 进口物资进项税额的会计核算

企业进口物资,应按组成计税价格和规定的税率计税,依法缴纳增值税,借记"原材料"、"周转材料"、"库存商品"、"应交税费——应交增值税(进项税额)"等,贷记"银行存款"、"应付账款"、"其他货币资金"等。交纳的海关关税及海关代缴的消费税等应记入购进物资的成本。

【例2-25】 某电脑公司进口电子元件一批,到岸价格折合人民币为1 560 000元,海关核定的关税计税价格为1 560 000元,关税税率为10%,增值税税率为17%,货款等到岸前的费用以信用证存款支付,关税及增值税以银行存款支付。

关税=1 560 000×10%=156 000(元)

海关代征的增值税=(1 560 000+156 000)×17%=291 720(元)

会计处理如下:

借:原材料   1 716 000

 应交税费——应交增值税(进项税额)   291 720

贷:其他货币资金——信用证存款	1 560 000
银行存款	447 720

2.4.4　增值税缴纳和结转的会计核算

本月缴纳增值税的会计核算公式为:

当期应纳税额＝(销项税额＋出口退税＋进项税额转出)－(进项税额＋

　　　　　　　期初留抵进项税额＋已交税金＋减免税款＋出口抵减内销产品应纳税额)

企业收到返还的增值税都应通过"补贴收入"账户进行核算,作为企业利润总额的组成部分。

【例2-26】承【例2-1】,某企业会计处理如下:

(1)借:原材料——甲材料	209 300
应交税费——应交增值税(进项税额)	34 700
贷:银行存款	244 000
(2)借:原材料——钢材	150 000
应交税费——应交增值税(进项税额)	25 500
贷:银行存款	175 500
(3)借:原材料——农产品	87 000
应交税费——应交增值税(进项税额)	13 000
贷:银行存款	100 000
(4)借:银行存款	468 000
贷:主营业务收入	400 000
应交税费——应交增值税(销项税额)	68 000
(5)借:在建工程	70 200
贷:原材料——钢材	60 000
应交税费——应交增值税(进项税额转出)	10 200

本月留抵税款5 000元,留在账上,可以不转入"应交税费——未交增值税"账户。

【例2-27】承【例2-1】,若上月没有留抵税款,则会计处理如下:

本月应纳增值税＝68 000－63 000＝5 000(元)

借:应交税费——应交增值税(转出未交增值税)	5 000
贷:应交税费——未交增值税	5 000

下月实际缴纳税款时:

借:应交税费——未交增值税	5 000
贷:银行存款	5 000

如果当月有缴纳当月应缴的增值税款,则应记入"应交税费——应交增值税(已交税金)"账户。

借:应交税费——应交增值税(已交税金)

　贷:银行存款

2.4.5　小规模纳税人的会计核算

小规模纳税人销售货物实行简易征收方法,按征收率计算税额,按不含税销售额乘以征收率计算其应缴增值税。

小规模纳税人不能享受税款抵扣权,因此其采购货物或接受应税劳务时,无论收到的是普通发票还是增值税专用发票,所付税款均可直接计入物资的采购成本。

【例 2-28】　某零售小商场为小规模纳税人,2012 年 3 月从批发公司购进商品,取得普通发票上注明价款为 50 000 元,增值税为 8 500 元,款项尚未支付;本月销售商品取得收入(含税)61 800 元,款存银行。应作会计处理如下:

购进商品时:

借:库存商品　　　　　　　　　　　　　　　58 500

　　贷:应付账款　　　　　　　　　　　　　　　58 500

销售商品时:

借:银行存款　　　　　　　　　　　　　　　61 800

　　贷:主营业务收入　　　　　　　　　　　　　60 000

　　　　应交税费——应交增值税　　　　　　　　1 800

2.5　增值税纳税申报

根据国家税务总局关于重新修订《增值税一般纳税人纳税申报办法》的通知,凡增值税一般纳税人(以下简称纳税人)均按本办法进行纳税申报。

2.5.1　纳税申报资料

一般纳税人进行纳税申报必须实行电子信息采集,使用防伪税控系统开具增值税专用发票。纳税人必须在抄报税成功后,方可进行纳税申报。

1. 一般纳税人必报资料

(1)《增值税纳税申报表(适用于增值税一般纳税人)》;

(2)《增值税纳税申报表附列资料(表一)》;

(3)《增值税纳税申报表附列资料(表二)》;

(4)《固定资产进项税额抵扣情况表》。

2. 备查资料

(1)已开具的增值税专用发票和普通发票存根联;

(2)符合抵扣条件并且在本期申报抵扣的增值税专用发票抵扣联;

(3)海关进口货物完税凭证、运输发票、购进农产品普通发票及购进废旧物资普通发票的复印件;

(4)收购凭证的存根联或报查联;

(5)代扣代缴税款凭证存根联;

(6)主管税务机关规定的其他备查资料。

备查资料是否需要在当期报送,由各省级国家税务局确定。

3.增值税纳税申报资料的管理

纳税人在月度终了后,应将备查资料认真整理并装订成册。

(1)防伪税控系统开具的增值税专用发票的存根联,应按开票顺序号码每25份装订一册,不足25份的按实际开具份数装订。

(2)对属于扣税凭证的单证,根据取得的时间顺序,按单证种类每25份装订一册,不足25份的按实际份数装订。

(3)装订时,必须使用税务机关统一规定的征税/扣税单证汇总簿封面(以下简称封面),并按规定填写封面内容,由办税人员和财务人员审核签章。启用封面后,纳税人可不再填写原增值税专用发票的封面内容。

(4)纳税人开具的普通发票及收购凭证在其整本使用完毕的当月,加装封面。

(5)封面的内容包括纳税人单位名称、本册单证份数、金额、税额、本月此种单证总册数及本册单证编号、税款所属时间等,具体格式由各省一级国家税务局制定。

2.5.2　一般纳税人增值税纳税申报

主表:增值税纳税申报表(适用于增值税一般纳税人)样式见表2-6。附表:增值税纳税申报表附列资料(表一),样式见表2-7;增值税纳税申报表附列资料(表二),样式见表2-8;固定资产进项税额抵扣情况表,样式见表2-9。

表 2-6　　　　　　　　　　**增值税纳税申报表**

(适用于增值税一般纳税人)

根据《中华人民共和国增值税暂行条例》第二十二条和第二十三条的规定制定本表。纳税人不论有无销售额,均应按主管税务机关核定的纳税期限按期填报本表,并于次月一日起十五日内,向当地税务机关申报。

税款所属时间:自　年　月　日至　年　月　日　　填表日期:　年　月　日　　金额单位:元(列至角分)

纳税人识别号						所属行业	

纳税人名称	(公章)	法定代表人姓名		注册地址		营业地址	

开户银行及账号		企业登记注册类型			电话号码		

项目		栏次	一般货物及劳务		即征即退货物及劳务	
			本月数	本年累计	本月数	本年累计
销售额	(一)按适用税率征税货物及劳务销售额	1				
	其中:应税货物销售额	2				
	应税劳务销售额	3				
	纳税检查调整的销售额	4				
	(二)按简易征收办法征税货物销售额	5				
	其中:纳税检查调整的销售额	6				
	(三)免、抵、退税办法出口货物销售额	7			—	—
	(四)免税货物及劳务销售额	8			—	—
	其中:免税货物销售额	9			—	—
	免税劳务销售额	10			—	—

（续表）

项　目	栏　次	一般货物及劳务		即征即退货物及劳务	
		本月数	本年累计	本月数	本年累计
销项税额	11				
进项税额	12				
上期留抵税额	13			—	—
进项税额转出	14				
免、抵、退货物应退税额	15			—	—
按适用税率计算的纳税检查应补缴税额	16			—	—
应抵扣税额合计	17＝12＋13－14－15＋16				
实际抵扣税额	18（如 17＜11，则为 17，否则为 11）				
应纳税额	19＝11－18				
期末留抵税额	20＝17－18			—	—
简易征收办法计算的应纳税额	21				
按简易征收办法计算的纳税检查应补缴税额	22			—	—
应纳税额减征额	23				
应纳税额合计	24＝19＋21－23				
期初未缴税额（多缴为负数）	25				
实收出口开具专用缴款书退税额	26				
本期已缴税额	27＝28＋29＋30＋31				
①分次预缴税额	28			—	—
②出口开具专用缴款书预缴税额	29			—	—
③本期缴纳上期应纳税额	30				
④本期缴纳欠缴税额	31				
期末未缴税额（多缴为负数）	32＝24＋25＋26－27				
其中：欠缴税额（≥0）	33＝25＋26－37			—	—
本期应补（退）税额	34＝24－28－29			—	—
即征即退实际退税额	35				
期初未缴查补税额	36			—	—
本期入库查补税额	37			—	—
期末未缴查补税额	38＝16＋22＋36－37				

左侧竖排：税款计算、税款缴纳、授权声明

授权声明	如果你已委托代理人申报，请填写下列资料： 　为代理一切税务事宜，现授权＿＿＿＿＿＿＿＿ ＿＿＿＿＿＿＿（地址） 为本纳税人的代理申报人，任何与本申报表有关的往来文件，都可寄予此人。 　　　　　　　授权人签字：	申报人声明	此纳税申报表是根据《中华人民共和国增值税暂行条例》的规定填报的，我相信它是真实的、可靠的、完整的。 　　　　　声明人签字：

以下由税务机关填写：

收到日期：　　　　　　　　　　接收人：　　　　　　　　　　主管税务机关盖章：

表2-7

增值税纳税申报表附列资料（表一）

（本期销售情况明细）

纳税人名称：（公章）

税款所属时间： 年 月 日 至 年 月 日

填表日期： 年 月 日

金额单位：元（列至角分）

一、按适用税率征收增值税货物及劳务的销售额和销项税额明细

项目	栏次	应税货物 17%税率			应税货物 13%税率			应税劳务			小计		
		份数	销售额	销项税额	份数	销售额	销项税额	份数	销售额	销项税额	份数	销售额	销项税额
防伪税控系统开具的增值税专用发票	1												
非防伪税控系统开具的增值税专用发票	2												
开具普通发票	3												
未开具发票	4	—			—			—			—		
小计	5=1+2+3+4	—			—			—			—		
纳税检查调整	6	—			—			—			—		
合计	7=5+6	—			—			—			—		

二、简易征收办法征收增值税货物的销售额和应纳税额明细

项目	栏次	应税货物 6%征收率			应税货物 4%征收率			小计		
		份数	销售额	应纳税额	份数	销售额	应纳税额	份数	销售额	应纳税额
防伪税控系统开具的增值税专用发票	8									
非防伪税控系统开具的增值税专用发票	9									
开具普通发票	10									
未开具发票	11	—			—			—		
小计	12=8+9+10+11	—			—			—		
纳税检查调整	13	—			—			—		
合计	14=12+13	—			—			—		

三、免征增值税货物及劳务销售明细

项目	栏次	免税货物			免税劳务			小计		
		份数	销售额	税额	份数	销售额	税额	份数	销售额	税额
防伪税控系统开具的增值税专用发票	15									
非防伪税控系统开具的增值税专用发票	16									
开具普通发票	17	—			—			—		
合计	18=15+16+17	—			—			—		

表 2-8　　　　　　　**增值税纳税申报表附列资料（表二）**

（本期进项税额明细）

税款所属时间：　　年　月

纳税人名称：（公章）　　　　　填表日期：　　年　月　日　　　　　金额单位：元（列至角分）

一、申报抵扣的进项税额

项目	栏次	份数	金额	税额
（一）认证相符的防伪税控增值税专用发票	1			
其中：本期认证相符且本期申报抵扣	2			
前期认证相符且本期申报抵扣	3			
（二）非防伪税控增值税专用发票及其他扣税凭证	4			
其中：海关进口增值税专用缴款书	5			
农产品收购发票或者销售发票	6			
废旧物资发票	7			
运输费用结算单据	8			
6%征收率	9	——	——	——
4%征收率	10			
（三）外贸企业进项税额抵扣证明	11			
当期申报抵扣进项税额合计	12			

二、进项税额转出额

项目	栏次	税额
本期进项税转出额	13	
其中：免税货物用	14	
非应税项目用、集体福利、个人消费	15	
非正常损失	16	
按简易征收办法征税货物用	17	
免抵退税办法出口货物不得抵扣进项税额	18	
纳税检查调减进项税额	19	
未经认证已抵扣的进项税额	20	
红字专用发票通知单注明的进项税额	21	

三、待抵扣进项税额

项目	栏次	份数	金额	税额
（一）认证相符的防伪税控增值税专用发票	22	——	——	——
期初已认证相符但未申报抵扣	23			
本期认证相符且本期未申报抵扣	24			
期末已认证相符但未申报抵扣	25			
其中：按照税法规定不允许抵扣	26			
（二）非防伪税控增值税专用发票及其他扣税凭证	27			
其中：海关进口增值税专用缴款书	28			
农产品收购发票或者销售发票	29			
废旧物资发票	30			
运输费用结算单据	31			
6%征收率	32	——	——	——
4%征收率	33			
	34			

四、其他

项目	栏次	份数	金额	税额
本期认证相符的全部防伪税控增值税专用发票	35			
期初已征税款挂账额	36	——	——	
期初已征税款余额	37	——	——	
代扣代缴税额	38	——	——	

表 2-9　　　　　　　　固定资产进项税额抵扣情况表

税款所属时间：　　年　　月

纳税人识别号：

纳税人名称（公章）：

填表日期：　　年　　月　　日　　　　　　　　　　　　　金额单位：元（列至角分）

项目	当期申报抵扣的 固定资产进项税额	当期申报抵扣的 固定资产进项税额累计
增值税专用发票		
海关进口增值税专用缴款书		
合　计		

注：本表一式二份，一份纳税人留存，一份主管税务机关留存。

2.5.3　小规模纳税人增值税纳税申报

小规模纳税人增值税纳税申报表格式见表 2-10。

表 2-10　　　　　　　　　增值税纳税申报表

（适用小规模纳税人）

纳税人识别号：□□□□□□□□□□□□□□□□□□□□

纳税人名称（公章）：　　　　　　　　　　　　　　　金额单位：元（列至角分）

税款所属期：　年　月　日至　　年　月　日　　　　　填表日期：　　年　　月　　日

	项　目	栏次	本期数	本年累计
一、计税依据	（一）应征增值税货物及劳务不含税销售额	1		
	其中：税务机关代开的增值税专用发票不含税销售额	2		
	税控器具开具的普通发票不含税销售额	3		
	（二）销售使用过的应税固定资产不含税销售额	4	——	——
	其中：税控器具开具的普通发票不含税销售额	5		
	（三）免税货物及劳务销售额	6		
	其中：税控器具开具的普通发票销售额	7		
	（四）出口免税货物销售额	8		
	其中：税控器具开具的普通发票销售额	9		
二、税款计算	本期应纳税额	10		
	本期应纳税额减征额	11		
	应纳税额合计	12=10-11		
	本期预缴税额	13		——
	本期应补（退）税额	14=12-13		

纳税人或代理人声明： 此纳税申报表是根据国家税收法律的规定填报的，我确定它是真实的、可靠的、完整的。	如纳税人填报，由纳税人填写以下各栏：
	办税人员（签章）：　　　　财务负责人（签章）：
	法定代表人（签章）：　　　　联系电话：
	如委托代理人填报，由代理人填写以下各栏：
	代理人名称：　　　经办人（签章）：　　　　联系电话：
	代理人（公章）：

受理人：　　　　　　受理日期：　　年　　月　　日　　　受理税务机关（签章）：

本表为 A3 竖式，一式三份，一份纳税人留存，一份主管税务机关留存，一份征收部门留存。

2.6 营业税改增值税

2.6.1 营业税改增值税概述

为了建立健全有利于科学发展的税收制度,促进经济结构调整,支持现代服务业发展。经国务院批准,自 2012 年 1 月 1 日上海率先启动营业税改增值税试点以来,目前营业税改增值税的试点地区已扩大到北京、天津、江苏、浙江、宁波、安徽、福建、厦门、湖北、广东、深圳等 12 个省、直辖市、计划单列市。营业税改增值税,就是将以前缴纳营业税的应税项目改成缴纳增值税,简称"营改增"。

2.6.2 纳税人和征收范围相关规定

1. 纳税人和扣缴义务人

(1)纳税人。在中华人民共和国(以下称境内)提供交通运输业和部分现代服务业服务的单位和个人,为试点增值税纳税人。纳税人提供应税服务缴纳增值税,不再缴纳营业税。

(2)扣缴义务人。中华人民共和国境外(以下称境外)的单位和个人在境内提供应税服务,在境内未设有经营机构的,以其代理人为增值税扣缴义务人;境内没有代理人的,以接受方为增值税扣缴义务人。

2. 征收范围

试点纳税人提供应税服务征收增值税。所称应税服务,指交通运输业服务和部分现代服务业服务。

(1)交通运输业服务,是指使用运输工具将货物或者旅客送达目的地,使其空间位置得到转移的业务活动,包括陆路运输服务、水路运输服务、航空运输服务和管道运输服务。

(2)部分现代服务业服务,是指围绕制造业、文化产业、现代物流产业等提供技术性、知识性服务的业务活动,包括研发和技术服务、信息技术服务、文化创意服务、物流辅助服务、有形动产租赁服务和鉴证咨询服务。

①研发和技术服务,包括研发服务、技术转让服务、技术咨询服务、合同能源管理服务和工程勘察勘探服务。

②信息技术服务,是指利用计算机、通信网络等技术对信息进行生产、收集、处理、加工、存储、运输、检索和利用,并提供信息服务的业务活动,包括软件服务、电路设计及测试服务、信息系统服务和业务流程管理服务。

③文化创意服务,包括设计服务、商标著作权转让服务、知识产权服务、广告服务和会议展览服务。

④物流辅助服务,包括航空服务、港口码头服务、货运客运场站服务、打捞救助服务、货物运输代理服务、代理报关服务、仓储服务和装卸搬运服务。

⑤有形动产租赁服务,包括有形动产融资租赁和有形动产经营性租赁。

⑥鉴证咨询服务,包括认证服务、鉴证服务和咨询服务。

3. 税率和征收率

(1)税率

①提供有形动产租赁服务,税率为 17%;

②提供交通运输业服务,税率为 11%;

③提供部分现代服务业服务(有形动产租赁服务除外),税率为 6%;

④财政部和国家税务总局规定的应税服务,税率为零。

试点地区的单位和个人提供的国际运输服务、向境外单位提供的研发服务和设计服务适用增值税零税率。

(2)征收率

增值税征收率为 3%。适用于小规模纳税人以及一般纳税人适用简易方法计税的特定应税项目。

2.6.3　增值税应纳税额的计算

1. 一般计税方法

增值税一般纳税人适用一般计税方法,即销项税额扣减进项税额的计税方法,应纳税额为当期销项税额抵扣当期进项税额后的余额,其计算公式为

$$应纳税额＝当期销项税额－当期进项税额$$

$$当期销项税额＝销售额×税率$$

$$销售额＝含税销售额÷(1＋税率)$$

当期销项税额小于当期进项税额不足抵扣时,其不足部分可以结转下期继续抵扣。

2. 简易计税方法

(1)小规模纳税人提供应税服务的,可按照销售额和征收率计算应纳税额,同时不得抵扣进项税额,其应纳税额计算公式为

$$应纳税额＝销售额×征收率$$

(2)一般纳税人部分特定项目可以选择简易计税方法来计算征收增值税。

特定项目是指一般纳税人提供的公共交通运输服务(包括轮客渡、公交客运、轨道交通、出租车)。但一般纳税人一经选用简易计税方法,36 个月内不得变更。

3. 销售额的一般规定

(1)销售额是指纳税人提供应税服务取得的全部价款和价外费用。

(2)销售额以人民币计算。折合率可以选择销售额发生的当天或者当月 1 日的人民币汇率中间价。纳税人应当在事先确定采用何种折合率,确定后在 12 个月内不得变更。

(3)纳税人提供改征增值税的营业税应税服务并开具发票后,如发生服务中止、折让、开票有误等,应当按照国家税务总局的规定开具红字专用发票,否则不得扣减销项税额或者销售额。

(4)纳税人提供应税服务,将价款和折扣额在同一张发票上分别注明的,以折扣后的价款为销售额;未在同一张发票上分别注明的,以价款为销售额,不得扣除折扣额。

4.销售额的特殊规定

(1)试点纳税人提供应税服务,按照国家有关营业税政策规定差额征收营业税的,允许其以取得的全部价款和价外费用,扣除支付给非试点纳税人(指试点地区不按照试点实施办法缴纳增值税的纳税人和非试点地区的纳税人)价款后的余额为销售额。

(2)试点纳税人中的小规模纳税人提供交通运输业服务和国际货物运输代理服务,按照国家有关营业税政策规定差额征收营业税的,其支付给试点纳税人的价款,也允许从其取得的全部价款和价外费用中扣除。

(3)试点纳税人中的一般纳税人提供国际货物运输代理服务,按照国家有关营业税政策规定差额征收营业税的,其支付给试点纳税人的价款,允许从其取得的全部价款和价外费用中扣除;其支付给试点纳税人的价款,取得增值税专用发票的,不得从其取得的全部价款和价外费用中扣除。允许扣除价款的项目,应符合国家有关营业税差额征税政策规定。

(4)试点纳税人中的一般纳税人支付给非试点纳税人的价款中,不包括已抵扣进项税额的货物、加工修理修配劳务的价款。

(5)试点纳税人提供应税服务的价格明显偏高或者偏低不具有合理商业目的,由主管税务机关确定销售额。

5.进项税额

(1)准予从销项税额抵扣的进项税额

一般纳税人为提供应税服务而购进货物、接受加工修理修配劳务或者应税服务,因此支付或者负担的增值税额为进项税额。纳税人准予抵扣的进项税额包括:

①从销售方或者提供方取得的增值税专用发票上注明的增值税额。

②从海关取得的海关进口增值税专用缴款书上注明的增值税额。

③购进农产品,除取得增值税专用发票或者海关进口增值税专用缴款书外,按照农产品收购发票或者销售发票上注明的农产品买价和13%的扣除率计算的进项税额。进项税额计算公式为

$$进项税额＝买价×扣除率$$

所称买价,是指在纳税人购进农产品时,在农产品收购发票或者销售发票上注明的价款和按照规定缴纳的烟叶税。

④接受交通运输服务,除取得增值税专用发票外,按照运输费用结算单据上注明的运输费用金额和7%的扣除率计算进项税额。进项税额计算公式为

$$进项税额＝运输费用金额×扣除率$$

⑤接受境外单位或者个人提供应税服务,从税务机关或者境内代理人取得的解缴税款的中华人民共和国通用税收缴款书上注明的增值税额。

(2)不得从销项税额中抵扣的进项税额

①用于适用简易计税方法计税项目、非增值税应税项目、免征增值税项目、集体福利或者个人消费的购进货物、接受加工修理修配劳务或者应税服务。非增值税应税项目,是指非增值税应税劳务、转让无形资产(专利技术、非专利技术、商誉、商标、著作权除外)、销

售不动产以及不动产在建工程。

②接受的旅客运输服务。一般意义上，旅客运输服务的主要对象是个人。一般纳税人购买的旅客运输服务，由于接受对象主要是个人，因此不得从销项税额中抵扣。

③非正常损失的购进货物及相关的加工修理修配劳务和交通运输业服务；非正常损失的在产品、产成品所耗用的购进货物（不包括固定资产）、加工修理修配劳务或者交通运输业服务。非正常损失包括货物丢失、被盗、发生霉烂变质等因管理不善所造成的损失，包括被执法部门依法没收或者强令自行销毁的货物。

④自用的应征消费税的摩托车、汽车、游艇，但作为提供交通运输业服务的运输工具和租赁服务标的物的除外。

⑤纳税人取得的增值税扣税凭证不符合法律、行政法规或国家税务总局有关规定的，其进项税额不得从销项税额中抵扣。

2.6.4　营业税改征增值税试点企业的会计核算

营业税改征增值税试点中，为保证政策衔接，对于原来营业税差额纳税的有关政策可以继续沿用。由于营业税和增值税的性质不同，差额纳税的税务处理为可抵减销售额。

1. 一般纳税人的会计处理

一般纳税人提供应税服务，试点期间按照营业税改征增值税有关规定允许从销售额中扣除其支付给非试点纳税人价款的，应在"应交税费——应交增值税"科目下增设"营改增抵减的销项税额"专栏，用于记录该企业因按规定扣减销售额而减少的销项税额；同时，"主营业务收入"、"主营业务成本"等相关科目应按经营业务的种类进行明细核算。

企业接受应税服务时，按规定允许扣减销售额而减少的销项税额，借记"应交税费——应交增值税（营改增抵减的销项税额）"科目，按实际支付或应付的金额与上述增值税额的差额，借记"主营业务成本"等科目，按实际支付或应付的金额，贷记"银行存款"、"应付账款"等科目。

对于期末一次性进行账务处理的企业，期末，按规定当期允许扣减销售额而减少的销项税额，借记"应交税费——应交增值税（营改增抵减的销项税额）"科目，贷记"主营业务成本"等科目。

【例2-29】　厦门ABC运输公司是增值税一般纳税人。2013年6月该公司取得全部收入200万元，其中，国内客运收入185万元，支付非试点联运企业运费50万元并取得交通运输业专用发票，销售货物取得收入12万元，运送该批货物取得运输收入3万元，款项均以银行存款收付。假设该公司本月无进项税额，期初无留抵税额（单位：万元）。

根据上述资料，ABC运输公司的会计处理如下：

销售额＝（185＋3－50）÷（1＋11％）＋12÷（1＋17％）＝134.58（万元）

销项税额＝（185＋3）÷（1＋11％）×11％＋12÷（1＋17％）×17％＝20.37（万元）

营改增抵减的销项税额＝50÷（1＋11％）×11％＝4.95（万元）

应交增值税额＝20.37－4.95＝15.42（万元）

甲运输公司取得收入的会计处理：

借:银行存款　　　　　　　　　　　　　　　200.00
　　贷:主营业务收入　　　　　　　　　　　179.63
　　　　应交税费——应交增值税(销项税额)　20.37
支付联运企业运费:
借:主营业务成本　　　　　　　　　　　　　45.05
　　应交税费——应交增值税(营改增抵减的销项税额)4.95
　　贷:银行存款　　　　　　　　　　　　　50.00

2.小规模纳税人的会计处理

小规模纳税人提供应税服务,试点期间按照营业税改征增值税有关规定允许从销售额中扣除其支付给非试点纳税人价款的,按规定扣减销售额而减少的应交增值税应直接冲减"应交税费——应交增值税"科目。

企业接受应税服务时,按规定允许扣减销售额而减少的应交增值税,借记"应交税费——应交增值税"科目,按实际支付或应付的金额与上述增值税额的差额,借记"主营业务成本"等科目,按实际支付或应付的金额,贷记"银行存款"、"应付账款"等科目。对于期末一次性进行账务处理的企业,期末,按规定当期允许扣减销售额而减少的应交增值税,借记"应交税费——应交增值税"科目,贷记"主营业务成本"等科目。

【例 2-30】 承【例 2-29】,厦门 ABC 运输公司是小规模纳税人,其他条件不变。

应交增值税额=(185+3)÷(1+3%)×3%+12÷(1+3%)×3%=5.83(万元)

营改增抵减的销项税额=50÷(1+3%)×3%=1.46(万元)

实际应交增值税额=5.83-1.46=4.37(万元)

甲运输公司提供服务取得收入会计处理为:
借:银行存款　　　　　　　　　　　　　　　200.00
　　贷:主营业务收入　　　　　　　　　　　194.17
　　　　应交税费——应交增值税　　　　　　5.83
支付联运企业运费:
借:主营业务成本　　　　　　　　　　　　　48.54
　　应交税费——应交增值税　　　　　　　　1.46
　　贷:银行存款　　　　　　　　　　　　　50.00

2.6.5　营改增增值税一般纳税人纳税申报

1.增值税一般纳税人纳税申报资料包括:
增值税纳税申报表(适用于增值税一般纳税人)(见表 2-11);
增值税纳税申报表附列资料(一)(见表 2-12);
增值税纳税申报表附列资料(二)(见表 2-13);
增值税纳税申报表附列资料(三)(见表 2-14);
固定资产进项税额抵扣情况表(见表 2-15)。

表 2-11

增值税纳税申报表
（适用于增值税一般纳税人）

根据《中华人民共和国增值税暂行条例》和《交通运输业和部分现代服务业营业税改征增值税试点实施办法》的规定制定本表。纳税人不论有无销售额，均应按主管税务机关核定的纳税期限按期填报本表，并向当地税务机关申报。

税款所属时间：自　年　月　日　至　年　月　日
填表日期：　年　月　日　　　　金额单位：元至角分（列至角分）

纳税人识别号：
纳税人名称：（公章）　所属行业：　法定代表人姓名：　企业登记注册类型：　注册地址：　营业地址：　电话号码：
开户银行及账号：

	项　目	栏次	一般货物及劳务和应税服务		即征即退货物及劳务和应税服务	
			本月数	本年累计	本月数	本年累计
销售额	（一）按适用税率征税销售额	1				
	其中：应税货物销售额	2				
	应税劳务销售额	3				
	纳税检查调整的销售额	4				
	（二）按简易办法征税销售额	5				
	其中：纳税检查调整的销售额	6				
	（三）免、抵、退办法出口销售额	7			—	—
	（四）免税销售额	8			—	—
	其中：免税货物销售额	9			—	—
	免税劳务销售额	10			—	—
税款计算	销项税额	11				
	进项税额	12				
	上期留抵税额	13			—	
	进项税额转出	14				
	免、抵、退应退税额	15			—	
	按适用税率计算的纳税检查应补缴税额	16			—	
	应抵扣税额合计	$17=12+13-14-15+16$			—	
	实际抵扣税额	18（如 $17<11$，则为 17，否则为 11）			—	
	应纳税额	$19=11-18$			—	
	期末留抵税额	$20=17-18$			—	
	简易征收办法计算的应纳税额	21				
	按简易征收办法计算的纳税检查应补缴税额	22			—	
	应纳税额减征额	23				
	应纳税额合计	$24=19+21-23$				

（续表）

	期初未缴税额（多缴为负数）	25	—	—	—	—
税款缴纳明	实收出口开具专用缴款书退税额	26				
	本期已缴税额	27=28+29+30+31				
	①分次预缴税额	28				
	②出口开具专用缴款书预缴税额	29			—	—
	③本期缴纳上期应纳税额	30				
	④本期缴纳欠缴税额	31				
	期末未缴税额（多缴为负数）	32=24+25+26-27			—	—
	其中：欠缴税额（≥0）	33=25+26-27			—	—
	本期应补（退）税额	34=24-28-29				
	即征即退实际退税额	35				
	期初已补税额	36				
	本期入库查补税额	37				
	期末未缴查补税额	38=16+22+36-37				

授权声明

如果你已委托代理人申报，请填写下列资料：

为代理一切税务事宜，现授权_____（地址）为本纳税人的代理人，任何与本申报表有关的往来文件，都可寄予此人。

授权人签字：

申报人声明

此纳税申报表是根据《中华人民共和国增值税暂行条例》的规定填报的，我相信它是真实的、可靠的、完整的。

声明人签字：

以下由税务机关填写：

收到日期：　　　　　接收人：　　　　　主管税务机关盖章：

表2-12

增值税纳税申报表附列资料（一）

（本期销售情况明细）

纳税人名称：（公章）

税款所属时间：　年　月　日至　年　月　日

金额单位：元至角分

项目及栏次		开具税控增值税专用发票		开具其他发票		未开具发票		纳税检查调整		合计			应税服务扣除项目	扣除后	
		销售额	销项(应纳)税额	销售额	销项(应纳)税额	销售额	销项(应纳)税额	销售额	销项(应纳)税额	销售额	销项(应纳)税额	价税合计	本期实际扣除金额	含税(免税)销售额	销项(应纳)税额
		1	2	3	4	5	6	7	8	9=1+3+5+7	10=2+4+6+8	11=9+10	12	13=11−12	14=13÷(100%+税率或征收率)×税率或征收率
一、一般计税方法征税 全部征税项目	17%税率的货物及加工修理修配劳务	1													
	17%税率的有形动产租赁服务	2													
	13%税率	3													
	11%税率	4													
	6%税率	5													
其中:即征即退项目	即征即退货物及加工修理修配劳务	6													
	即征即退应税服务	7													
二、简易计税方法征税 全部征税项目	6%征收率	8													
	5%征收率	9													
	4%征收率	10													
	3%征收率的货物及加工修理修配劳务	11													
	3%征收率的应税服务	12													
其中:即征即退项目	即征即退货物及加工修理修配劳务	13													
	即征即退应税服务	14													
三、免抵退税	货物及加工修理修配劳务	15							—	—		—	—	—	—	—
	应税服务	16							—	—		—	—	—	—	—
四、免税	货物及加工修理修配劳务	17							—	—		—	—	—	—	—
	应税服务	18							—	—		—	—	—	—	—

表 2-13

增值税纳税申报表附列资料(二)

(本期进项税额明细)

税款所属时间:年 月 日至 年 月 日

纳税人名称:(公章)   金额单位:元至角分

一、申报抵扣的进项税额

项目	栏次	份数	金额	税额
(一)认证相符的税控增值税专用发票	1=2+3			
其中:本期认证相符且本期申报抵扣	2			
前期认证相符且本期申报抵扣	3			
(二)其他扣税凭证	4=5+6 +7+8			
其中:海关进口增值税专用缴款书	5			
农产品收购发票或者销售发票	6			
代扣代缴税收通用缴款书	7			
运输费用结算单据	8			
	9	——		
	10	——		
(三)外贸企业进项税额抵扣证明	11			
当期申报抵扣进项税额合计	12=1+ 4+11			

二、进项税额转出额

项目	栏次	税额
本期进项税转出额	13=14至 23之和	
其中:免税项目用	14	
非应税项目用、集体福利、个人消费	15	
非正常损失	16	
简易计税方法征税项目用	17	
免抵退税办法不得抵扣的进项税额	18	
纳税检查调减进项税额	19	
红字专用发票通知单注明的进项税额	20	
上期留抵税额抵减欠税	21	
上期留抵税额退税	22	
其他应作进项税额转出的情形	23	

三、待抵扣进项税额

项目	栏次	份数	金额	税额
(一)认证相符的税控增值税专用发票	24	——		
期初已认证相符但未申报抵扣	25			
本期认证相符且本期未申报抵扣	26			
期末已认证相符但未申报抵扣	27			
其中:按照税法规定不允许抵扣	28			
(二)其他扣税凭证	29=30至 33之和			
其中:海关进口增值税专用缴款书	30			
农产品收购发票或者销售发票	31			
代扣代缴税收通用缴款书	32			
运输费用结算单据	33			
	34			

四、其他

项目	栏次	份数	金额	税额
本期认证相符的税控增值税专用发票	35			
代扣代缴税额	36	——		

表 2-14　　　　　　　增值税纳税申报表附列资料(三)

(应税服务扣除项目明细)

税款所属时间：　年　月　日至　年　月　日

纳税人名称：(公章)　　　　　　　　　　　　　　　　　　金额单位：元至角分

项目及栏次	本期应税服务价税合计额(免税销售额)	应税服务扣除项目				
		期初余额	本期发生额	本期应扣除金额	本期实际扣除金额	期末余额
	1	2	3	4＝2＋3	5(5≤1且5≤4)	6＝4－5
17%税率的有形动产租赁服务						
11%税率的应税服务						
6%税率的应税服务						
3%征收率的应税服务						
免抵退税的应税服务						
免税的应税服务						

表 2-15　　　　　　　　固定资产进项税额抵扣情况表

纳税人识别号：　　　　　　　　纳税人名称(公章)：

填表日期：　年　月　日　　　　　　　　　　　　　金额单位：元至角分

项目	当期申报抵扣的固定资产进项税额	当期申报抵扣的固定资产进项税额累计
增值税专用发票		
海关进口增值税专用缴款书		
合 计		

注：本表一式二份，一份纳税人留存，一份主管税务机关留存。

2.小规模纳税人纳税申报资料包括：

增值税纳税申报表(适用于增值税小规模纳税人)(见表 2-16)；

增值税纳税申报表(适用于增值税小规模纳税人)附列资料(见表 2-17)。

表 2-16

增值税纳税申报表

（适用于小规模纳税人）

纳税人识别号：

纳税人名称（公章）：　　　　　　　　　　　　　　　　　　　　　金额单位：元（列至角分）

税款所属期：2012 年 06 月 01 日至 2012 年 06 月 30 日　　　　　填表日期：2009 年 07 月 10 日

项　目	栏次	本期数	本年累计
一、计税依据 （一）应征增值税货物及劳务不含税销售额	1		
其中：税务机关代开的增值税专用发票不含税销售额	2		
税控器具开具的普通发票不含税销售额	3		
（二）销售使用过的应税固定资产不含税销售额	4	——	——
其中：税控器具开具的普通发票不含税销售额	5	——	——
（三）免税货物及劳务销售额	6		
其中：税控器具开具的普通发票销售额	7		
（四）出口免税货物销售额	8		
其中：税控器具开具的普通发票销售额	9		
二、税款计算 本期应纳税额	10		
本期应纳税额减征额	11		
应纳税额合计	12＝10－11		
本期预缴税额	13		
本期应补（退）税额	14＝12－13		——

纳税人或代理人声明：

　　此纳税申报表是根据国家税收法律的规定填报的，我确定它是真实的、可靠的、完整的。

如纳税人填报，由纳税人填写以下各栏：
办税人员（签章）：　　　　财务负责人（签章）：
法定代表人（签章）：　　　　联系电话：
如委托代理人填报，由代理人填写以下各栏：
代理人名称：　　经办人（签章）：　　　　联系电话：
代理人（公章）：

受理人：　　　　　受理日期：　年　月　日　　　受理税务机关（签章）：

本表为 A3 竖式，一式三份，一份纳税人留存，一份主管税务机关留存，一份征收部门留存。

表 2-17

增值税纳税申报表

（适用于增值税小规模纳税人）附列资料

税款所属期：　年　月　日至　年　月　日　　　　　填表日期：　年　月　日

纳税人名称（公章）：　　　　　　　　　　　　　　　　　　金额单位：元（列至角分）

应税服务扣除额计算			
期初余额	本期发生额	本期扣除额	期末余额
1	2	3（3≤1＋2 之和，且 3≤5）	4＝1＋2－3

应税服务计税销售额计算			
全部含税收入	本期扣除额	含税销售额	不含税销售额
5	6＝3	7＝5－6	8＝7÷1.03

复习与思考

一、单项选择题

1. 增值税的征税对象是（   ）。

A. 销售额   B. 增值额   C. 收入额   D. 利润额

2. 某锅炉厂是增值税一般纳税人，2012 年 3 月销售锅炉开出增值税专用发票两份，收取销售款 500 000 元，销项税额 85 000 元；同时随锅炉销售开出普通发票 3 份，收取运输费 5 000 元，包装费 8 000 元。该锅炉厂 2009 年 3 月的销项税额为（   ）元。

A. 1 888.89   B. 86 888.89   C. 85 000   D. 87 210

3. 增值税的低税率是（   ）。

A. 17%   B. 13%   C. 4%   D. 3%

4. 委托其他纳税人代销货物，增值税纳税义务发生时间为（   ）。

A. 发出货物的当天   B. 按合同约定的收款日期的当天

C. 收到代销单位的代销清单的当天   D. 货物移送的当天

5. 下列项目中，不得从增值税销项税额中抵扣的进项税额项目是（   ）。

A. 购进免税农产品的进项税额   B. 购进小汽车的进项税额

C. 购进货物支付运费的进项税额   D. 购进的低值易耗品的进项税额

6. 下列经营行为，属增值税征税范围的是（   ）。

A. 某社会团体下属企业销售货物   B. 某个人向受雇企业提供应税劳务

C. 某生产企业独立核算的饭店   D. 某生产企业对外出租设备

7. 增值税的纳税人以一个月为纳税期的，自期满之日起（   ）内申报纳税。

A. 3 日   B. 5 日   C. 10 日   D. 15 日

8. 企业销售自己使用过的征收消费税的小汽车（   ）。

A. 按 4% 的税率减半征收增值税   B. 按 17% 的税率征收增值税

C. 按 13% 的税率征收增值税   D. 按 6% 的税率征收增值税

9. 一般纳税人销售货物，适用 13% 税率的是（   ）。

A. 销售化肥   B. 销售钢材

C. 销售化妆品   D. 销售机械设备

10. 某零售企业为增值税一般纳税人，月销售收入为 29 250 元，该企业当月计税销售额为（   ）元。

A. 25 000   B. 25 884   C. 27 594   D. 35 240

11. 企业将自产、委托加工或购买的货物无偿赠送他人，应视同销售货物计算应缴增值税，借记"营业外支出"，贷记（   ）科目。

A. "应交税费——应交增值税（销项税额）"

B. "应交税费——应交增值税（进项税额转出）"

C. "应交税费——应交增值税（进项税额）"

D. "应交税费——应交增值税（转出未交增值税）"

12. 某从事修理业的个体经营者为小规模纳税人,2009 年 6 月的修理总收入为 24 000 元,计算其当月应纳的增值税额为( )元。

    A.1 358.49   B.699.03   C.923.08   D.720

13. 某工业企业是增值税一般纳税人,2012 年 6 月将自产的仪器 50 台用于非生产性在建工程,产品成本为 500 元/台,该月同类产品含税售价 2 457 元/台。该企业该批产品的销项税额为( )元。

    A.17 850   B.12 750   C.20 884.5   D.14 133.9

二、多项选择题

1. 凡在我国境内( )的,均属增值税的征税范围。

    A.销售不动产   B.提供加工、修理修配劳务

    C.进口货物   D.销售货物

2. 从事生产经营的单位和个人有下列( )行为,视同销售货物。

    A.将自产、委托加工的货物用于集体福利和个人消费

    B.将自产、委托加工或购买的货物无偿赠送他人

    C.将自产、委托加工的货物用于非增值税应税项目

    D.将自产、委托加工的货物用于增值税应税项目

3. 下列项目中,准予从增值税销项税额中抵扣的进项税额有( )。

    A.用于生产免税货物的购进货物   B.销售货物承担的运输费用

    C.向农业生产者购进的免税农产品   D.向小规模纳税人购进的农产品

4. 我国的增值税制度实行( )。

    A.价内征收   B.价外征收

    C.多环节多次征收   D.单一环节征收

5. 下列项目中属于增值税免税项目的是( )。

    A.古旧图书   B.农业生产者销售的自产农产品

    C.企业销售的自己使用过的小汽车   D.企业销售粮油

6. 下列( )项目不并入销售额征税。

    A.纳税人为销售货物而出租出借包装物收取押金,单独记账核算且未逾期的

    B.纳税人采取折扣方式销售货物,销售额和折扣额不在同一张发票上的

    C.兼营非应税劳务的销售额分别核算

    D.销项税额

7. 下列销售行为,应征收增值税的是( )。

    A.销售电力   B.销售自来水

    C.销售房屋   D.销售氧气

8. 划分一般纳税人和小规模纳税人的标准有( )。

    A.销售额达到规定标准   B.经营效益好

    C.会计核算健全   D.有上级主管部门

9. 下列混合销售行为,属于征收增值税的有( )。

    A.企业生产铝合金门窗并负责安装

B.批发企业销售货物并实行送货上门

C.宾馆提供餐饮服务并同时向顾客销售烟酒饮料

D.电信部门自己销售电话机并向客户提供电信服务

10.根据现行规定,一般纳税人应在"应交税费"账户下设置(　　)等二级明细项目,用于增值税业务的核算。

A.应交增值税　　　　　　　　　B.未交增值税

C.多交增值税　　　　　　　　　D.增值税

11.下列会计处理正确的是(　　)。

A.当月上缴本月增值税时,应借记"应交税费——未交增值税"科目,贷记"银行存款"科目

B.当月上缴本月增值税时,应借记"应交税费——应交增值税(已交税金)"科目,贷记"银行存款"科目

C.当月上缴上月应缴未缴增值税时,应借记"应交税费——未交增值税"科目,贷记"银行存款"科目

D.当月上缴上月应缴未缴增值税时,应借记"应交税费——应交增值税(已交税金)"科目,贷记"银行存款"科目

12.纳税人销售货物或应税劳务收取的下列费用项目中,应作为价外费用计入销售额征税的有(　　)。

A.延期付款利息　　　　　　　　B.运输装卸费

C.包装物租金　　　　　　　　　D.增值税税额

13.企业应在"应交税费——应交增值税"明细账中设置(　　)等专栏。

A.进项税额　　　　　　　　　　B.已交税金

C.销项税额　　　　　　　　　　D.未交增值税

三、判断题

1.对纳税人为销售货物而出租出借包装物收取的押金,均应并入销售额征收增值税。　　　　　　　　　　　　　　　　　　　　　　　　(　　)

2.纳税人既销售货物又提供非增值税应税劳务,叫混合销售行为。　(　　)

3.将外购的货物用于在建工程等非应税项目,应视同销售货物计算销项税额。(　　)

4.年应税销售额在180万元以下的纳税人均为小规模纳税人。　(　　)

5.纳税人进口货物,计算缴纳进口环节增值税时,不得抵扣任何税额。(　　)

四、实务题

(一)销项税额的计算及会计处理

某食品公司是增值税一般纳税人,2012年3月发生以下业务,请作出会计处理:

(1)将自产A食品200箱分给职工作为节日福利,食品成本为32元/箱,不含税售价为45元/箱。

(2)销售A食品600箱给甲商场,不含税售价为45元/箱,货物已发出,货款尚未收到。

（3）受某单位委托加工精制 B 食品一批，双方约定加工费为 6 000 元（含增值税），由于提前交货，委托单位另加奖励费 1 000 元（含增值税）。加工费及奖励费均已收到。

（4）由于一批 C 食品即将过期，当月将该批商品降价处理，共取得收入 23 400 元，款存银行，该批食品的成本为 24 000 元。

（5）委托乙商场销售 A 食品一批，双方约定：乙商场按食品公司统一零售价对外销售，食品公司按不含税销售收入的 10% 支付手续费。20 日，食品厂向乙商场发出货物 500 箱，成本 32 元/箱，零售价 52 元/箱（不含税），30 日，食品公司收到乙商场的代销清单，注明该批食品已售出 260 箱。货款和代销手续费收据同时收到。

（6）将 100 箱 A 食品赠送给孤儿院，成本为 32 元/箱。

（二）进项税额及其转出的计算和会计处理

1．某企业为增值税一般纳税人，2012 年 3 月 2 日购进原材料一批，价款 20 万元，增值税专用发票上注明的税额为 3.4 万元。该企业材料采用实际成本法核算，当月收到材料并验收入库，款项尚未支付，请作出会计处理。

2．某企业是增值税一般纳税人，2012 年 4 月 5 日该企业购入机床一台，增值税专用发票上注明的价款为 10 万元，税额为 1.7 万元。由于该机床需安装，安装该机床时领用库存材料 2 000 元，支付安装费用 2 000 元。机床安装完毕后已交付使用，以上款项均用银行存款支付，请作出会计处理。

（三）增值税缴纳的会计处理

某食品公司为增值税一般纳税人，2012 年 1～2 月份发生业务如下：

1．食品公司 2012 年 1 月份发生业务

（1）1 月 5 日，销售食品，开出增值税专用发票 5 张，专用发票注明的价款共 500 000 元，增值税共 85 000 元，货款及税款已收存银行。

（2）1 月 7 日，向某小规模纳税人购入粮食 100 吨，单价 1 000 元/吨，购货时取得普通发票 1 张，款项以转账支票支付，粮食验收入库。

（3）1 月 13 日，收购农民个人玉米 50 吨，单价 1 020 元/吨，开具了 10 张由税务机关统一监制的"农副产品收购凭证"，玉米验收入库，款项以现金支付。

（4）1 月 20 日，销售食品一批，开出增值税专用发票一张，注明价款为 200 000 元，增值税 34 000 元，货已发出，货款尚未收到。

（5）1 月 26 日，预缴本月增值税 100 000 元。

（6）1 月 31 日，结转本月增值税（或留抵税款）。

2．某食品公司 2012 年 2 月份发生业务

（1）2 月 8 日，向某小规模纳税人购入玉米 5 吨，单价 1 100 元/吨，取得普通发票，款项以银行存款支付。

（2）2 月 15 日，采取分期收款方式发出食品一批，不含税售价为 200 000 元，该批食品的成本为 150 000 元，合同约定分三期收款，发货时收到货款和税款的 50%，其余货款和税款 3、4 月份等额收回。`

（3）2 月 21 日，购入原材料一批，取得的增值税专用发票上注明价款为 200 000 元，增值税额为 34 000 元，款项已用银行存款支付，原材料验收入库。

（4）2 月 25 日，上月 20 日发出的食品因品种不符被退回一部分，并转来通知单等有

关证明齐全,价款为 50 000 元,增值税额为 8 500 元,合计 58 500 元。该批食品的成本为 40 000 元,食品入库,并开出红字增值税发票。

(5)2 月 28 日,结转本月增值税(或留抵税款)。

(四)一般纳税人的会计处理和纳税申报

企业概况:

企业名称:厦门市 ABCD 有限责任公司

纳税人识别号:320581123456789

登记注册类型:其他有限责任公司

企业法定代表:乔丹

营业地址:厦门市高科工业开发区樱花路 200 号

电话:1234567890

开户银行及账号:工商银行永达分理处 01012345678

税务登记号:110000000000123

经济业务:

该公司是增值税一般纳税人,存货按实际成本核算,2012 年 6 月发生了以下业务,请编制会计分录和增值税纳税申报表。

1.6 月 1 日,销售 A 型机床一台,不含税单价为 51 000 元/台,开出增值税专用发票一张,注明价款为 51 000 元,增值税额为 8 670 元,当日发货并办妥了托收承付手续。

2.6 月 2 日,公司办公室购办公用品一批,取得增值税专用发票一张,注明价款为 800 元,增值税额为 136 元,款项用现金支付。

3.6 月 5 日,外购原材料 Φ10 mm 钢材一批,取得增值税专用发票一张,注明价款为 170 000 元,增值税额为 28 900 元,材料于当日验收入库,货款尚未支付。

4.6 月 6 日,向红星机械厂转让原材料 Φ4 mm 钢板 1 吨,取得含税销售收入 35 100 元,销售款项于当日存入银行。

5.6 月 7 日,生产车间外购工具一批,取得增值税专用发票上注明价款为 2 000 元,增值税额为 340 元,款项以银行存款支付。

6.6 月 10 日,购入生产用设备一台,取得增值税专用发票上注明价款为 210 000 元,增值税额为 35 700 元,货款尚未支付。

7.6 月 13 日,公司建职工宿舍领用库存材料 Φ10 mm 钢材一批,该钢材成本为 30 000 元。

8.6 月 13 日,银行代扣上月增值税款 86 000 元。

9.6 月 17 日,外购原材料 Φ4 mm 钢板 14 吨,取得增值税专用发票上注明价款为 50 000 元,增值税额为 8 500 元,货物已验收入库,货款通过银行转账支付。

10.6 月 23 日,销售 B 型机床一台,不含税单价为 30 万元/台,成本为 20 万元/台,合同约定:发货时付一半款,余款 6 个月内付清。当天发货并收到了一半货款及税金共 175 500 元。

11.6 月 23 日,生产车间领用钢材、电机及仪表等材料共计 36 000 元,自制生产用固定资产——OR 型机床一台,并验收合格。

12.6 月 24 日,以自产 A 型机床两台抵偿欠东方股份公司货款 99 450 元。开出增值税专用发票一张,注明价款为 85 000 元,增值税额为 14 450 元。

13.6 月 25 日,与长宁运输公司结算本月运费。本月销货运费共计 40 000 元,运输公司开来普通发票,款项通过银行转账支付。

14.6 月 26 日,收到一张红字增值税专用发票的发票联和抵扣联,应冲减价款 10 000 元,增值税 1 700 元,内容是上月所购 Φ4 mm 钢板,因质量问题而给予的折让,原购 Φ4 mm 钢板货款尚未支付。

15.6 月 27 日,向小规模纳税人购入低值易耗品一批,取得税务机关代开的增值税专用发票一张,注明价款为 30 000 元,增值税额为 900 元。货物当天验收入库,货款通过银行转账支付。

16.6 月 28 日,收到代理商代销清单及手续费发票,列明本月代销 A 型机床 6 台,B 型机床两台,确认代销收入 640 000 元(不含税),扣除代销手续费 32 000 元,余款银行已收到。

17.计算并结转本月应交增值税。

18.填写增值税纳税申报表(适用于增值税一般纳税人)(表 2-11)(只填写本月数即可)及固定资产进项税额抵扣情况表(表 2-15)。

(五)小规模纳税人的会计处理和纳税申报

某汽车修理厂是增值税小规模纳税人,主营汽车修理,兼营汽车配件销售。2012 年 6 月发生以下业务,请编制会计分录和增值税纳税申报表(适用于小规模纳税人)(表 2-16)(只填数字,其他略)。

1.本月取得修理收入 36 050 元,款项已存入银行。

2.本月销售汽车配件取得收入 17 510 元,款项已存入银行。

3.外购汽车配件一批,取得的普通发票上注明价款为 6 000 元,货物已验收入库,货款通过银行转账支付。

4.受某单位委托,加工金属构件一批,收取加工费 3 090 元,款项已存入银行。

第 **3** 章

消费税会计

知识目标

1. 了解消费税的概念、纳税义务人,消费税的特点、征税范围、税目和税率;

2. 熟悉消费税应纳税额的计算、纳税申报表的填制;

3. 掌握消费税会计核算账户设置、应纳税额会计核算。

3.1 消费税概述

3.1.1 消费税的概念及特点

消费税是对在我国境内从事生产、委托加工和进口应税消费品的单位和个人,就其应税消费品的销售额、销售数量或组成计税价格征收的、以特定消费品为课税对象的一种税。

我国现行消费税具有以下特点:

1. 课税对象具有选择性

消费税征税范围包括 5 种消费品类型 14 类产品,具体包括:特殊消费品,如烟、酒、鞭炮、焰火、木制一次性筷子等,若对这些消费品过度消费,会对人类健康、社会秩序、生态环境等造成危害;高能耗及高档消费品,如小汽车、摩托车等;奢侈品、非生活必需品,如贵重首饰及珠宝玉石、化妆品、高档手表等;不可再生和替代的石油类消费品,如汽油、柴油等;具有一定财政意义,能增加财政收入的产品,如汽车轮胎等。

2. 实行单环节征收

消费税只在生产环节和进口环节(金银首饰在零售环节征税)征收,其他环节不征收。

3. 实行差别税率

消费税按不同产品设计不同的税率或税额,大部分应税消费品实行比例税率,个别应税消费品实行定额税率,如啤酒、黄酒、汽油等。

4. 实行价内征收

消费是价内税,具有税负转嫁性,所征收的税款最终都转嫁给消费者。即生产、委托加工和进口货物的价款中均含有消费税,在以后的批发、零售环节,价款中已含有消费税,不再缴纳消费税。

3.1.2　消费税的纳税义务人

消费税的纳税义务人是指在中华人民共和国境内生产、委托加工和进口应税消费品的单位和个人。单位是指企业、行政单位、事业单位、军事单位、社会团体及其他单位。个人是指个体工商户及其他个人。中华人民共和国境内,是指生产、委托加工和进口属于应当缴纳消费税的消费品的起运地或者所在地在境内。

委托加工应税消费品,除受托方为个人外,由受托方在向委托方交货时代收代缴税款。这里所说的委托加工应税消费品,是指由委托方提供原料和主要材料,受托方只收取加工费和代垫部分辅助材料加工的应税消费品。

3.1.3　消费税的征税范围、税目和税率

消费税的征税范围是指在我国境内生产、委托加工及进口的应税消费品。目前我国消费税设置了烟、酒及酒精、化妆品、小汽车、摩托车、高尔夫球及球具、高档手表、游艇、木制一次性筷子、实木地板等 14 个税目,各税目下设若干子目。

消费税的税率有比例税率和定额税率两种形式,大部分消费税实行比例税率,少数实行定额税率,黄酒、啤酒、成品油等按单位重量或单位体积确定单位税额。

消费税税目税率见表 3-1。

表 3-1　　　　　　　　　　　　　消费税税目税率(税额)表

税目		征税范围	计税单位	税率(税额)
一、烟	1. 卷烟	调拨价 70 元(含 70 元,不含增值税,下同)以上		56%
			每标准箱(50 000 支,下同)	150 元
		调拨价 70 元以下		36%
			每标准箱	150 元
	2. 雪茄烟			36%
	3. 烟丝			30%
	商业批发			50%

（续表）

税目		征税范围	计税单位	税率（税额）
二、酒及酒精	1.白酒			20%
			每斤（500克）	0.5元
	2.啤酒（含果酒）	出厂价（含包装物及押金，但不包括供重复使用的塑料周转箱的押金）3 000元（含3 000元，不含增值税，下同）以上	吨	250元
		出厂价3 000元以下	吨	220元
		娱乐业和饮食业自制的	吨	250元
	3.黄酒		吨	240元
	4.其他酒			10%
	5.酒精			5%
三、化妆品		包括成套化妆品、高档护肤类化妆品		30%
四、贵重首饰及珠宝玉石		包括各种金、银、珠宝首饰及珠宝玉石		
		1.金银首饰、铂金首饰和钻石及钻石饰品		5%
		2.其他贵重首饰和珠宝玉石		10%
五、鞭炮、焰火				15%
六、成品油	1.汽油			
	（1）含铅汽油		升	1.4元
	（2）无铅汽油		升	1.0元
	2.柴油		升	0.8元
	3.石脑油		升	1.0元
	4.溶剂油		升	1.0元
	5.润滑油		升	1.0元
	6.燃料油		升	0.8元
	7.航空煤油		升	0.8元
七、汽车轮胎				3%
八、摩托车		汽缸容量（排气量，下同）在250毫升（含250毫升）以下的		3%
		汽缸容量在250毫升以上的		10%
九、小汽车	1.乘用车	汽缸容量（排气量，下同）在1.0升（含1.0升）以下的		1%
		汽缸容量在1.0升以上至1.5升（含1.5升）的		3%
		汽缸容量在1.5升以上至2.0升（含2.0升）的		5%
		汽缸容量在2.0升以上至2.5升（含2.5升）的		9%
		汽缸容量在2.5升以上至3.0升（含3.0升）的		12%
		汽缸容量在3.0升以上至4.0升（含4.0升）的		25%
		汽缸容量在4.0升以上的		40%
	2.中轻型商用客车			5%
十、高尔夫球及球具				10%
十一、高档手表				20%
十二、游艇				10%
十三、木制一次性筷子				5%
十四、实木地板				5%

3.1.4　消费税纳税义务发生时间

纳税人生产的应税消费品,于纳税人销售时纳税。纳税人自产自用的应税消费品,用于连续生产应税消费品的,不纳税;用于其他方面的,于移送使用时纳税。消费税纳税义务发生时间,分列如下:

1.纳税人销售应税消费品的,按不同的销售结算方式分别为:

(1)采取赊销和分期收款结算方式的,为书面合同约定的收款日期的当天,书面合同没有约定收款日期或者无书面合同的,为发出应税消费品的当天;

(2)采取预收货款结算方式的,为发出应税消费品的当天;

(3)采取托收承付和委托银行收款方式的,为发出应税消费品并办妥托收手续的当天;

(4)采取其他结算方式的,为收讫销售款或者取得索取销售款凭据的当天。

2.纳税人自产自用应税消费品的,为移送使用的当天。

3.纳税人委托加工应税消费品的,为纳税人提货的当天。

4.纳税人进口应税消费品的,为报关进口的当天。

3.1.5　消费税的纳税期限、地点及减免

1.纳税期限

纳税人以 1 个月或者 1 个季度为 1 个纳税期的,自期满之日起 15 日内申报纳税;以 1 日、3 日、5 日、10 日或者 15 日为 1 个纳税期的,自期满之日起 5 日内预缴税款,于次月 1 日起 15 日内申报纳税并结清上月应纳税款。

纳税人进口应税消费品,应当自海关填发海关进口消费税专用缴款书之日起 15 日内缴纳税款。

2.纳税地点

(1)纳税人销售的应税消费品,以及自产自用的应税消费品,除国务院财政、税务主管部门另有规定外,应当向纳税人机构所在地或者居住地的主管税务机关申报纳税。

(2)进口的应税消费品,应当向报关地海关申报纳税。

(3)委托加工的应税消费品,除受托方为个人外,由受托方向机构所在地或者居住地的主管税务机关解缴消费税税款。

(4)个人携带或者邮寄进境的应税消费品的消费税,连同关税一并计征。具体办法由国务院关税税则委员会会同有关部门制定。

3.消费税减免

对纳税人出口应税消费品,免征消费税,国务院另有规定的除外。出口应税消费品的免税办法,由国务院财政、税务主管部门规定。

3.2　消费税应纳税额的计算

按照现行消费税法的基本规定,消费税应纳税额的计算方法有从价定率、从量定额、从价定率与从量定额复合计算三种。

3.2.1　从价定率计算方法

1.销售自产应税消费品的应纳税额的计算

采用从价定率方法,消费税应纳税额的计算取决于应税消费品的销售额和适用税率两个因素。计算公式为

$$应纳税额＝应税消费品的销售额 \times 适用税率$$

(1)销售额的确定

销售额是纳税人销售应税消费品向购买方收取的全部价款和价外费用。价外费用是指价外向购买方收取的手续费、补贴、基金、集资费、返还利润、奖励费、违约金、滞纳金、延期付款利息、赔偿金、代收款项、代垫款项、包装费、包装物租金、储备费、优质费、运输装卸费以及其他各种性质的价外收费。但下列项目不包括在内:

①同时符合以下条件的代垫运输费用:一是承运部门的运输费用发票开具给购买方的;二是纳税人将该项发票转交给购买方的。

②同时符合以下条件代为收取的政府性基金或者行政事业性收费:一是由国务院或者财政部批准设立的政府性基金,由国务院或者省级人民政府及其财政、价格主管部门批准设立的行政事业性收费;二是收取时开具省级以上财政部门印制的财政票据;三是所收款项全额上缴财政。

(2)含增值税销售额的换算

按照《消费税暂行条例实施细则》的规定,应税消费品的销售额,不包括应向购货方收取的增值税税款。如果纳税人应税消费品的销售额中未扣除增值税税款或者因不得开具增值税专用发票而发生价款和增值税税款合并收取的,在计算消费税时,应将含税销售额换算成不含增值税税款的销售额,换算公式为

$$应税消费品的销售额＝含增值税的销售额 \div (1＋增值税税率或征收率)$$

(3)销售额的特殊规定

应税消费品连同包装物销售的,无论包装物是否单独计价以及在会计上如何核算,均应并入应税消费品的销售额中缴纳消费税。如果包装物不作价随同产品销售,而是收取押金,此项押金则不应并入应税消费品的销售额中征税。但对因逾期未收回的包装物不再退还的或者已收取的时间超过 12 个月的押金,应并入应税消费品的销售额,按照应税消费品的适用税率缴纳消费税。

对既作价随同应税消费品销售,又另外收取押金的包装物的押金,凡纳税人在规定的

期限内没有退还的,均应并入应税消费品的销售额,按照应税消费品的适用税率缴纳消费税。

根据国家税务总局国税发〔1995〕192 号《关于加强增值税征收管理若干问题的通知》第三条关于酒类产品包装物的征税问题规定,从 1995 年 6 月 1 日起,对销售除啤酒、黄酒外的其他酒类产品而收取的包装物押金,无论是否返还以及会计上如何核算,均应并入当期销售额征税。而对销售啤酒、黄酒所收取的押金,按一般押金的规定处理。

纳税人用于换取生产资料和消费资料、投资入股和抵偿债务等方面的应税消费品,应当以纳税人同类应税消费品的最高销售价格作为计算依据计算消费税。

纳税人销售的应税消费品,以外汇结算销售额的,其销售额的人民币折合率可以选择结算的当天或者当月 1 日的国家外汇牌价(原则上为中间价)。纳税人应在事先确定采用何种折合率,确定后 1 年内不得变更。

2.应税消费品已纳税款的扣除

以外购的已税消费品为原料连续生产销售的应税消费品,在计税时可按当期生产领用数量计算准予扣除的外购应税消费品已纳的消费税税款。扣除范围包括:

(1)外购已税烟丝生产的卷烟;

(2)外购已税化妆品生产的化妆品;

(3)外购已税珠宝玉石生产的贵重首饰及珠宝玉石;

(4)外购已税鞭炮、焰火生产的鞭炮、焰火;

(5)外购已税汽车轮胎(内胎和外胎)生产的汽车轮胎;

(6)外购已税摩托车生产的摩托车(如用外购两轮摩托车改装三轮摩托车);

(7)外购已税杆头、杆身和握把为原料生产的高尔夫球杆;

(8)外购已税木制一次性筷子为原料生产的木制一次性筷子;

(9)外购已税实木地板为原料生产的实木地板;

(10)外购已税石脑油、燃料油为原料生产的应税消费品;

(11)外购已税润滑油为原料生产的润滑油。

上述当期准予扣除外购应税消费品已纳消费税的计算公式为

$$\text{当期准予扣除的外购应税消费品已纳税额} = \text{当期准予扣除的外购应税消费品买价} \times \text{外购应税消费品的适用税率}$$

$$\text{当期准予扣除的外购应税消费品买价} = \text{期初库存的外购应税消费品的买价} + \text{当期购进的应税消费品的买价} - \text{期末库存的外购应税消费品的买价}$$

若从量定额征收消费税的,其计算公式为

$$\text{当期准予扣除的外购应税消费品已纳税额} = \left(\text{期初库存的外购应税消费品的数量} + \text{当期购进的应税消费品的数量} - \text{期末库存的外购应税消费品的数量} \right) \times \text{外购应税消费品的单位税额}$$

若生产中使用委托加工收回的已纳消费税的消费品,其已纳消费税税额在计算应纳

消费税时准予扣除的,其计算公式为

$$
\begin{array}{l}
\text{当期准予扣除的委托加工} \\
\text{应税消费品已纳税额}
\end{array}
=
\begin{array}{l}
\text{期初库存委托加工} \\
\text{应税消费品已纳税额}
\end{array}
+
\begin{array}{l}
\text{本期收回委托加工} \\
\text{应税消费品已纳税额}
\end{array}
-
$$

$$
\begin{array}{l}
\text{期末库存委托加工} \\
\text{应税消费品已纳税额}
\end{array}
$$

3.自产自用应税消费品的应纳税额的计算

自产自用应税消费品具体又分为用于连续生产的应税消费品和用于其他方面的应税消费品。用于连续生产应税消费品的,不缴纳消费税;用于其他方面的,应于移送使用时缴纳消费税。用于连续生产应税消费品,是指纳税人将自产自用的应税消费品作为直接材料生产最终应税消费品,自产自用应税消费品构成最终应税消费品的实体。用于其他方面,是指纳税人将自产自用应税消费品用于生产非应税消费品、在建工程、管理部门、非生产机构、提供劳务、馈赠、赞助、集资、广告、样品、职工福利、奖励等方面。

实行从价定率征收办法的应税消费品,按照纳税人生产的同类消费品的销售价格计算纳税;同类消费品的销售价格,是指纳税人或者代收代缴义务人当月销售的同类消费品的销售价格,如果当月同类消费品各期销售价格高低不同,应按销售数量加权平均计算。但销售的应税消费品有下列情况之一的,不得列入加权平均计算:一是销售价格明显偏低并无正当理由的;二是无销售价格的。如果当月无销售或者当月未完结,应按照同类消费品上月或者最近月份的销售价格计算纳税。没有同类消费品销售价格的,按照组成计税价格计算纳税。

$$\text{组成计税价格} = (\text{成本} + \text{利润}) \div (1 - \text{消费税税率})$$

$$= \text{成本} \times (1 + \text{成本利润率}) \div (1 - \text{消费税税率})$$

$$\text{应纳税额} = \text{组成计税价格} \times \text{自用数量} \times \text{适用税率}$$

成本利润率是指应税消费品的全国平均成本利润率,它由国家税务总局确定,见表3-2。

表 3-2　　　　　　　　　　应税消费品平均成本利润率

项目	成本利润率(%)	项目	成本利润率(%)
卷烟	10	化妆品	5
雪茄烟	5	鞭炮、焰火	5
烟丝	5	贵重首饰及珠宝玉石	6
粮食白酒	10	高档手表	20
薯类白酒	5	汽车轮胎	5
其他酒	5	摩托车	6
酒精	5	乘用车	8
高尔夫球及球具	10	中轻型商用客车	5
木制一次性筷子	5	游艇	10
实木地板	5		

4.委托加工应税消费品应纳税额的计算

委托加工的应税消费品必须符合两个条件:一是由委托方提供原材料和主要材料;二是受托方只收取加工费和代垫部分辅助材料。对于由受托方提供原材料生产的应税消费品,或者受托方先将原材料卖给委托方,然后再接受加工的应税消费品,以及由受托方以委托方名义购进原材料生产的应税消费品,不论在财务上是否作销售处理,都不得作为委托加工应税消费品,而应当按照销售自制应税消费品缴纳消费税。

委托加工的应税消费品直接出售的,不再缴纳消费税。委托个人加工的应税消费品,由委托方收回后缴纳消费税。委托加工的应税消费品,按照受托方的同类消费品的销售价格计算纳税。没有同类消费品销售价格的,按照组成计税价格计算纳税。

从价定率征收的,组成计税公式为

$$组成计税价格＝(材料成本＋加工费)÷(1－消费税税率)$$

$$应纳税额＝组成计税价格×适用税率$$

5.进口应税消费品应纳税额的计算

进口的应税消费税,由进口人或者其代理进口人在报关进口时向报关地海关申报纳税,由海关代征。进口应税消费品实行从价定率、从量定额、从价定率与从量定额复合计税三种方法。

若采用从价定率方法,按照组成计税价格和规定的税率计算应纳税额,计算公式为

$$应纳税额＝组成计税价格×消费税税率$$

$$组成计税价格＝(关税完税价格＋关税)÷(1－消费税税率)$$

3.2.2　从量定额计算方法

从量定额,是指以应税消费品的销售数量和单位税额计算应纳消费税的一种方法。计算公式为

$$应纳税额＝应税消费品的销售数量×单位税额$$

1.销售数量的确定

实行从量定额法征税的消费品,其计税依据为应税消费品的销售数量。销售数量,是指纳税人生产、加工、进口应税消费品的数量。具体规定为:

(1)销售应税消费品的,为应税消费品的销售数量。

(2)自产自用应税消费品的,为应税消费品的移送使用数量。

(3)委托加工应税消费品的,为纳税人收回的应税消费品的数量。

(4)进口的应税消费品,为海关核定的应税消费品进口征税数量。

2.计量单位的换算标准

《消费税暂行条例》规定,黄酒、啤酒以吨为税额单位,汽油、柴油以升为税额单位。但是考虑在实际销售中销售者可能会混用这两个计量单位,为了规范不同产品的计量单位,税法规定了具体的换算标准(见表3-3)。

表 3-3　　　　　　　　　　　应税消费品计量单位换算标准

项目	换算标准	项目	换算标准
黄酒	1 吨＝962 升	汽油	1 吨＝1 388 升
啤酒	1 吨＝988 升	柴油	1 吨＝1 176 升
石脑油	1 吨＝1 385 升	溶剂油	1 吨＝1 282 升
润滑油	1 吨＝1 126 升	燃料油	1 吨＝1 015 升
航空煤油	1 吨＝1 246 升		

卷烟是按箱计算,1 标准箱＝50 000 支,1 标准条＝200 支。

3.2.3　从价定率与从量定额复合计算方法

复合计算方法是从价定率与从量定额相结合的一种计税方法。在现行消费税的征税范围中,目前实施复合计税的产品有卷烟、粮食白酒和薯类白酒三种。对于上述销售、委托加工、自产自用以及进口应税消费品,属于复合计税项目的,应按复合计税办法计税。计算公式为

$$应纳税额＝销售额×比例税率＋销售数量×定额税率$$

组成计税价格计算公式为

$$组成计税价格＝(成本＋利润＋自产自用数量×定额税率)÷(1－比例税率)$$

$$应纳税额＝组成计税价格×适用税率$$

【例 3-1】　某酒厂 2012 年 5 月 20 日用自产粮食白酒 10 吨抵偿永生农场大米款。该粮食白酒本月每吨售价在 5 500～6 500 元之间浮动,平均每吨售价为 6 000 元。粮食白酒的比例税率为 20%,定额税率为 0.5 元/斤。

按规定抵偿债务的计税价格应选用最高的售价,所以

当月该批白酒应纳的消费税额＝10×6 500×20%＋10×2 000×0.5＝23 000(元)

3.3　消费税的会计核算

3.3.1　账户设置

为了正确反映消费税的应交和实际缴纳的情况,企业应在"应交税费"账户下设置"应交消费税"明细账户进行明细分类核算。本账户属于负债类账户,贷方登记按规定应交的消费税,借方登记已交纳的消费税,期末贷方余额反映尚未缴纳的消费税,期末借方余额反映多交的消费税。同时,针对不同的应税行为应交纳的消费税,还应分别设置"营业税金及附加"、"其他业务成本"、"材料采购"、"在建工程"、"营业外支出"等账户,反映纳税人应负担的消费税情况。

3.3.2　应纳税额的会计核算

1. 生产销售、自产自用等应税消费品的会计核算

(1)一般销售应税消费品

消费税是一种价内税,价内税包含在商品售价中,从销售收入中得到补偿。应税消费

品在销售时,应按照应缴纳的消费税额,借记"营业税金及附加",贷记"应交税费——应交消费税"账户;实际缴纳消费税时,借记"应交税费——应交消费税",贷记"银行存款"账户。

【例 3-2】 某木地板厂为一般纳税人,2012 年 1 月批发木地板价款为 1 000 000 元(不含增值税),货款未收。该批木地板的生产成本为 500 000 元,适用消费税率 5%。该木地板厂应作如下会计分录:

$$应向购买方收取的增值税额 = 1\ 000\ 000 \times 17\% = 170\ 000(元)$$

$$应交纳的消费税 = 1\ 000\ 000 \times 5\% = 50\ 000(元)$$

借:应收账款	1 170 000
贷:主营业务收入	1 000 000
应交税费——应交增值税(销项税额)	170 000
借:营业税金及附加	50 000
贷:应交税费——应交消费税	50 000
借:主营业务成本	500 000
贷:库存商品	500 000

【例 3-3】 某烟草公司 2012 年 5 月 12 日向大方超市销售用上月外购烟丝生产的卷烟 20 个标准箱,每标准条调拨价格 60 元(不含增值税),共计 300 000 元。消耗外购烟丝 70 000 元,烟丝的消费税税率为 30%,采取委托收款结算方式,货已发出并办妥托收手续。该类卷烟的消费税比例税率为 36%,定额税率为 150 元/标准箱。

$$烟丝应抵消费税 = 70\ 000 \times 30\% = 21\ 000(元)$$

$$卷烟应纳消费税 = 300\ 000 \times 36\% + 20 \times 150 = 111\ 000(元)$$

$$卷烟应纳增值税 = 300\ 000 \times 17\% = 51\ 000(元)$$

借:应收账款——大方超市	351 000
贷:主营业务收入	300 000
应交税费——应交增值税(销项税额)	51 000
借:营业税金及附加	111 000
贷:应交税费——应交消费税	111 000

烟丝抵扣消费税

借:应交税费——应交消费税	21 000
贷:原材料——烟丝(消费税)	21 000

(2)自产自用应税消费品用于连续生产应税消费品

纳税人生产的应税消费品用于连续生产应税消费品的,不需计缴消费税。在领用时,借记"生产成本",贷记"库存商品"。

(3)自产自用应税消费品用于其他方面

纳税人将自产自用应税消费品用于生产非应税消费品、在建工程、管理部门、非生产机构、提供劳务、馈赠、赞助、集资、广告、样品、职工福利、奖励等时,应税消费品视同销售,应按同类消费品的销售价格或组成计税价格和适用的税率计算消费税,借记"应付职工薪酬"、"在建工程"、"管理费用"、"销售费用"、"营业外支出"、"长期股权投资"、"应付账款"等账户,贷记"主营业务收入"、"应交税费——应交增值税"、"应交税费——应交消费税"账户,同时借记"主营业务成本"账户,贷记"库存商品"账户。

【例3-4】　某生产消费税产品的企业,本月将一批应税消费品用于本公司的非生产性在建工程。消费品的销售价格为200 000元(计税价格),工厂成本为150 000元。应纳增值税税率为17%,应纳消费税税率为10%,企业处理如下:

$$应纳增值税=200\ 000×17\%=34\ 000(元)$$
$$应纳消费税=200\ 000×10\%=20\ 000(元)$$

借:在建工程　　　　　　　　　　　　　　204 000

　　贷:库存商品　　　　　　　　　　　　　　150 000

　　　　应交税费——应交增值税(销项税额)　　34 000

　　　　应交税费——应交消费税　　　　　　　20 000

如果上述应税消费品用于管理部门,则应当视同销售计缴消费税,但不计缴增值税(因为增值税暂行条例中没有规定自产自用产品要视同销售征收增值税),会计处理为:

借:管理费用　　　　　　　　　　　　　　170 000

　　贷:库存商品　　　　　　　　　　　　　　150 000

　　　　应交税费——应交消费税　　　　　　　20 000

【例3-5】　某化妆品公司2012年5月16日将一批自产的化妆品用作职工福利,这批化妆品的成本为10 000元。假设该类化妆品不存在同类消费品销售价格。其消费税税率为30%,应税化妆品全国平均利润率为5%。

$$应纳消费税=10\ 000×(1+5\%)÷(1-30\%)×30\%=15\ 000×30\%=4\ 500(元)$$
$$应纳增值税=10\ 000×(1+5\%)÷(1-30\%)×17\%=2\ 550(元)$$

借:应付职工薪酬　　　　　　　　　　　　17 550

　　贷:主营业务收入　　　　　　　　　　　　15 000

　　　　应交税费——应交增值税(销项税额)　　2 550

借:营业税金及附加　　　　　　　　　　　　4 500

　　贷:应交税费——应交消费税　　　　　　　4 500

借:主营业务成本　　　　　　　　　　　　10 000

　　贷:库存商品　　　　　　　　　　　　　　10 000

【例3-6】　某消费品生产厂,将一批消费品提供给另一单位作为实物投资。消费品的成本为300 000元,计税价格为400 000元。增值税税率为17%,消费税税率为15%。

货物用于对外投资视同销售,按新会计准则的规定,作为正常销售处理。

$$应纳增值税=400\ 000×17\%=68\ 000(元)$$
$$应纳消费税=400\ 000×15\%=60\ 000(元)$$

借:长期股权投资　　　　　　　　　　　　468 000

　　贷:主营业务收入　　　　　　　　　　　　400 000

　　　　应交税费——应交增值税(销项税额)　　68 000

借:主营业务成本　　　　　　　　　　　　300 000

　　贷:库存商品　　　　　　　　　　　　　　　　　　　　300 000
　借:营业税金及附加　　　　　　　　　　　　　60 000
　　贷:应交税费——应交消费税　　　　　　　　　　　60 000

【例 3-7】　某啤酒厂 2012 年 5 月 4 日将自己生产的啤酒 20 吨销售给兴兴饭店,收取押金 300 元/吨,开出收款收据,共收取押金 6 000 元(不包括供重复使用的塑料周转箱的押金);开出增值税专用发票,注明价款为 56 000 元,增值税为 9 520 元;货款及押金均已收存银行。另外开展"啤酒节"活动,将 10 吨啤酒让顾客免费品尝。该啤酒出厂价为 2 800 元/吨,成本为 2 000 元/吨,增值税税率为 17%。(结转成本略)

　收取押金:
　借:银行存款　　　　　　　　　　　　　　　　6 000
　　贷:其他应付款——存入保证金　　　　　　　　　6 000
　收到货款:
　借:银行存款　　　　　　　　　　　　　　　　65 520
　　贷:主营业务收入　　　　　　　　　　　　　　　56 000
　　　应交税费——应交增值税(销项税额)　　　　9 520
　　　　　销售部分应纳消费税＝20×250＝5 000(元)

　注:因含包装物押金每吨啤酒为 2 800＋300÷(1＋17%)＞3 000,查消费税税目税率表,该啤酒的单位税额为 250 元/吨。

　借:营业税金及附加　　　　　　　　　　　　　5 000
　　贷:应交税费——应交消费税　　　　　　　　　　5 000
　免费让顾客品尝视同销售:
　借:销售费用　　　　　　　　　　　　　　　　32 760
　　贷:主营业务收入　　　　　　　　　　　　　　　28 000
　　　应交税费——应交增值税(销项税额)　　　　4 760
　　　　　免费品尝部分应纳消费税＝10×220＝2 200(元)
　借:营业税金及附加　　　　　　　　　　　　　2 200
　　贷:应交税费——应交消费税　　　　　　　　　　2 200

2. 包装物应缴纳的消费税

　　包装物的计税问题,关键是要确定计税时包装物是否并入应税销售额,消费税应税销售额的确定和增值税应税销售额的确定基本是一致的。随同产品销售而出售、出租、出借的包装物,其成本结转要求不同,同样,其消费税的核算也不一样。

　　(1)随同产品出售不单独计价的包装物

　　企业在销售商品时,有时会随同产品出售不单独计价的包装物,其成本费用在出售的产品所取得的收入中得到补偿,因此,与产品一起计算的应缴纳的消费税,应记入"营业税金及附加",包装物成本则记入"销售费用"账户。

【例 3-8】 某酒厂销售 10 吨白酒给某商场,每吨 6 000 元,开出增值税专用发票,注明价款为 60 000 元,增值税为 10 200 元。随同白酒销售不单独计价的包装物一批,该批包装物的成本为 800 元。以上款项尚未收到。白酒比例税率为 20%,定额税率为 0.5 元/斤。

该批白酒应纳的消费税 $=10×6\ 000×20\%+10×2\ 000×0.5=22\ 000(元)$

借:应收账款　　　　　　　　　　　　　　　　　70 200

　　贷:主营业务收入　　　　　　　　　　　　　　　60 000

　　　　应交税费——应交增值税(销项税额)　　　　10 200

借:营业税金及附加　　　　　　　　　　　　　　22 000

　　贷:应交税费——应交消费税　　　　　　　　　22 000

月末结转包装物成本时:

借:销售费用　　　　　　　　　　　　　　　　　　800

　　贷:周转材料——包装物　　　　　　　　　　　　800

(2)随同产品出售单独计价的包装物

随同产品出售单独计价的包装物,取得的包装物销售收入借记"银行存款"等,贷记"其他业务收入"、"应交税费——应交增值税(销项税额)"账户;其成本费用则借记"其他业务成本"账户,贷记"周转材料"账户;应纳消费税,借记"营业税金及附加"账户,贷记"应交税费——应交消费税"账户。

【例 3-9】 某酒厂 2012 年 5 月 10 日销售粮食白酒 20 吨,单价为 7 000 元,增值税专用发票上注明价款为 140 000 元,增值税为 23 800 元;随同白酒出售单独计价的包装物一批,增值税专用发票上注明的价款为 25 000 元,增值税为 4 250 元;同时从购货方取得价外补贴 23 400 元。上述款项均已收存银行。粮食白酒的比例税率为 20%,定额税率为 0.5 元/斤。(结转成本略)

销售白酒应纳消费税 $=140\ 000×20\%+20×2\ 000×0.5=48\ 000(元)$

包装物应纳消费税 $=25\ 000×20\%=5\ 000(元)$

价外补贴款应纳消费税 $=23\ 400÷(1+17\%)×20\%=4\ 000(元)$

价外补贴款应纳增值税 $=23\ 400÷(1+17\%)×17\%=3\ 400(元)$

借:银行存款　　　　　　　　　　　　　　　　193 050

　　贷:主营业务收入　　　　　　　　　　　　　140 000

　　　　其他业务收入　　　　　　　　　　　　　25 000

　　　　应交税费——应交增值税(销项税额)(23 800+4 250)　28 050

借:营业税金及附加　　　　　　　　　　　　　53 000

　　贷:应交税费——应交消费税　　　　　　　　53 000

取得价外补贴收入,按税法规定,应并入销售额征税:

借:银行存款　　　　　　　　　　　　　　　　23 400

　　贷:主营业务收入　　　　　　　　　　　　　20 000

　　　　应交税费——应交增值税(销项税额)　　　3 400

补贴收入应缴纳的消费税：

借：营业税金及附加　　　　　　　　　　　　　　　　　4 000

　　贷：应交税费——应交消费税　　　　　　　　　　　　　　　4 000

（3）出租、出借包装物押金

在产品销售时，包装物以出租、出借的方式出现，收取租金时借记"银行存款"，贷记"其他业务收入"；收到押金时借记"银行存款"，贷记"其他应付款——存入保证金"；结转成本时借记"其他业务成本"，贷记"周转材料"。对因逾期未收回的包装物不再退还的或者已收取的时间超过 12 个月的押金，应并入应税消费品的销售额，借记"其他应付款"，贷记"其他业务收入"、"应交税费——应交增值税（销项税额）"，并按照应税消费品的适用税率缴纳消费税，借记"营业税金及附加"，贷记"应交税费——应交消费税"。

【例 3-10】　2011 年 5 月，某酒厂销售酒精收取包装物押金 2 340 元，至 2012 年 6 月，未收回包装物，已逾期 12 个月。酒精消费税税率 5%。会计处理如下：

2011 年 5 月收取押金时：

借：银行存款　　　　　　　　　　　　　　　　　　　　2 340

　　贷：其他应付款——存入保证金　　　　　　　　　　　　　　2 340

2012 年 6 月，逾期时：

$$应纳增值税 = 2\ 340 \div (1 + 17\%) \times 17\% = 340（元）$$

$$应纳消费税 = 2\ 340 \div (1 + 17\%) \times 5\% = 100（元）$$

借：其他应付款——存入保证金　　　　　　　　　　　　2 340

　　贷：其他业务收入　　　　　　　　　　　　　　　　　　　2 000

　　　　应交税费——应交增值税（销项税额）　　　　　　　　　　340

借：营业税金及附加　　　　　　　　　　　　　　　　　100

　　贷：应交税费——应交消费税　　　　　　　　　　　　　　　100

对既作价随同应税消费品销售，又另外收取押金的包装物的押金，凡纳税人在规定的期限内没有退还的，均应并入应税消费品的销售额，没收的押金应先按照应税消费品的适用税率缴纳消费税，借记"其他应付款"，贷记"应交税费——应交消费税"账户，冲抵"其他应付款"账户后的余额转入"营业外收入"。

【例 3-11】　某化妆品厂对作价随同化妆品销售又另外收取押金的包装物的押金进行账务处理，有一笔押金逾期未退，金额为 2 000 元，消费税税率 30%。调整押金时，会计处理如下：

逾期未退化妆品包装物应纳消费税 = 2 000 × 30% = 600（元）

对作价随同化妆品销售又另外收取押金的包装物的押金，不需计缴增值税。

借：其他应付款——存入保证金　　　　　　　　　　　　600

　　贷：应交税费——应交消费税　　　　　　　　　　　　　　　600

余额转入"营业外收入"账户。

借：其他应付款——存入保证金（2 000 - 600）　　　　　1 400

　　贷：营业外收入　　　　　　　　　　　　　　　　　　　　1 400

对于销售除啤酒、黄酒外的其他酒类产品而收取的包装物押金，按规定，无论是否返还以及会计上如何核算，均应并入销售额征税。此时的包装物计提的增值税及消费税，借记"销售费用",贷记"应交税费——应交增值税"、"应交税费——应交消费税"账户。

【例 3-12】 某酒厂 2012 年 3 月销售粮食白酒 30 000 斤,开出增值税专用发票注明的价款共计 200 000 元,增值税 34 000 元,随同销售的白酒出借一批包装,收取包装物押金 5 000 元,该白酒消费税比例税率 20%,从量计征的消费税 0.5 元/斤。款项均以银行存款结算。会计处理如下:

2012 年 3 月销售时:

借:银行存款	234 000	
贷:主营业务收入		200 000
应交税费——应交增值税(销项税额)		34 000

白酒应纳消费税＝200 000×20%＋30 000×0.5＝55 000(元)

借:营业税金及附加	55 000	
贷:应交税费——应交消费税		55 000

收取押金:

借:银行存款	5 000	
贷:其他应付款——存入保证金		5 000

押金应纳的增值税＝5 000÷(1＋17%)×17%＝726.50(元)

押金应纳的消费税＝5 000÷(1＋17%)×20%＝854.70(元)

借:销售费用	1581.20	
贷:应交税费——应交增值税(销项税额)		726.50
应交税费——应交消费税		854.70

退还包装物押金时:

借:其他应付款——存入保证金	5 000	
贷:银行存款		5 000

如果包装物逾期,没收包装物押金时:

借:其他应付款——存入保证金	5 000	
贷:其他业务收入		5 000

注:对于酒类包装物押金,收取押金时已计提增值税、消费税,没收时不需再计算增值税及消费税。

3.委托加工应税消费品的会计核算

委托加工应税消费品的会计核算通过"委托加工物资"科目核算,一般应经过以下步骤:发出原材料委托加工时,借记"委托加工物资",贷记"原材料"等,支付的往返运输费用,借记"委托加工物资"、"应交税费——应交增值税(进项税额)",贷记"银行存款"等;发生的加工费,借记"委托加工物资"、"应交税费——应交增值税(进项税额)",贷记"银行存款"、"应付账款"等。

由于外购或委托加工收回的准予扣除已纳消费税的消费品,按其实际领用数量计算抵扣当期应纳消费税。受托方代收代缴消费税时,应借记"委托加工物资——消费税",贷记"银行存款"、"应付账款"等;委托加工物资收回验收入库时,借记"原材料——消费税"、"库存商品——消费税"等,贷记"委托加工物资——消费税"。

如收回后直接用于销售的,结转销售成本时,借记"主营业务成本"、"其他业务成本"等,贷记"库存商品——消费税"、"原材料——消费税"等;如收回后用于连续生产应税消费品,按当期实际领用数量计算抵扣当期应纳消费税,借记"生产成本",贷记"原材料——消费税"等。

【例 3-13】　2012 年 4 月 1 日,兴华公司提供一批生产化妆品的材料 60 000 元给柳红化妆品生产公司,委托其加工一批乙化妆品,受托方已代垫辅助材料 4 000 元(不含增值税)。应支付的加工费为 15 000 元(不含增值税)。受托方同类消费品的销售价格为 135 000 元(不含增值税)。4 月 15 日收回已加工完成的乙化妆品,取得柳红化妆品生产公司的增值税专用发票,同时,兴华公司以转账支票付清全部款项。支付给运输单位的往返运输费用共 8 000 元,取得普通发票。16 日该批乙化妆品一半用于销售,其售价为 80 000 元(不含增值税),款已收到,另一半生产领用,连续加工甲化妆品。

受托方代收代缴的消费税 $= 135\ 000 \times 30\% = 40\ 500$(元)

加工费及辅助材料费进项税额 $= (4\ 000 + 15\ 000) \times 17\% = 3\ 230$(元)

运费进项税额 $= 8\ 000 \times 7\% = 560$(元)

① 将材料交付受托方:

借:委托加工物资——原材料	60 000	
贷:原材料		60 000

② 支付加工费及辅助材料费:

借:委托加工物资——加工费及辅料费	19 000	
应交税费——应交增值税(进项税额)	3 230	
贷:银行存款		22 230

③ 支付受托方代收的消费税:

借:委托加工物资——消费税	40 500	
贷:银行存款		40 500

④ 支付往返运费:

借:委托加工物资——运费	7 440	
应交税费——应交增值税(进项税额)	560	
贷:银行存款		8 000

⑤ 乙化妆品入库:

借:库存商品——乙化妆品成本	86 440	
——消费税	40 500	
贷:委托加工物资——原材料		60 000
——加工费及辅料费		19 000
——消费税		40 500
——运费		7 440

⑥ 收回的化妆品一半用于生产时:

借:生产成本	43 220	
贷:库存商品——乙化妆品成本(86 440÷2)		43 220

当期应抵扣已纳消费税额:$40\ 500 \times 50\% = 20\ 250$(元)

借:应交税费——应交消费税	20 250	

贷：库存商品——消费税　　　　　　　　　　　　　　　20 250

⑦一半乙化妆品用于销售时，其销项税额＝80 000×17％＝13 600(元)

借：银行存款　　　　　　　　　　　　　　　93 600

　　贷：主营业务收入　　　　　　　　　　　　　80 000

　　　　应交税费——应交增值税(销项税额)　　13 600

结转销售成本：

借：主营业务成本　　　　　　　　　　　　　63 470

　　贷：库存商品——乙化妆品成本(86 440÷2)　43 220

　　　　　　　　——消费税　　　　　　　　　20 250

4.进口应税消费品的会计核算

进口应税消费品在进口时，由进口人或其代理人在报关时向海关申报纳税。按照有关规定，纳税人进口应税消费品，应自海关填发税款缴款书之日起 15 日内缴纳消费税税款。海关代征的消费税不通过"应交税费——应交消费税"账户核算，直接列入采购成本，借记"固定资产"、"在途物资"、"原材料"等账户，贷记"银行存款"、"应付账款"、"其他货币资金"等账户。

【例 3-14】　2012 年 5 月 24 日，兴华公司从国外购进化妆品，到岸价格为 60 000 美元，假设海关核定的关税完税价格也是 60 000 美元，关税税率为 50％，当日美元对人民币的汇率为 1∶7，货款全部以银行存款付清，则会计处理如下：

$$进口化妆品应纳消费税＝7×60\,000×(1＋50％)÷(1－30％)×30％$$
$$＝900\,000×30％＝270\,000(元)$$

$$进口化妆品应纳增值税＝7×60\,000×(1＋50％)÷(1－30％)×17％＝153\,000(元)$$

借：库存商品　　　　　　　　　　　　　　　900 000

　　应交税费——应交增值税(进项税额)　　153 000

　　贷：银行存款　　　　　　　　　　　　　1 053 000

3.4　消费税纳税申报

为了在全国范围内统一、规范消费税纳税申报资料，加强消费税管理的基础工作，税务总局(国税函〔2008〕236 号)制定了《烟类应税消费品消费税纳税申报表》、《酒及酒精消费税纳税申报表》、《成品油消费税纳税申报表》、《小汽车消费税纳税申报表》、《其他应税消费品消费税纳税申报表》，申报表自 2008 年 4 月份办理税款所属期为 3 月份的消费税纳税申报时启用。原消费税纳税申报表于 2008 年 6 月 30 日起停止使用。

新版消费税纳税申报表适用于所有的消费税纳税人，具体说明如下：

1.《烟类应税消费品消费税纳税申报表》(见表 3-4)及其附表仅限于烟类消费税纳税人使用。

相应的附表有：附表 1"本期准予扣除税额计算表"(见表 3-5)；附表 2"本期代收代缴税额计算表"(见表 3-6)；附表 3"卷烟销售明细表"(见表 3-7)。

2.《酒及酒精消费税纳税申报表》(见表 3-8)及其附表仅限于酒及酒精消费税纳税人使用。

相应的附表有：附表 1"本期准予抵减税额计算表"（见表 3-9）及其续表"准予抵减消费税凭证明细"（见表 3-10）；附表 2"本期代收代缴税额计算表"（见表 3-11）；附表 3"生产经营情况表"（见表 3-12）。

3.《成品油消费税纳税申报表》及其附表仅限于成品油消费税纳税人使用。

4.《小汽车消费税纳税申报表》及其附表仅限于小汽车消费税纳税人使用。

5.《其他应税消费品消费税纳税申报表》（见表 3-13）及其附表限于化妆品、贵重首饰及珠宝玉石、鞭炮焰火、汽车轮胎、摩托车、高尔夫球及球具、高档手表、游艇、木制一次性筷子、实木地板等消费税纳税人。

相应的附表有：附表 1"本期准予扣除税额计算表"（见表 3-14）；附表 2"准予扣除消费税凭证明细表"（见表 3-15）；附表 3"本期代收代缴税额计算表"（见表 3-16）；附表 4"生产经营情况表"（见表 3-17）。

纳税人进行消费税申报时要按上述规定进行分类申报，申报时申报表及其附表都要报送主管税务机关。

表 3-4　　　　　　　　**烟类应税消费品消费税纳税申报表**

税款所属期：　　年　　月　　日至　　年　　月　　日

纳税人名称（公章）：　　纳税人识别号：☐☐☐☐☐☐☐☐☐☐☐☐☐☐☐

填表日期：　　年　　月　　日　　单位：卷烟万支、雪茄烟支、烟丝千克；金额单位：元（列至角分）

项目 / 应税消费品名称	适用税率		销售数量	销售额	应纳税额
	定额税率	比例税率			
卷烟	30 元/万支	56%			
卷烟	30 元/万支	36%			
雪茄烟	——	36%			
烟丝		30%			
合计	——	——			

本期准予扣除税额：	**声明**
本期减（免）税额：	此纳税申报表是根据国家税收法律的规定填报的，我确定它是真实的、可靠的、完整的。
期初未缴税额：	经办人（签章）： 　　财务负责人（签章）： 　　联系电话：
本期缴纳前期应纳税额：	（如果你已委托代理人申报，请填写）
本期预缴税额：	**授权声明**
本期应补（退）税额：	为代理一切税务事宜，现授权＿＿＿＿＿（地址）＿＿＿＿＿为本纳税人的代理申报
期末未缴税额：	人，任何与本申报表有关的往来文件，都可寄此人。 　　授权人签章：

以下由税务机关填写

受理人（签章）：　　受理日期：　　年　　月　　日　　受理税务机关（章）：

表 3-5　　　　　　　　　　　**本期准予扣除税额计算表**

税款所属期：　　年　　月　　日至　　年　　月　　日

纳税人名称(公章)：　　　　纳税人识别号：

填表日期：　　年　　月　　日　　　　　　　　　　　　　金额单位：元(列至角分)

一、当期准予扣除的委托加工烟丝已纳税款计算

1. 期初库存委托加工烟丝已纳税款：

2. 当期收回委托加工烟丝已纳税款：

3. 期末库存委托加工烟丝已纳税款：

4. 当期准予扣除的委托加工烟丝已纳税款：

二、当期准予扣除的外购烟丝已纳税款计算

1. 期初库存外购烟丝买价：

2. 当期购进烟丝买价：

3. 期末库存外购烟丝买价：

4. 当期准予扣除的外购烟丝已纳税款：

三、本期准予扣除税款合计：

表 3-6　　　　　　　　　　　**本期代收代缴税额计算表**

税款所属期：　　年　　月　　日至　　年　　月　　日

纳税人名称(公章)：　　　　纳税人识别号：

填表日期：　　年　　月　　日　　　　　　　　　　　　　金额单位：元(列至角分)

项目 \ 应税消费品名称		卷烟	卷烟	雪茄烟	烟丝	合计
适用税率	定额税率	30元/万支	30元/万支	——	——	——
	比例税率	56%	36%	36%	30%	
受托加工数量						——
同类产品销售价格						——
材料成本						——
加工费						——
组成计税价格						——
本期代收代缴税款						

表 3-7　　　　　　　　　　　　　　　卷烟销售明细表

所属期：　年　月　日　至　年　月　日

纳税人名称(公章)：　　纳税人识别号：☐☐☐☐☐☐☐☐☐☐☐☐☐☐☐☐☐☐☐☐

填表日期：　年　月　日　　　　　　　　　　　单位：万支、元、元/条(200 支)

卷烟牌号	烟支包装规格	产量	销量	消费税计税价格	销售额	备注
合计						

表 3-8　　　　　　　　　　　　　酒及酒精消费税纳税申报表

税款所属期：　年　月　日　至　年　月　日

纳税人名称(公章)：　　纳税人识别号：☐☐☐☐☐☐☐☐☐☐☐☐☐☐☐☐☐☐☐☐

填表日期：　年　月　日　　　　　　　　　　　金额单位：元(列至角分)

项目　　应税消费品名称	适用税率		销售数量	销售额	应纳税额
	定额税率	比例税率			
白酒	0.5 元/斤	20%			
啤酒	250 元/吨	——			
啤酒	220 元/吨	——			
黄酒	240 元/吨	——			
其他酒	——	10%			
酒精	——	5%			
合计					

本期准予抵减税额：

本期减(免)税额：

期初未缴税额：

本期缴纳前期应纳税额：

本期预缴税额：

本期应补(退)税额：

期末未缴税额：

声明

此纳税申报表是根据国家税收法律的规定填报的，我确定它是真实的、可靠的、完整的。

经办人(签章)：

财务负责人(签章)：

联系电话：

(如果你已委托代理人申报，请填写)

授权声明

为代理一切税务事宜，现授权＿＿＿＿＿(地址)＿＿＿＿＿＿＿＿＿为本纳税人的代理申报人，任何与本申报表有关的往来文件，都可寄予此人。

授权人签章：

以下由税务机关填写

受理人(签章)：　　　受理日期：　年　月　日　　　受理税务机关(章)：

表 3-9　　　　　　　**本期准予抵减税额计算表**

税款所属期：　年　月　日至　年　月　日

纳税人名称(公章)：　纳税人识别号：☐☐☐☐☐☐☐☐☐☐☐☐☐☐☐☐☐☐☐☐

填表日期：　年　月　日　　　　　　　　　　　　　　单位：吨、元(列至角分)

一、当期准予抵减的外购啤酒液已纳税款计算

1. 期初库存外购啤酒液数量：

2. 当期购进啤酒液数量：

3. 期末库存外购啤酒液数量：

4. 当期准予抵减的外购啤酒液已纳税款：

二、当期准予抵减的进口葡萄酒已纳税款：

三、本期准予抵减税款合计：

表 3-10　　　　　　　**准予抵减消费税凭证明细**

	号码	开票日期	数量	单价	定额税率(元/吨)
啤酒 (增值税专用发票)					
	合计	——			
	号码	开票日期	数量	完税价格	税款金额
葡萄酒 (海关进口消费 税专用缴款书)					
	合计	——			

表 3-11　　　　　　　**本期代收代缴税额计算表**

税款所属期：　年　月　日至　年　月　日

纳税人名称(公章)：　纳税人识别号：☐☐☐☐☐☐☐☐☐☐☐☐☐☐☐☐☐☐☐☐

填表日期：　年　月　日　　　　　　　　　　　　金额单位：元(列至角分)

项目 \ 应税消费品名称		白酒	啤酒	啤酒	黄酒	其他酒	酒精	合计
适用税率	定额税率	0.5元/斤	250元/吨	220元/吨	240元/吨	——	——	
	比例税率	20%	——	——	——	10%	5%	
受托加工数量								
同类产品销售价格						——		
材料成本						——		
加工费						——		
组成计税价格						——		
本期代收代缴税款								

表 3-12 　　　　　　　　　　生产经营情况表

税款所属期：　年　月　日至　年　月　日

纳税人名称(公章)：　　　纳税人识别号：

填表日期：　年　月　日　　　　　　　　　　　　　　　金额单位:元(列至角分)

应税消费品名称　项目	粮食白酒	薯类白酒	啤酒(适用税率250元/吨)	啤酒(适用税率220元/吨)	黄酒	其他酒	酒精
生产数量							
销售数量							
委托加工收回酒及酒精直接销售数量							
委托加工收回酒及酒精直接销售额							
出口免税销售数量							
出口免税销售额							

表 3-13 　　　　　　**其他应税消费品消费税纳税申报表**

税款所属期：　年　月　日至　年　月　日

纳税人名称(公章)：　　　纳税人识别号：

填表日期：　年　月　日　　　　　　　　　　　　　　　金额单位:元(列至角分)

项目　应税消费品名称	适用税率	销售数量	销售额	应纳税额
合计	——	——	——	

本期准予抵减税额：	**声明**
本期减(免)税额：	此纳税申报表是根据国家税收法律的规定填报的,我确定它是真实的、可靠的、完整的。
期初未缴税额：	经办人(签章)： 　　　　财务负责人(签章)： 　　　　联系电话：
本期缴纳前期应纳税额：	(如果你已委托代理人申报,请填写)
本期预缴税额：	**授权声明**
本期应补(退)税额：	为代理一切税务事宜,现授权＿＿＿＿＿＿(地址)＿＿＿＿＿＿＿＿为本纳税人的代理申报
期末未缴税额：	人,任何与本申报表有关的往来文件,都可寄予此人。 　　　　授权人签章：

以下由税务机关填写

受理人(签章)：　　　受理日期：　年　月　日　　　受理税务机关(章)：

表 3-14　　　　　　　　　　　　　**本期准予扣除税额计算表**

税款所属期:　　年　月　日至　　年　月　日

纳税人名称(公章):　　　纳税人识别号:　|　|　|　|　|　|　|　|　|　|　|　|　|　|　|　|　|　|

填表日期:　　年　月　日　　　　　　　　　　　　　　　　金额单位:元(列至角分)

项目　　　　应税消费品名称					合计
当期准予扣除的委托加工应税消费品已纳税款计算	期初库存委托加工应税消费品已纳税款				——
	当期收回委托加工应税消费品已纳税款				——
	期末库存委托加工应税消费品已纳税款				——
	当期准予扣除委托加工应税消费品已纳税款				
当期准予扣除的外购应税消费品已纳税款计算	期初库存外购应税消费品买价				——
	当期购进应税消费品买价				——
	期末库存外购应税消费品买价				——
	外购应税消费品适用税率				——
	当期准予扣除外购应税消费品已纳税款				
本期准予扣除税款合计					

表 3-15　　　　　　　　　　　　**准予扣除消费税凭证明细表**

税款所属期:　　年　月　日至　　年　月　日

纳税人名称(公章):　　　纳税人识别号:　|　|　|　|　|　|　|　|　|　|　|　|　|　|　|　|　|　|

填表日期:　　年　月　日　　　　　　　　　　　　　　　　金额单位:元(列至角分)

应税消费品名称	凭证类别	凭证号码	开票日期	数量	金额	适用税率	消费税税额
合计	——	——	——			——	

表 3-16　　　　　　　　　　**本期代收代缴税额计算表**

税款所属期：　年　月　日至　年　月　日

纳税人名称(公章)：　　纳税人识别号：□□□□□□□□□□□□□□□□□□

填表日期：　年　月　日　　　　　　　　　　　　　　金额单位:元(列至角分)

项目　　　　　应税消费品名称			合计
适用税率			——
受托加工数量			——
同类产品销售价格			——
材料成本			——
加工费			——
组成计税价格			——
本期代收代缴税款			

表 3-17　　　　　　　　　　**生产经营情况表**

税款所属期：　年　月　日至　年　月　日

纳税人名称(公章)：　　纳税人识别号：□□□□□□□□□□□□□□□□□□

填表日期：　年　月　日　　　　　　　　　　　　　　金额单位:元(列至角分)

项目　　　　　应税消费品名称			
生产数量			
销售数量			
委托加工收回应税消费品直接销售数量			
委托加工收回应税消费品直接销售额			
出口免税销售数量			
出口免税销售额			

复习与思考

一、单项选择题

1. 消费税的纳税环节是(　　)。

A. 单一环节　　　　　　　　　B. 双环节

C. 多环节　　　　　　　　　　D. 批发环节

2. 委托加工应税消费品是指(　　)。

A. 受托方先将原材料卖给委托方,然后再接受加工的应税消费品

B.由受托方提供原材料生产的应税消费品

C.由受托方以委托方的名义购进原材料生产的应税消费品

D.由委托方提供原材料和主要材料,受托方只收取加工费和代垫部分辅助材料加工的应税消费品

3.纳税人将自产自用应税消费品,用于连续生产应税消费品的(　　)。

A.视同销售纳税　　　　　　　　B.于移送使用时纳税

C.按组成计税价格纳税　　　　　D.不纳税

4.进口应税消费品,按组成计税价格计算应纳消费税,其组成计税价格的公式是(　　)。

A.组成计税价格＝关税完税价格＋关税

B.组成计税价格＝关税完税价格＋关税＋增值税

C.组成计税价格＝(关税完税价格＋关税)÷(1－消费税税率)

D.组成计税价格＝(关税完税价格＋关税)÷(1＋消费税税率)

5.纳税人销售应税消费品收取款项含增值税的,计算消费税计税依据的公式是(　　)。

A.含增值税的销售额÷(1－增值税税率或征收率)

B.含增值税的销售额÷(1＋增值税税率或征收率)

C.含增值税的销售额÷(1－消费税税率)

D.含增值税的销售额÷(1＋消费税税率)

6.纳税人委托加工应税消费品的,其纳税义务发生时间为(　　)。

A.移送使用当天　　　　　　　　B.纳税人提货的当天

C.报关进口的当天　　　　　　　D.发出应税消费品的当天

7.某化妆品厂销售成套化妆品,2012年6月销售化妆品10 000套,每套不含税单价200元(其中化妆品150元,护肤护发品50元)。该厂当月应纳消费税税款为(　　)元。

A.600 000　　　　B.450 000　　　　C.155 000　　　　D.150 000

8.某化妆品公司是增值税一般纳税人,本月销售给一个体工商户化妆品10箱,收取现金23 400元,则化妆品公司正确的会计处理是(　　)。

A. 借:库存现金　　　　　　　　　　　　　　　23 400

　　贷:库存商品　　　　　　　　　　　　　　　　　　23 400

B. 借:库存现金　　　　　　　　　　　　　　　23 400

　　贷:主营业务收入　　　　　　　　　　　　　　　　23 400

C. 借:库存现金　　　　　　　　　　　　　　　23 400

　　贷:主营业务收入　　　　　　　　　　　　　　　　20 000

　　　应交税费——应交增值税(销项税额)　　　　　3 400

D. 借:库存现金　　　　　　　　　　　　　　　23 400

　　贷:主营业务收入　　　　　　　　　　　　　　　　20 000

　　　应交税费——应交增值税(销项税额)　　　　　3 400

　　借:营业税金及附加　　　　　　　　　　　　6 000

　　　贷:应交税费——应交消费税　　　　　　　　　　6 000

9.应税消费品的全国平均成本利润率由( )确定。

A.国家税务总局

B.国务院

C.财政部

D.省、自治区、直辖市税务局

10.下列消费品中不征消费税的是( )。

A.彩电

B.高尔夫球

C.啤酒

D.木制一次性筷子

二、多项选择题

1.下列货物中应征收消费税的有( )。

A.金银首饰

B.汽车轮胎

C.保健食品

D.啤酒

2.消费税是对我国境内从事生产、委托加工应税消费品的单位和个人,就其( )在特定的环节征收的一种税。

A.销售额

B.所得额

C.生产额

D.销售数量

3.纳税人自产自用应税消费品,用于( )的应缴纳消费税。

A.连续生产应税消费品的

B.在建工程

C.职工福利

D.广告、样品

4.纳税人销售应税消费品,其纳税义务发生时间为( )。

A.采取赊销和分期收款结算方式的,为销售合同规定的收款日期的当天

B.采取预收货款结算方式的,为收到预收货款的当天

C.采取托收承付和委托收款方式的,为发出应税消费品并办妥托收手续的当天

D.采取直接收款方式的,为发出应税消费品的当天

5.实行从量定额计算应纳税额的应税消费品有( )。

A.啤酒   B.黄酒   C.白酒   D.汽油

6.下列应税消费品中既采用定额税率又采用定率税率的有( )。

A.卷烟   B.烟丝   C.白酒   D.啤酒

7.某卷烟厂 2012 年 3 月共生产并销售某品牌卷烟 20 000 条,共取得含税收入 1 872 000 元,该卷烟厂当月应纳增值税和消费税各是( )。

A.增值税为 272 000 元

B.消费税为 732 000 元

C.增值税为 318 240 元

D.消费税为 908 000 元

8.下列说法正确的有( )。

A.一般来说征收消费税的货物都征收增值税

B.凡是征收增值税的货物都征收消费税

C.应税消费品征收增值税的,其计税依据含有消费税

D.应税消费品征收消费税的,其计税依据含有增值税

三、判断题

1.对应税消费品征收消费税与征收增值税的征税环节相同,均在应税消费品的批发、零售环节。   ( )

2.应税消费品的销售额,是指纳税人销售应税消费品向购买方收取的全部价款和价外费用,其中也包括向购买方收取的增值税税额。　　　　　　　　　　　　　　（　　）

3.对应税消费品征收消费税后,不再征收增值税。　　　　　　　　　　　　（　　）

4.纳税人兼营不同税率的应税消费品,如果未分别核算不同税率应税消费品的销售额、销售数量,则应从高适用税率。　　　　　　　　　　　　　　　　　　　　（　　）

5.商场销售烟、酒等应税消费品,应按销售额计算交纳消费税。　　　　　（　　）

6.纳税人用外购或委托加工收回的烟丝生产卷烟,在计算纳税时,允许扣除领用的外购或委托加工收回的烟丝已纳消费税。　　　　　　　　　　　　　　　　（　　）

7.委托加工收回的应税消费品直接出售时,不再征收消费税。　　　　　（　　）

8.纳税人应纳消费税,均应借记"营业税金及附加"。　　　　　　　　　（　　）

四、实务题

1.2012年3月,某汽车生产厂销售自产的小汽车15辆,汽缸容量为2.5升,出厂价为150 000元/辆(不含增值税),价外收取有关费用11 700元/辆(含增值税)。消费税率为9%,增值税率为17%。款项均以银行存款结算。假设不考虑其他税费。计算增值税和消费税并作会计处理。

2.某啤酒厂将自己生产的啤酒5吨作为福利发给职工,1吨用于广告宣传,让顾客免费品尝。该啤酒每吨成本2 000元,不含税出厂价为3 000元/吨。计算增值税和消费税并作会计处理。

3.甲化妆品厂委托乙化工厂加工A化妆品,甲化妆品厂提供原材料55 000元,A化妆品加工完毕后,乙化工厂收取甲化妆品厂加工费,开出增值税专用发票一张,注明价款为20 000元,增值税额为3 400元。并按税法规定代收A化妆品消费税(没有A化妆品的同类销售价格)。甲化妆品厂收回委托加工的A化妆品验收入库,并准备连续加工B化妆品。请作相关会计处理。化妆品的消费税率为30%。以上款项均以银行存款结算。

4.ABC酒业股份有限公司是增值税一般纳税人,生产"ABC"牌系列粮食白酒、"ABC"牌薯类白酒、酒精及"ABC"牌啤酒。白酒的包装规格为每箱12瓶,每瓶0.8斤。2012年5月发生了以下业务,请编制相关会计分录(结转成本略)和纳税申报表。

(1)向甲公司销售粮食白酒2 000箱,不含税单价240元/箱,开出增值税专用发票一张,注明价款480 000元,增值税额为81 600元。另收取包装费3 510元,开出普通发票一张。当天发出货物并办妥了托收手续。

(2)向乙公司销售粮食白酒1 000箱,不含税单价为260元/箱,开出增值税专用发票一张,注明价款260 000元,增值税额为44 200元;另销售薯类白酒500箱,不含税单价为150元/箱,开出增值税专用发票一张,注明价款75 000元,增值税额为12 750元。收到银行承兑汇票一张,金额为391 950元。货物已当天发出。

(3)向C酒厂销售酒精2吨,不含税单价6 000元/吨,开出的增值税专用发票上注明价款12 000元,增值税额为2 040元。以银行存款支付代垫运费1 600元,款未收。

(4)为庆祝"五·一劳动节",将本厂生产的粮食白酒200箱(确定的计税价格为250元/箱)作为福利物资发给职工。

(5)销售酒糟10吨给某养猪场,共取得销售收入11 700元,款项已存入银行。

（6）本月共销售啤酒 20 吨，开出增值税专用发票 5 张，共计金额 60 000 元，增值税额 10 200 元；收取押金 300 元/吨，开出收款收据 5 张。价税款及押金均已收到。另外为了促销，将 0.5 吨啤酒免费让顾客品尝。该啤酒不含税单价 3 000 元/吨。

（7）本月上缴上月应缴消费税 40 000 元。

（8）计算 2012 年 5 月份消费税应纳税额，填写表 3-18，并填写本月消费税申报表（表 3-19）。

表 3-18　　　　　　　　　　　　**2012 年 5 月份消费税应纳税额表**

项　目	定额税率	比例税率	销售数量	销售额	消费税应纳税额
粮食白酒					
薯类白酒					
酒精					
啤酒					

表 3-19　　　　　　　　　　　　**酒及酒精消费税纳税申报表**

税款所属期：　　年　月　日至　　年　月　日

纳税人名称（公章）：　　纳税人识别号：□□□□□□□□□□□□□□□

填表日期：　　年　月　日　　　　　　　　　　　　　金额单位：元（列至角分）

项目 应税 消费品名称	适用税率		销售数量	销售额	应纳税额
	定额税率	比例税率			
粮食白酒	0.5 元/斤	20%			
薯类白酒	0.5 元/斤	20%			
啤酒	250 元/吨	——			
啤酒	220 元/吨	——			
黄酒	240 元/吨	——			
其他酒	——	10%			
酒精	——	5%			
合计	——	——	——		

本期准予抵减税额：

本期减（免）税额：

声明

此纳税申报表是根据国家税收法律的规定填报的，我确定它是真实的、可靠的、完整的。

　　经办人（签章）：

　　财务负责人（签章）：

期初未缴税额：

　　联系电话：

本期缴纳前期应纳税额：

（如果你已委托代理人申报，请填写）

本期预缴税额：

授权声明

本期应补（退）税额：

　　为代理一切税务事宜，现授权＿＿＿＿＿＿＿＿（地址）＿＿＿＿＿＿＿＿＿＿＿为本纳税人的代理申报人，任何与本申报表有关的往来文件，都可寄予此人。

期末未缴税额：

　　授权人签章：

以下由税务机关填写

受理人（签章）：　　　　受理日期：　　年　月　日　　　　受理税务机关（章）：

第 **4** 章

营业税会计

知识目标

1. 了解营业税概念、特点、征税范围、税目和税率；
2. 熟悉营业税纳税人、扣缴义务人及减免税的规定；
3. 掌握营业税应纳税额的计算、营业税的会计核算和纳税申报。

4.1 营业税概述

4.1.1 营业税的概念及特点

营业税是对在我国境内提供应税劳务、转让无形资产或销售不动产的单位和个人所取得的营业额缴纳的一种税。纳税人提供应税劳务、转让无形资产或者销售不动产的价格明显偏低并无正当理由的，由主管税务机关核定其营业额。

现行的营业税体现如下特点：

1. 营业税的征收范围较广

无论纳税人经营状况如何、成本高低、是否盈利，只要取得应税营业额，都要按照税法规定缴纳营业税。应纳税额随着营业收入额的增长比例而增长，因此来自营业税的税收收入具有稳定性和可靠性。

2. 营业税实行行业差别比例税率，税负公平

营业税按行业设计税目、税率，在同一行业，实行同一比例税率，可以使纳税人之间的营业税税负基本保持平衡，有利于纳税人之间的平等竞争。

3. 营业税的计税方法简便易行

营业税的课税对象易于把握与控制，而且实行变化不大的比例税率，有利于广大纳税人接受与运用。

4.1.2　营业税的纳税人及扣缴义务人

1.纳税义务人

按照《营业税暂行条例》规定,在中华人民共和国境内提供条例规定的劳务、转让无形资产或者销售不动产的单位和个人,为营业税的纳税义务人。单位是指企业、行政单位、事业单位、军事单位、社会团体及其他单位。个人是指个体工商户和其他个人。

2.纳税义务人的特殊规定

(1)中央铁路运营业务的纳税人为铁道部,合资铁路运营业务的纳税人为合资铁路公司,地方铁路运营业务的纳税人为地方铁路管理机构,基建临管线运营业务的纳税人为基建临管线管理机构。

(2)单位以承包、承租、挂靠方式经营的,承包人、承租人、挂靠人(以下统称承包人)发生应税行为,承包人以发包人、出租人、被挂靠人(以下统称发包人)名义对外经营并由发包人承担相关法律责任的,以发包人为纳税人;否则以承包人为纳税人。

3.扣缴义务人

(1)委托金融机构发放贷款,以委托发放贷款的金融机构为扣缴义务人。

(2)建筑安装业务实行转包的,以总承包人为扣缴义务人。纳税人提供建筑业应税劳务,符合以下情形之一的,无论工程是否实行分包,税务机关可以建设单位和个人作为营业税的扣缴义务人:

①纳税人从事跨地区(包括省、市、县,下同)工程提供建筑业应税劳务的;

②纳税人在劳务发生地没有办理税务登记或临时税务登记的。

(3)中华人民共和国境外的单位或者个人在境内提供应税劳务、转让无形资产或者销售不动产,在境内未设有经营机构的,以其境内代理人为扣缴义务人;在境内没有代理人的,以受让方或者购买方为扣缴义务人。

(4)单位或个人进行演出由他人售票的,其应纳税款以售票者为扣缴义务人。

(5)演出经纪人为个人的,其承办演出业务的应纳税款以售票者为扣缴义务人。

(6)个人转让除土地使用权外的其他无形资产,其应纳税款以受让者为扣缴义务人。

(7)国务院财政、税务主管部门规定的其他扣缴义务人。

4.1.3　营业税的征税范围

营业税的征税范围是指在中华人民共和国境内提供条例规定的劳务、转让无形资产或者销售不动产的行为。确定营业税征税范围主要应注意以下几个方面:

1.条例规定的劳务是指属于交通运输业、建筑业、金融保险业、邮电通信业、文化体育业、娱乐业、服务业税目征收范围的劳务(以下称应税劳务)。加工和修理、修配,不属于条例规定的劳务(以下称非应税劳务)。单位或者个体工商户聘用的员工为本单位或者雇主提供条例规定的劳务,不属于营业税的应税劳务。

2.“提供条例规定的劳务、转让无形资产或者销售不动产”是指有偿提供条例规定的劳务、有偿转让无形资产或者有偿转让不动产所有权的行为(以下称应税行为)。有偿是指取得货币、货物或其他经济利益。

3.一项销售行为如果既涉及应税劳务又涉及货物的,为混合销售行为。对从事货物的生产、批发或零售的企业、企业性单位及个体工商户的混合销售行为,视同销售货物征收增值税;对其他单位和个人的混合销售行为,视同提供应税劳务征收营业税,不征收增值税。

纳税人的下列混合销售行为,应当分别核算应税劳务的营业额和货物的销售额,其应税劳务的营业额缴纳营业税,货物销售额不缴纳营业税;未分别核算的,由主管税务机关核定其应税劳务的营业额:

(1)提供建筑业劳务的同时销售自产货物的行为;

(2)财政部、国家税务总局规定的其他情形。

4.对兼营应税劳务和货物或者非应税劳务的有关规定(在此应税劳务是指营业税应税劳务,非应税劳务是指增值税应税劳务):

(1)纳税人兼营应税行为和货物或者非应税劳务的,应当分别核算应税行为的营业额和货物或者非应税劳务的销售额,其应税行为营业额缴纳营业税,货物或者非应税劳务销售额不缴纳营业税;未分别核算的,由主管税务机关核定其应税行为营业额。纳税人兼营的应税劳务是否一并征收增值税,由国家税务总局所属征收机关确定。纳税人兼营减税、免税项目的,应当分别核算减税、免税项目的营业额;未分别核算营业额的,不得减税、免税。

(2)纳税人兼有不同税目的应当缴纳营业税的劳务(以下简称应税劳务)、转让无形资产或者销售不动产,应当分别核算不同税目的营业额、转让额、销售额(以下统称营业额);未分别核算营业额的,从高适用税率。

5.纳税人有下列情形之一的,视同发生应税行为,计算缴纳营业税:

(1)单位或者个人将不动产或者土地使用权无偿赠送其他单位或者个人;

(2)单位或者个人自己新建(以下简称自建)建筑物后销售,其所发生的自建行为;

(3)财政部、国家税务总局规定的其他情形。

6.营业税与增值税征税范围的划分。

营业税与增值税都是流转税,营业税主要对各种劳务征收,同时对销售不动产和转让无形资产也征收营业税。增值税主要对各种货物征收,同时对加工、修理修配劳务也征收增值税。在具体征收范围上,税法作了具体规定。

(1)建筑业务征税范围

基本建设单位和从事建筑安装业务的企业附设的工厂、车间生产的水泥预制构件、其他构件或建筑材料,用于本单位或本企业的建筑工程的,应在移送使用时征收增值税。但在建筑现场制造的预制构件,凡是直接用于本单位或本企业建筑工程的,征收营业税,不征收增值税。

(2)邮电业务征税范围

①集邮产品的生产征收增值税,邮政部门(含集邮公司)销售集邮产品应当征收营业税。邮政部门以外的单位和个人销售集邮产品征收增值税。

②邮政部门发行报刊,征收营业税,其他单位和个人发行报刊征收增值税。

③电信单位自己销售电信物品(包括无线寻呼机、移动电话、电话机及电信器材等)并

为客户提供有关的电信服务劳务的,征收营业税;对单纯销售无线寻呼机、移动电话等不提供有关电信服务劳务的,征收增值税。

(3)代购代销征税范围

代购代销货物本身属于货物购销,货物实现有偿转让应当征收增值税,而对于代理者为委托方提供的代购或代销的劳务行为应当征收营业税。

(4)商业企业向货物供应方收取的部分费用征收流转税问题

自 2004 年 7 月 1 日起,对商业企业向供货方收取的与商品销售量、销售额无必然联系,且商业企业向供货方提供一定劳务的收入,如进场费、广告促销费、上架费、展示费、管理费等,不属于平销返利,不冲减当期增值税进项税额,应按营业税的适用税率(5%)征收营业税。

4.1.4　营业税的税目及税率

营业税按不同行业设置 9 个税目,每个税目下又设置若干子税目。其税率根据税收的中性原则,设计了两档比例税率和一个幅度比例税率。营业税税目税率见表 4-1。

表 4-1　　　　　　　　　　　营业税税目税率表

税目	子税目	税率(%)
交通运输业	陆路运输、水路运输、航空运输、管道运输、装卸搬运	3%
邮电通信业	邮政、电信业	3%
建筑业	建筑、安装、修缮、装饰及其他工程作业	3%
文化体育业	文化业、体育业	3%
金融保险业	金融业(含农村信用社)、保险业	5%
服务业	代理业、旅店业、饮食业、旅游业、仓储业、租赁业、广告业及其他服务业	5%
娱乐业	歌舞厅、卡拉 OK、音乐茶座、台球、高尔夫、保龄球、游艺等	5%~20%
转让无形资产	转让土地使用权、专利权、非专利技术、商标权、著作权、商誉,出租电影拷贝	5%
销售不动产	销售建筑物及其他土地附着物	5%

注:娱乐业具体执行的税率由各省、自治区、直辖市人民政府根据当地的实际情况在税法规定的幅度内决定。从 2001 年 5 月 1 日起,对夜总会、歌舞厅、射击、狩猎、跑马、游戏、高尔夫、游艺、电子游戏厅等娱乐行为一律按 20% 的税率征收营业税。自 2004 年 7 月 1 日起,保龄球、台球按 5% 的税率征收营业税,税目仍属于"娱乐业"。2009 年 1 月 1 日起执行的《中华人民共和国营业税暂行条例》考虑到营业税各税目的具体征收范围难以列举全面,具体范围由财政部和国家税务总局规定。

4.1.5　营业税税收优惠政策

1.起征点

对于经营营业税项目的个人(营业税起征点的适用范围限于个人),营业税规定了起征点。营业额达到或超过起征点即照章全额计算纳税,营业额低于起征点则免于征收营业税。税法规定的起征点如下：

(1)按期纳税的,为月营业额 5 000～20 000 元;

(2)按次纳税的,为每次(日)营业额 300～500 元。

省、自治区、直辖市财政厅(局)、税务局应当在规定的幅度内,根据实际情况确定本地区适用的起征点,并报财政部、国家税务总局备案。

2.免征营业税项目

根据《营业税暂行条例》规定,下列项目免征营业税:

(1)托儿所、幼儿园、养老院、残疾人福利机构提供的育养服务、婚姻介绍、殡葬服务。

(2)残疾人员个人提供的劳务。

(3)医院、诊所和其他医疗机构提供的医疗服务。

(4)学校和其他教育机构提供的教育劳务,学生勤工俭学提供的劳务。学校和其他教育机构是指普通学校以及经地、市级以上人民政府或者同级政府的教育行政部门批准成立、国家承认学历的各类学校。

(5)农业机耕、排灌、病虫害防治、植物保护、农牧保险以及相关技术培训业务,家禽、牲畜、水生动物的配种和疾病防治。

(6)纪念馆、博物馆、文化馆、美术馆、展览馆、书画院、图书馆、文物保护单位管理机构举办文化活动的门票收入,宗教场所举办文化、宗教活动的门票收入。其门票收入,是指销售第一道门票的收入。

(7)境内保险机构为出口货物提供的保险产品,包括出口货物保险和出口信用保险。

3.其他营业税减免项目

根据国家的其他规定,营业税的减免项目主要有:

(1)保险公司开展 1 年期以上返还性人身保险业务的保费收入免征营业税。返还性人身保险业务是指保期 1 年以上、到期返还本利的普通人寿保险、养老金保险、健康保险。

(2)对单位和个人(包括外商投资企业、外资企业设立的研究开发中心、外籍个人)从事技术转让、技术开发业务和与之相关的技术咨询、技术服务业务取得的收入,免征营业税。

(3)个人转让著作权,免征营业税。

(4)将土地使用权转让给农业生产者用于农业生产,免征营业税。

(5)工会疗养院可视为"其他医疗机构",免征营业税。

(6)凡是经中央及省级财政部门批准纳入预算管理或财政专户管理的行政事业性收费、基金,无论是行政单位收取的,还是事业单位收取的,均免征营业税。

(7)立法机关、司法机关、行政单位的收费,同时具备下列条件的,免征营业税:

①国务院、省级人民政府或其所属财政、物价部门以正式文件允许收费,而且收费标准符合文件规定;

②所收费用由立法机关、司法机关、行政单位自己直接收取。

(8)社会团体按财政部门或民政部门规定标准收取的会费,免征营业税。社会团体是指在中华人民共和国境内经国家社团主管部门批准成立的非营利性协会、学会、联合会、研究会、基金会、联谊会、促进会、商会等民间群众社会组织。社会团体会费是指社会团体在国家法规、政策许可的范围内,依照社团章程的规定,收取的个人会员和团体会员的款额。

(9)对从原高校后勤管理部门剥离出来而成立的进行独立核算并具有法人资格的高校后勤经济实体,经营学生公寓和教师公寓及为高校教学提供后勤服务而获得的租金和服务性收入,免征营业税。但该设施向社会人员提供服务而获得的租金和其他各项服务性收入,应按现行规定征收营业税。

(10)对住房公积金管理中心用住房公积金在指定的委托银行发放个人住房贷款取得的收入,免征营业税。

(11)对按政府规定价格出租的公有住房和廉租住房暂免征收营业税;对个人按市场价格出租的居民住房,暂按 3% 的税率征收营业税。

(12)对于从事国际航空运输业务的外国企业或中国的香港、澳门、台湾企业从我国大陆运载旅客、货物、邮件的运输收入,在国家另有规定之前,按 4.65% 的综合计征率征收营业税。

(13)中国人民保险公司和中国进出口银行办理的出口信用保险业务,不作为境内提供保险,为非应税劳务,不征收营业税。

(14)保险公司的摊回分保费用不征收营业税。

(15)人民银行对金融机构的贷款业务,不征收营业税。人民银行对企业贷款或委托金融机构贷款的业务应当征收营业税。

(16)金融机构往来业务暂不缴纳营业税。金融机构往来是指金融企业联行、金融企业与人民银行及同业之间的资金往来业务,包括再贴现、转贴现业务取得的收入。

(17)对电影放映单位放映电影取得的票价收入按收入全额征收营业税后,对电影发行单位向放映单位收取的发行收入不再征收营业税,但对电影发行单位取得的片租收入仍应按全额征收营业税。

(18)对金融机构的出纳长款收入,不征收营业税。

(19)企业集团或集团内的核心企业委托企业集团所属财务公司代理统借统还贷款业务,从财务公司取得的用于归还金融机构的利息不征收营业税;财务公司承担此项统借统还贷款业务,从贷款企业收取的贷款利息不代扣代缴营业税。

(20)对个人购买且居住超过一年的普通住宅,销售时免征营业税;个人购买居住不足一年的普通住宅,销售时营业税按销售价减去购入原价后的差额征税;个人自建自用住房,销售时免征营业税。

(21)对非营利医疗机构按照国家规定的价格取得的医疗服务收入,免征营业税。

(22)转让企业产权的行为不属于营业税征收范围,不应征收营业税。

(23)对社保基金理事会、社保基金投资管理人运用社保基金买卖证券投资基金、股票、债券的差价收入,暂免征收营业税。

(24)保险企业取得的追偿费不征收营业税。

(25)对房地产主管部门或其指定机构、公积金管理中心、开发企业以及物业管理单位代收的住房专项维修基金,不计征营业税。

(26)对从事个体经营的军队转业干部、城镇退役士兵和随军家属,自领取税务登记证之日起,三年内免征营业税。

(27)单位和个人提供的垃圾处置劳务不属于营业税应税劳务,对其处置垃圾取得的垃圾处置费,不征收营业税。

(28)个人向他人无偿赠与不动产,包括继承、遗产处分及其他无偿赠与不动产等三种情况可以免征营业税。

纳税人的经济活动符合减免规定的,在计算缴纳营业税时,从实现的营业额中扣除;对于减免的营业税,只需在计算应纳营业税时扣除,会计上不需单独进行会计核算。

4.1.6 营业税纳税地点、纳税期限及纳税义务发生时间

1.纳税地点

(1)纳税人提供应税劳务应当向其机构所在地或者居住地的主管税务机关申报纳税。但是,纳税人提供的建筑业劳务以及国务院财政、税务主管部门规定的其他应税劳务,应当向应税劳务发生地的主管税务机关申报纳税。

(2)纳税人从事跨省工程的,应向其机构所在地主管税务机关申报纳税。

(3)纳税人在本省、自治区、直辖市和计划单列市范围内提供建筑业应税劳务的,其营业税纳税地点需要调整的,由省、自治区、直辖市和计划单列市税务机关确定。

(4)纳税人转让无形资产应当向其机构所在地或者居住地的主管税务机关申报纳税。但是,纳税人转让、出租土地使用权,应当向土地所在地的主管税务机关申报纳税。

(5)纳税人销售、出租不动产应当向不动产所在地的主管税务机关申报纳税。

(6)扣缴义务人应当向其机构所在地或者居住地的主管税务机关申报缴纳其扣缴的税款。

(7)纳税人应当向应税劳务发生地、土地或者不动产所在地的主管税务机关申报纳税而自应当申报纳税之月起超过6个月没有申报纳税的,由其机构所在地或者居住地的主管税务机关补征税款。

2.纳税期限

纳税人以1个月或者1个季度为一个纳税期的,自期满之日起15日内申报纳税;以5日、10日或者15日为一个纳税期的,自期满之日起5日内预缴税款,于次月1日起15日内申报纳税并结清上月应纳税款。银行、财务公司、信托投资公司、信用社、外国企业常驻代表机构的纳税期限为1个季度。

扣缴义务人解缴税款的期限,比照上述规定执行。

3.纳税义务发生时间

除国务院财政、税务主管部门另有规定者外,营业税纳税义务发生时间为纳税人提供应税劳务、转让无形资产或者销售不动产并收讫营业收入款项或者取得索取营业收入款项凭据的当天。所谓的收讫营业收入款项,是指纳税人应税行为发生过程中或者完成后收取的款项。所谓的取得索取营业收入款项凭据的当天,为书面合同确定的付款日期的当天;未签订书面合同或者书面合同未确定付款日期的,为应税行为完成的当天。具体为:

(1)纳税人转让土地使用权或者销售不动产,采取预收款方式的,其纳税义务发生时间为收到预收款的当天。

(2)纳税人提供建筑业或者租赁业劳务,采取预收款方式的,其纳税义务发生时间为收到预收款的当天。

(3)纳税人发生将不动产或者土地使用权无偿赠送其他单位或者个人的,其纳税义务发生时间为不动产所有权、土地使用权转移的当天。

(4)纳税人发生自建行为的,其纳税义务发生时间为销售自建建筑物的纳税义务发生时间。

营业税扣缴义务发生时间为纳税人营业税纳税义务发生的当天。

4.2 营业税应纳税额的计算

4.2.1 营业税营业额的一般规定

1.纳税人提供应税劳务、转让无形资产或者销售不动产,按照营业额和规定的税率计算应纳税额。应纳税额计算公式为

$$应纳税额＝营业额×税率$$

营业额以人民币计算。纳税人以人民币以外的货币结算营业额的,应当折合成人民币计算。纳税人以人民币以外的货币结算营业额的,其营业额的人民币折合率可以选择营业额发生的当天或者当月1日的人民币汇率中间价。纳税人应当在事先确定采用何种折合率,确定后1年内不得变更。

2.纳税人的营业额为纳税人提供应税劳务、转让无形资产或者销售不动产收取的全部价款和价外费用。价外费用包括收取的手续费、补贴、基金、集资费、返还利润、奖励费、违约金、滞纳金、延期付款利息、赔偿金、代收款项、代垫款项、罚息及其他各种性质的价外收费,但不包括同时符合以下条件代为收取的政府性基金或者行政事业性收费:

(1)由国务院或者财政部批准设立的政府性基金,由国务院或者省级人民政府及其财政、价格主管部门批准设立的行政事业性收费;

(2)收取时开具省级以上财政部门印制的财政票据;

(3)所收款项全额上缴财政。

3.纳税人如果存在提供的营业额明显偏低而又无正当理由的,或视同发生应税行为而无营业额的,税务机关有权按下列顺序确定其营业额:

(1)按纳税人最近时期发生同类应税行为的平均价格核定;

(2)按其他纳税人最近时期发生同类应税行为的平均价格核定;

(3)按下列公式核定:

$$营业额＝营业成本或者工程成本×(1＋成本利润率)÷(1－营业税税率)$$

公式中的成本利润率,由省、自治区、直辖市税务局确定。

4.纳税人的营业额计算缴纳营业税后因发生退款减除营业额的,应当退还已缴纳营业税税款或者从纳税人以后的应缴纳营业税税额中减除。

5.纳税人发生应税行为,如果将价款与折扣额在同一张发票上注明的,以折扣后的价款为营业额;如果将折扣额另开发票的,无论其在财务上如何处理,均不得从营业额中扣除。

4.2.2　营业税营业额的具体规定

1.交通运输业

纳税人将承揽的运输业务分给其他单位或者个人的,以其取得的全部价款和价外费用扣除其支付给其他单位或者个人的运输费用后的余额为营业额。

2.建筑业

(1)纳税人将建筑工程分包给其他单位的,以其取得的全部价款和价外费用扣除其支付给其他单位的分包款后的余额为营业额。

(2)纳税人提供建筑业劳务(不含装饰劳务)的,其营业额应当包括工程所用原材料、设备及其他物资和动力价款在内,但不包括建设方提供的设备的价款。

(3)自建行为和单位将不动产无偿赠与他人,由主管税务机关按当月或近期同类不动产的平均价格确定,没有同类不动产的销售价格的,按组成计税价格征税。

$$组成计税价格＝工程成本×(1＋成本利润率)÷(1－营业税税率)$$

自建行为是指纳税人自己建造房屋的行为,纳税人自建自用的房屋不纳税;如纳税人(不包括个人自建自用住房销售)将自建的房屋对外销售,其自建行为应按建筑业征收营业税,再按不动产征收营业税。

(4)纳税人采用清包工形式提供的装饰劳务,按其向客户实际收取的人工费、管理费和辅助材料费等收入(不含客户自行采购的材料价款和设备价款)确认营业额。清包工形式提供的装饰劳务收入,是指工程所需的主要原材料和设备由客户自行采购,纳税人只向客户收取人工费、管理费及辅助材料费等费用的装饰劳务。

3.金融保险业

(1)金融业。金融业的营业额是指贷款利息、融资租赁收益、金融商品转让收益及从事金融经纪业务和其他金融业务的手续费收入。

①贷款业务(含转贷业务)的营业额以贷款利息收入(包括各种加息、罚息)为营业额。

②外汇、有价证券、期货等金融商品买卖业务,以卖出价减去买入价后的余额为营业额,其中买入价和卖出价是指买入和卖出的原价,不包括买入和卖出所支付的各种费用和税金。外汇、有价证券、期货买卖业务是指金融机构从事的外汇、有价证券、期货买卖业务。非金融机构和个人买卖外汇、有价证券或期货,不征收营业税。期货是指非货物期货,货物期货不征收营业税,征收增值税。

③金融经纪业务和其他金融业务(中间业务)营业额为手续费类的全部收入。金融企业从事受托收款业务,如代收电话费、水电煤气费、信息费、学杂费、社保统筹费、交通违章罚款、税款等,以全部收入减去支付给委托方的价款后的余额为营业额。

(2)保险业。保险业的营业额是指利息收入、保费收入以及其他收入之和。

①保险业实行分保险业务,初保业务以全部保费收入减去付给分保人的保费后的余额为营业额,同时初保人应扣缴分保接受人应缴的营业税。即税务机关对初保人按其向投保人收取的保费收入总额征税,对分保人取得分保费收入不再征收营业税。

②保险公司办理储金业务的营业额以纳税人在纳税期内的储金平均余额乘以人民银

行公布的一年期存款利率折算的月利率计算。储金平均余额为纳税期期初储金余额与期末余额之和乘以 50%。按上述规定计算储金业务的营业额以后,在计算保险企业其他业务营业额时,应相应从"保费收入"账户营业收入中扣除储金业务的保费收入。

③保险企业已征收过营业税的应收未收保费,凡在会计准则规定的核算期限内未收回的,允许从营业额中减除。以后期间收回的,并入收回期间营业额计算应纳营业税。

4. 邮电通信业

邮电通信业的营业额一般以取得的收入总额确定,下列除外:

(1)邮政通信单位与其他单位合作,共同为用户提供邮政电信业务及其他服务并由邮政电信单位统一收取价款的,以全部收入减去支付给合作方的价款后的余额为营业额。

(2)中国移动通信集团公司通过手机短信公益特服号"8858"为中国儿童少年基金会接受捐款业务,以全部收入减去支付给中国儿童少年基金会的价款后的余额为营业额。

(3)邮政部门销售集邮商品、发行报刊,应为混合销售,视为提供应税劳务,计缴营业税;电信部门销售无线寻呼机、移动电话等,应计缴营业税。若是邮政、电信以外的单位和个人从事上述业务的,计缴增值税。

(4)电信局提供上网服务取得的收入,应按邮电通信业的税率(3%)计算应纳营业税,而上网培训、饮料消费收入则应分别按文化体育业和服务业的税率计征营业税,非邮电部门经营上述业务,则按服务业的税率计征营业税。

5. 文化体育业

文化体育业的营业额是指纳税人经营文化、体育活动的业务取得的全部收入,其中包括演出收入、播映收入、其他文化收入以及经营游乐场所收入和体育收入。单位或个人演出,以全部票价收入或者包场收入减去付给提供演出场所的单位、演出公司或者经纪人的费用后的余额为营业额;播映收入不包括广告播映收入。

6. 娱乐业

娱乐业的营业额为经营娱乐业收取的全部价款和价外费用,包括门票收费、台位费、点歌费、烟酒、饮料、茶水、鲜花、小吃等收费及经营娱乐业的其他各项收费。文化体育业与娱乐业征税范围的区别是:以观众身份参与听、视和游览某项活动的行为,属于文化体育业征税范围;亲自参与某项活动并以自娱自乐为主要目的的行为,属于娱乐业征税范围。

7. 服务业

服务业的营业额是指纳税人提供代理业、旅店业、饮食业、旅游业、仓储业、租赁业、广告业或其他服务业的应税劳务向对方收取的全部价款和价外费用。具体应注意以下几种情况:

(1)纳税人从事旅游业务的,以其取得的全部价款和价外费用扣除替旅游者支付给其他单位或者个人的住宿费、餐费、交通费、旅游景点门票和支付给其他接团旅游企业的旅游费后的余额为营业额。

(2)自营广告业务应以取得的收入全额为营业额;广告代理业务的营业额为代理者向委托方收取的全部价款和价外费用减去付给广告发布者的广告费后的余额。

（3）代理业、租赁业、仓储业等均以向客户收取的费用全额为营业额。

（4）拍卖行的营业额为向委托方收取的手续费。

（5）电脑福利彩票投注点代销福利彩票取得的任何形式的手续费收入都应计入应税营业额。

（6）对经国家版权局注册登记，在销售时一并转让著作权、所有权的计算机软件应征收营业税。计算机软件产品是指记载有计算机程序及其有关文档的存储介质（包括软盘、硬盘、光盘等）。

（7）从事物业管理的单位，以与物业管理有关的全部收入减去代业主支付的水、电、燃气以及代承租者支付的水、电、燃气、房屋租金的价款后的余额为营业额。

上述营业额的具体规定中，凡是以余额作为营业额的有关项目，其取得的抵扣凭证不符合法律、行政法规或者国务院税务主管部门有关规定的，该项目金额不得扣除。合法有效凭证包括：

（1）支付给境内单位或者个人的款项，且该单位或者个人发生的行为属于营业税或者增值税征收范围的，以该单位或者个人开具的发票为合法有效凭证；

（2）支付的行政事业性收费或者政府性基金，以开具的财政票据为合法有效凭证；

（3）支付给境外单位或者个人的款项，以该单位或者个人的签收单据为合法有效凭证，税务机关对签收单据有疑义的，可以要求其提供境外公证机构的确认证明；

（4）国家税务总局规定的其他合法有效凭证。

4.3　营业税的会计核算

营业税是价内税，不实行税款抵扣。依据这一特点，会计核算只需对应缴纳及已缴纳的营业税进行核算，为此设置"应交税费——应交营业税"科目，其贷方登记纳税人计算出的应缴纳的营业税；借方登记已缴纳的营业税；贷方余额表示尚未缴纳的营业税，借方余额表示多缴纳的营业税。

营业税作为一种价内税包含在实现的营业额中，从接受应税劳务的客户收取并缴纳给税务机关。依据这一特点，营业税是企业的一项费用，应从收入中扣除。所以应设置"营业税金及附加"科目，反映应缴纳的营业税。按营业额和适用的税率计算应缴纳的营业税，借记"营业税金及附加"等科目，贷记"应交税费——应交营业税"科目。

1. 交通运输业

运输企业取得运费收入，借记"银行存款"等，贷记"主营业务收入"。对于按税法规定可以扣除计税的支付给其他企业的运费，借记"主营业务收入"，贷记"银行存款"、"应付账款"等。计提应交营业税时，借记"营业税金及附加"，贷记"应交税费——应交营业税"等。

【例 4-1】　某运输公司本月承接货运业务取得直运运费收入 80 000 元、联运业务收入 200 000 元，支付联运费用 100 000 元。款项均通过银行存款收付。会计处理如下：

运输公司本月应纳的营业税＝（80 000＋200 000－100 000）×3％＝5 400（元）

借：银行存款　　　　　　　　　　　　　　280 000

　　贷：主营业务收入　　　　　　　　　　　　　280 000

支付联运费用：

借：主营业务收入　　　　　　　　　　　　　　　100 000

　　贷：银行存款　　　　　　　　　　　　　　　　　　100 000

计提当月的营业税金：

借：营业税金及附加　　　　　　　　　　　　　　5 400

　　贷：应交税费——应交营业税　　　　　　　　　　　5 400

2.建筑业

建筑施工企业以实际取得的总承包收入，借记"银行存款"等，贷记"主营业务收入"、"应付账款"；支付分包人的工程款，借记"应付账款"，贷记"银行存款"等。总承包人以扣除支付给分包人的款项后的余额计提的营业税，借记"营业税金及附加"，贷记"应交税费——应交营业税"。同样的，分包人也以取得的分包工程收入，借记"银行存款"等，贷记"主营业务收入"。

【例 4-2】　甲建筑工程公司承包一项工程，总承包款为 10 000 000 元，并将土建工程分包给有资质的乙建筑工程公司，承包合同约定的分包款为 1 600 000 元。按工程进度，本月收到建设单位第一期承包款 2 000 000 元，按分包工程合同的规定，支付乙建筑工程公司分包工程款 1 200 000 元。计算甲建筑工程公司当月应纳的营业税，并分别作甲建筑工程公司和乙建筑工程公司的会计处理。

甲建筑工程公司应作如下会计处理：

总承包人应当计提的营业税＝(2 000 000－1 200 000)×3％＝24 000(元)

代扣代缴营业税＝1 200 000×3％＝36 000(元)

①取得第一期承包款时：

借：银行存款　　　　　　　　　　　　　　　　2 000 000

　　贷：主营业务收入　　　　　　　　　　　　　　　2 000 000

②按分包合同规定，支付乙建筑工程公司分包款时：

借：主营业务收入　　　　　　　　　　　　　　1 200 000

　　贷：银行存款　　　　　　　　　　　　　　　　　1 200 000

③计提甲建筑工程公司应缴营业税及代扣代缴营业税时：

借：营业税金及附加　　　　　　　　　　　　　24 000

　　贷：应交税费——应交营业税　　　　　　　　　　24 000

乙建筑工程公司的会计处理：

乙建筑工程公司应纳营业税＝1 200 000×3％＝36 000(元)

①收到分包款时：

借：银行存款　　　　　　　　　　　　　　　　1 200 000

　　贷：主营业务收入　　　　　　　　　　　　　　　1 200 000

②计提营业税时：

借：营业税金及附加　　　　　　　　　　　　　36 000

　　贷：应交税费——应交营业税　　　　　　　　　　36 000

3.金融保险业

金融企业贷款利息收入通过"利息收入"账户核算,收到贷款利息收入时,借记"银行存款",贷记"利息收入"。办理代收代付水电费等手续费收入通过"手续费及佣金收入"账户核算,收到手续费时,借记"银行存款",贷记"手续费及佣金收入"等。接受其他企业委托发放贷款,应代扣营业税,收到委托贷款利息时,借记"银行存款",贷记"应付账款——应付委托贷款利息";代扣营业税时,借记"应付账款——应付委托贷款利息",贷记"应交税费——应交营业税";计提营业税时,借记"营业税金及附加",贷记"应交税费——应交营业税"。

【例 4-3】 某银行分行 2012 年某季度取得自有资金贷款利息收入 600 000 元,办理结算业务手续费收入 100 000 元。销售支票等取得收入 5 000 元。

应纳营业税＝(600 000＋100 000＋5 000)×5％＝35 250(元)

借:营业税金及附加　　　　　　　　　　　35 250

　　贷:应交税费——应交营业税　　　　　　　　　35 250

4.服务业

【例 4-4】 某旅行社组织 5 日游旅行团,共收取旅游费收入 200 000 元,款项存入银行。在境内外支付旅游者的食宿、交通、门票及外地旅行社接团费等,获得合法费用票据共计 150 000 元。则该旅行社该笔收入的会计处理如下:

该笔收入应纳营业税＝(200 000－150 000)×5％＝2 500(元)

取得收入时:

借:银行存款　　　　　　　　　　　　　　200 000

　　贷:主营业务收入　　　　　　　　　　　　　200 000

根据相关合法费用票据,冲减收入 150 000 元。

借:主营业务收入　　　　　　　　　　　　150 000

　　贷:银行存款　　　　　　　　　　　　　　　150 000

计提营业税金:

借:营业税金及附加　　　　　　　　　　　2 500

　　贷:应交税费——应交营业税　　　　　　　　　2 500

5.销售不动产

销售不动产是指有偿转让不动产所有权的行为,包括销售建筑物或销售其他土地附着物。销售不动产通过"固定资产清理"账户核算,按固定资产的净值,借记"固定资产清理";按已计提折旧,借记"累计折旧";按固定资产原值,贷记"固定资产";缴纳的营业税是纳税人清理固定资产时的一种必要支出,与清理过程中支付的其他清理费用的性质相同,应作为清理费用借记"固定资产清理"。

【例 4-5】 某企业出售一处房产,原价 400 000 元,转让价为 1 200 000 元,款项已存入银行,该房产已提折旧 200 000 元。假设不考虑其他税费。

应纳营业税＝1 200 000×5％＝60 000(元)

有关会计处理如下：

①注销出售固定资产价值：

借：固定资产清理	200 000	
累计折旧	200 000	
贷：固定资产——不需用固定资产		400 000

②取得转让收入：

| 借：银行存款 | 1 200 000 | |
| 贷：固定资产清理 | | 1 200 000 |

③计算税金：

| 借：固定资产清理 | 60 000 | |
| 贷：应交税费——应交营业税 | | 60 000 |

④结转清理净支出：

| 借：固定资产清理 | 940 000 | |
| 贷：营业外收入——处置固定资产净收益 | | 940 000 |

6. 转让无形资产

转让无形资产是指转让无形资产所有权或使用权的行为，包括转让土地使用权、转让商标权、转让专利权、转让非专利技术、转让著作权和转让商誉。出售无形资产，应当将取得的价款与该无形资产账面价值（成本减累计摊销和已计提的减值准备）的差额确认为处置非流动资产的利得或损失，计入当期营业收支。缴纳的营业税是转让活动的一种必要支出，应与其实现的转让收入配比确认后形成转让损益。无形资产使用权转让，如果合同协议一次性收取使用费，且不提供后续服务的，视同为销售该项资产，一次性确认收入；提供后续服务的，应在合同规定的有效期内分期确认收入。如果合同协议规定分期收取使用费的，应按合同规定的收款时间和金额或规定的收费方法计算确定的金额分期确认收入。

【例 4-6】　甲软件公司向乙公司转让某软件的使用权，一次性收费 20 000 元，不提供后续服务，款项已收。假设不考虑其他税费。

甲公司的会计处理如下：

$$应纳营业税 = 20\ 000 \times 5\% = 1\ 000（元）$$

取得收入：

| 借：银行存款 | 20 000 | |
| 贷：主营业务收入 | | 20 000 |

计提营业税：

| 借：营业税金及附加 | 1 000 | |
| 贷：应交税费——应交营业税 | | 1 000 |

【例 4-7】　甲生产企业向乙公司转让一项专利使用权，使用期为 5 年，合同约定每年年末按年销售收入的 1% 支付使用费。当年乙公司销售收入 1 000 000 元，甲生产企业当年收到使用费 10 000 元。假设不考虑其他税费。

$$应纳营业税 = 10\ 000 \times 5\% = 500（元）$$

取得收入：

借：银行存款　　　　　　　　　　　　　　　　　　10 000

　　贷：其他业务收入　　　　　　　　　　　　　　　　　10 000

计提营业税：

借：营业税金及附加　　　　　　　　　　　　　　　　500

　　贷：应交税费——应交营业税　　　　　　　　　　　　500

【例 4-8】　某公司所拥有的某专利权成本为 800 000 元,已摊销金额为 300 000 元,假设没有计提减值准备,该公司于当期出售该专利权,取得出售收入 600 000 元。不考虑其他税费。会计处理如下：

$$应纳营业税＝600\ 000×5\%＝30\ 000(元)$$

借：银行存款　　　　　　　　　　　　　　　600 000

　　累计摊销　　　　　　　　　　　　　　　300 000

　　贷：无形资产　　　　　　　　　　　　　　　　800 000

　　　　应交税费——应交营业税　　　　　　　　　30 000

　　　　营业外收入——处置非流动资产利得　　　　70 000

4.4　营业税纳税申报

　　纳税人应按《营业税暂行条例》有关规定及时办理纳税申报,并如实填写《营业税纳税申报表(适用于查账征收的营业税纳税人)》(见表 4-2)。本表适用于除经主管税务机关核准实行简易申报方式以外的所有营业税纳税人(以下简称纳税人)。

　　营业税扣缴报告表适用于营业税扣缴义务人办理营业税扣缴手续时使用,除特殊规定外一般应在扣缴税款 5 日内向主管税务机关报送营业扣缴报告表和其他附送资料。该表计算栏目和填报与营业税纳税申报表基本相同。

　　营业税虽然与增值税在流转税中占有同样重要的地位,但从会计核算的角度看,其计算、核算都简便易行,因此会计上不需对应纳营业税单独列报,仅在资产负债表中与其他税金一起列示在"应交税费"项目中。

　　交通运输业、建筑安装业、金融保险业等营业税纳税申报操作要点如下：

　　(1)核查营业收入相关账户及主要的原始凭证,计算应税营业收入。

　　(2)根据企业应税项目的具体情况,确认税前应扣除的营业额。

　　(3)核查兼营非应税劳务、混合销售以及减免税项目的营业额,确认应税营业额和适用的税目税率。

　　(4)核查已发生的代扣代缴营业税义务的情况,确认应扣缴税额。

　　(5)计算填表后按规定期限向主管税务机关报送营业税纳税申报表及其他计税资料,代扣代缴的营业税要履行报缴税款手续。

　　附表：服务业营业税纳税申报表(表 4-3);娱乐业营业税纳税申报表(表 4-4);建筑业营业税纳税申报表(表 4-5);交通运输业营业税纳税申报表(表 4-6)。

表4-2

营业税纳税申报表

（适用于查账征收的营业税纳税人）

纳税人识别号：

纳税人名称（公章）：

税款所属时间：自　年　月　日　至　年　月　日　　　填表日期：　年　月　日　　　　金额单位：元（列至角分）

税目	营业额				本期税款计算				税款缴纳						本期应缴税额计算		
	应税收入	应税减除项目金额	应税营业额	免税收入	税率（%）	小计	本期应纳税额	免（减）税额	期初欠缴税额	前期多缴税额	本期已缴税额				本期应缴税额		
											小计	已缴本期应纳税额	本期已被扣缴税额	本期已缴欠缴税额	小计	本期末应缴税额	本期期末应缴欠缴税额
1	2	3	4=2−3	5	6	7=8+9	8=（4−5）×6	9=5×6	10	11	12=13+14+15	13	14	15	16=17+18	17=8−13−14	18=10−11−15
交通运输业																	
建筑业																	
邮电通信业																	
娱乐业																	
服务业																	
金融保险业																	
文化体育业																	
销售不动产																	
转让无形资产																	
合计																	
代扣代缴项目																	
总计																	

纳税人或代理人声明：

此纳税申报表是根据国家税收法律的规定填报的，我确定它是真实的、可靠的、完整的。

如纳税人填报，由纳税人填写以下各栏：

办税人员（签章）	财务负责人（签章）	法定代表人（签章）	联系电话

如委托代理人填报，由代理人填写以下各栏：

代理人名称	经办人（签章）	联系电话	代理人（签章）

以下由税务机关填写：

受理人：

受理日期：　年　月　日　　　受理税务机关（签章）：

表 4-3

服务业营业税纳税申报表

（适用于服务业营业税纳税人）

纳税人识别号：

纳税人名称（公章）：

税款所属时间：自　　年　　月　　日至　　年　　月　　日　　　　填表日期：　　年　　月　　日　　　　金额单位：元（列至角分）

应税项目	营业额			税率（%）	本期税款计算			期初欠缴税额	前期多缴税额	税款缴纳			本期应缴税额计算		
	应税收入	应税减除项目金额	应税营业额	免税收入		小计	本期应纳税额	免（减）税额			本期已缴税额			小计	本期期末应缴税额	本期期末应缴欠税额
											已缴本期应纳税额	本期已缴欠税额			
	2	3	4=2−3	5	6	7=8+9	8=(4−5)×6	9=5×6	10	11	12=13+14	13	14	15=16+17	16=8−13	17=10−11−14
1															
旅店业															
饮食业															
旅游业															
仓储业															
租赁业															
广告业															
代理业															
其他服务业															
合计															

以下由税务机关填写：

受理人：　　　　　　　　　　　受理日期：　　年　　月　　日　　　　　　　受理税务机关（签章）：

娱乐业营业税纳税申报表
（适用于娱乐业营业税纳税人）

表4-4

纳税人识别号：

纳税人名称(公章)： 税款所属时间：自 年 月 日至 年 月 日 填表日期： 年 月 日 金额单位：元(列至角分)

应税项目	营业额			税率(%)	本期税款计算			期初欠缴税额	前期多缴税额	税款缴纳			本期应缴税额计算		
	应税收入	应税减除项目金额	应税营业额	免税收入		本期应纳税额		免(减)税额			本期已缴税额			本期期末应缴税额	本期期末应缴欠缴税额
						小计	本期应纳税额				小计	已缴纳税额	本期已缴欠缴税额	小计		
1	2	3	4=2-3	5	6	7=8+9	8=(4-5)×6	9=5×6	10	11	12=13+14	13	14	15=16+17	16=8-13	17=10-11-14
歌厅																
舞厅																
卡拉OK歌舞厅 夜总会																
练歌房																
恋歌房																
酒吧																
音乐茶座																
高尔夫球																
台球、保龄球																
游艺场																
网吧																
其他																
合计																

以下由税务机关填写：

受理人： 受理日期： 年 月 日 受理税务机关(签章)：

表 4-5

建筑业营业税纳税申报表

(适用于建筑业营业税纳税人)

纳税人识别号：

纳税人名称(公章)：

税款所属时间：自 年 月 日 至 年 月 日　　填表日期： 年 月 日

金额单位：元(列至角分)

申报项目	应税项目	应税收入	营业额 应税减除项目金额				应税营业额	免税收入	税率(%)	本期税款计算			期初欠缴税额	前期多缴税额	本期已缴税额				本期应缴税额		
			小计	支付给分(转)包人工程价款	减除设备价款	其他减除项目金额				小计	本期应纳税额	免(减)税额			小计	已缴本期应纳税额	本期已被扣缴税额	本期已缴欠缴税额	小计	本期期末应缴税额	本期期末应缴欠缴税额
1	2	3	4=5+6+7	5	6	7	8=3-4	9	10	11=12+13	12=(8-9)×10	13=9×10	14	15	16=17+18+19	17	18	19	20=21+22	21=12-17-18	22=14-19-15
本地建筑业应税劳务申报事项	建筑																				
	安装																				
	修缮																				
	装饰																				
	其他工程作业																				
供外地建筑业应税劳务申报事项																					

（续表）

自建行为										
合计										
代扣代缴项目										
总计										
建筑										
安装										
修缮										
装饰										
其他										
异地提供建筑业应税劳务申报事项 工程作业										
自建行为										
合计										
代扣代缴项目										
总计										

以下由税务机关填写：

受理人：

受理日期：　　年　　月　　日

受理税务机关（签章）：

表 4-6

交通运输业营业税纳税申报表
(适用于交通运输营业税纳税人)

纳税人识别号:

纳税人名称(公章):

税款所属时间:自 年 月 日至 年 月 日　　　填表日期: 年 月 日　　　金额单位:元(列至角分)

应税项目	营业额					应税营业额	免税收入	税率(%)	本期税款计算			期初欠缴税额	前期多缴税额	本期已缴税款(税款缴纳)			本期应缴税额计算		
	应税收入	应税减除项目金额							小计	本期应纳税额	免(减)税额			小计	已缴本期应纳税额	本期已缴欠缴税额	小计	本期期末应缴税额	本期期末应缴欠缴税额
		小计	支付合作方运费金额	其他减除项目金额															
	1	2	3=4+5	4	5	6=2-3	7	8	9=10+11	10=(6-7)×8	11=7×8	12	13	14=15+16	15	16	17=18+19	18=10-15	19=12-13-16
铁路运输																			
其中:货运																			
客运																			
公路运输																			
其中:货运																			
客运																			
水路运输																			
其中:货运																			
客运																			
航空运输																			
其中:货运																			
客运																			
管道运输																			
装卸搬运																			
合计																			

以下由税务机关填写:

受理人:　　　　　　受理日期: 年 月 日　　　　　　受理税务机关(签章): 年 月 日

复习与思考

一、单项选择题

1. 根据《营业税暂行条例》的规定,纳税人销售不动产,申报缴纳营业税的主管税务机关应当是在(   )。

    A. 不动产所在地　　　　　　　　B. 纳税人机构所在地

    C. 价款结算地　　　　　　　　　D. 纳税人居住地

2. 企业转让不动产计征的营业税应计入的账户是(   )。

    A. 其他业务支出　　　　　　　　B. 营业税金及附加

    C. 固定资产清理　　　　　　　　D. 管理费用

3. 建筑企业转包工程的扣缴义务人为(   )。

    A. 总承包人　　　　　　　　　　B. 分包人

    C. 建设单位　　　　　　　　　　D. 监理公司

4. 某餐饮企业在提供正常业务外,还提供部分外卖销售,则其应缴纳(   )。

    A. 增值税　　　　　　　　　　　B. 营业税

    C. 消费税　　　　　　　　　　　D. 个人所得税

5. 从事运输业务的单位和个人,发生销售货物并运输所售货物的混合销售行为,应该征收(   )。

    A. 增值税　　　　　　　　　　　B. 营业税

    C. 同时征收营业税和增值税　　　D. 根据业务量的大小确定征收的税种

6. 根据《营业税暂行条例》及其实施细则的规定,不属于营业税征收范围的是(   )。

    A. 金融保险业　　　　　　　　　B. 修理修配业

    C. 文化体育业　　　　　　　　　D. 建筑业

7. 企业销售不动产应缴纳(   )。

    A. 增值税　　　　　　　　　　　B. 营业税

    C. 消费税　　　　　　　　　　　D. 个人所得税

8. 建筑企业分包工程的纳税人是(   )。

    A. 总承包人　　　　　　　　　　B. 分包人

    C. 建设单位　　　　　　　　　　D. 监理公司

9. 某明星演出由剧院售票,其应纳营业税的扣缴义务人为(   )。

    A. 该明星本人　　　　　　　　　B. 该明星经纪人

    C. 该剧院　　　　　　　　　　　D. 明星所在单位

10. 保龄球业务属于以下税目(   )。

    A. 文化体育业　　　　　　　　　B. 服务业

    C. 金融保险业　　　　　　　　　D. 娱乐业

11. 金融业的营业税税率为(   )。

    A. 3%　　　　　　　　　　　　　B. 5%

C. 8%　　　　　　　　　　　　　　D. 20%

12. 营业税按期纳税的起征点为(　　　)。

A. 0~1 000 元　　　　　　　　　　B. 1 000~5 000 元

C. 500~1 000 元　　　　　　　　　D. 5 000~20 000 元

13. 纳税人从事运输业务,其纳税地点为(　　　)。

A. 机构所在地　　　　　　　　　　B. 劳务发生地

C. 运输业务所经地　　　　　　　　D. 以上任选一地

14. 下列业务中属于征收营业税的有(　　　)。

A. 非金融机构从事的金融期货业务　B. 金融机构从事的金融期货业务

C. 非金融机构从事的货物期货业务　D. 金融机构从事的货物期货业务

15. 邮政储蓄业务属于《营业税暂行条例》中规定的(　　　)的征税范围。

A. "邮电通信业"税目中的邮政业　　B. "金融保险业"税目中的金融业

C. "服务业"税目中的代理业　　　　D. "服务业"税目中的其他服务业

二、多项选择题

1. 以下行业营业税税率是 5% 的有(　　　)。

A. 交通运输业　　　　　　　　　　B. 旅游业

C. 销售不动产　　　　　　　　　　D. 建筑业

E. 广告业

2. 营业税的纳税地点是(　　　)。

A. 纳税人销售不动产,应向不动产所在地主管税务机关申报纳税

B. 纳税人销售不动产,应向纳税人核算所在地主管税务机关申报纳税

C. 纳税人从事应税劳务,应向应税劳务发生地主管税务机关申报纳税

D. 纳税人从事运输业的,应向其机构所在地主管税务机关申报纳税

E. 纳税人转让土地使用权,应向土地所在地主管税务机关申报纳税

3. 营业税的征税范围为在我国境内(　　　)。

A. 转让无形资产

B. 销售不动产

C. 销售动产

D. 提供包括加工、修理、修配劳务在内的应税劳务

E. 提供除加工、修理、修配劳务以外的应税劳务

4. 根据我国《营业税暂行条例》及其实施细则的规定,下列各项中,属于营业税征收范围的行业有(　　　)。

A. 广告业　　　　　　　　　　　　B. 旅游业

C. 租赁业　　　　　　　　　　　　D. 代理业

5. 营业税的征收范围(　　　)。

A. 从事商品零售业务　　　　　　　B. 提供加工、修理劳务

C. 销售不动产　　　　　　　　　　D. 转让无形资产

6.以下税目适用 3％营业税税率的有(　　　)。

A.交通运输业　　　　　　　　　B.文化体育业

C.娱乐业　　　　　　　　　　　D.金融保险业

7.下列项目中,应按"销售不动产"税目征收营业税的有(　　　)。

A.转让不动产所有权　　　　　　B.转让不动产使用权

C.单位将不动产无偿赠与他人　　D.将不动产出租给他人使用

8.以下按规定免交营业税的有(　　　)。

A.幼儿园的教育服务　　　　　　B.残疾人为社会提供服务

C.医院的医疗服务　　　　　　　D.学校的教育服务

9.下列公司发生的混合销售行为,对其合计的销售额应征收营业税的有(　　　)。

A.百货公司　　　　　　　　　　B.建筑公司

C.保险公司　　　　　　　　　　D.广告公司

三、判断题

1.营业税扣缴义务人扣缴的营业税不需通过应交税费账户核算。　　　　(　　)

2.房地产开发公司销售商品房,凡采取预收定金方式的,都应以收到预收定金的当天为营业税纳税义务发生时间,按规定的纳税期限计算缴纳营业税。　　　　(　　)

3.单位或个人进行演出,以全部票价收入为营业额,计征营业税。　　　　(　　)

4.建筑安装业实行分包或转包的,其应纳税款以总承包人为扣缴义务人。　(　　)

5.单位将不动产无偿赠与他人的,视同销售不动产征收营业税。对个人无偿赠送不动产的行为,不征收营业税。　　　　(　　)

6.转让土地使用权或者销售不动产,采取预收款方式的,其纳税义务发生时间为收到预收款的当天。　　　　(　　)

7.从事建筑、修缮、装饰工程作业,无论怎样结算,营业税计税营业额均包括工程所用原材料及其他物资和动力的价款。　　　　(　　)

8.某艺术团在演出时,共收到购票款 20 万元,支付场租、经纪人费用共 5 万元,营业税计税依据为 15 万元。　　　　(　　)

9.纳税人兼有不同税目行为的应分别核算不同税目的营业额,未分别核算的,从低确定适用税率。　　　　(　　)

10.营业税各税目的具体征收范围由财政部和国家税务总局规定。　　　　(　　)

11.在工程承包业务中,总承包人将工程分包或转包他人的,应以工程的全部承包总额作为计税依据。　　　　(　　)

12.金融机构往来业务应该征收营业税。　　　　(　　)

13.征收营业税劳务不征收增值税,征收增值税劳务不征收营业税。　　　　(　　)

14.某运输公司同时兼营仓储业务,其运输收入和仓储收入因故未能分开核算。由于运输业务收入占总收入的 50％以上,所以应按运输收入的税率 3％征收营业税。　(　　)

15.单位或个人经营者聘用的员工为本单位或雇主提供的劳务,不属于营业税的应税劳务。　　　　(　　)

四、实务题

1.甲汽车运输公司当月取得运输货物运费收入 505 000 元。其中,以银行存款支付其他货运公司的联运费用 200 000 元,取得其他货运公司发票,代政府收取公路建设基金 5 000 元。装卸货物收入 60 000 元,仓储收入 15 000 元,租赁货车租金收入 30 000 元。以上款项均以银行存款收付。计算该公司当月应纳营业税税额,并作出账务处理(不考虑其他税费)。

2.甲建筑安装工程公司投标取得一项承包额为 4 000 万元的工程,该公司将其中的设备安装工程转包给乙安装工程公司,分包额 300 万元。2009 年 3 月,第一期工程完工,取得建设单位支付的工程款 1 000 万元,并支付乙安装工程公司 100 万元承包款。计算甲建筑安装工程公司当月应纳的营业税,并作甲建筑工程公司相关的账务处理。

3.某旅行社 2012 年 5 月份组团旅游,共收取旅游费用为 60 万元。其中支付游客的食宿费 18 万元,支付给外地旅行社接团费 10 万元,支付旅客交通费用 5 万元,景点门票费用 4 万元,以上费用均取得合法票据。该旅行社导游工资 12 万元。计算其应纳营业税税额,并作当月相关会计处理。

4.厦门某宾馆 2012 年 1 月份取得下列收入:客房收入 60 万元,商务中心收入 4 万元,所属餐厅收入 50 万元,洗衣房收入 2 万元,宾馆所属夜总会收入 70 万元,桑拿中心收入 20 万元。夜总会收入税率为 20%。以上收入款项均存入银行。假设不考虑其他税费。计算该宾馆当月应纳的营业税,并作相关的会计处理。

5.东华旅游娱乐有限公司主要经营旅游、夜总会等项目,2012 年 5 月发生如下经济业务,请作相关的会计处理。

(1)5 月份组团去台湾旅游,收取旅客旅游费 58 万元存入银行。支付给其他单位食宿费、交通费等费用 10 万元并取得合法凭证。支付台湾旅游公司接团费(含台湾食宿费、景点门票费、交通费等)折合人民币 30 万元。以上款项均以银行存款结算。

(2)5 月份转让一处办公用房给某企业,转让价格 200 万元,款项已通过银行收讫。该房产账面原值 90 万元,已提累计折旧 20 万元,转让房地产办理过户时,交纳营业税等相关税费 6.45 万元。以上款项均以银行存款收付。

(3)5 月份夜总会各项娱乐收入 80 万元,款项存入银行。

(4)填制东华旅游娱乐有限公司 5 月份的营业税纳税申报表(表 4-2,表 4-3,表 4-4)。

第 **5** 章

出口退(免)税会计

5.1 出口退(免)税概述

5.1.1 出口货物退(免)税的概念、范围及条件

1. 出口货物退(免)税的概念

我国的出口货物退(免)税,简称出口退税,是指在国际贸易业务中,对我国报关出口的货物退还或免征其在国内各生产和流通环节按税法规定缴纳的增值税和消费税,即对货物出口零税负。所谓零税负,其含义有两层:一是对本道环节生产或销售货物的增值部分免征增值税、消费税;二是对出口货物前道环节所含的进项税额进行退付。

出口货物退税制度是一个国家税收的重要组成部分。出口退税主要是通过退还出口货物的国内已纳税款来平衡国内产品的税收负担,使本国产品以不含税成本进入国际市场,与国外产品在同等条件下进行竞争,从而增强产品竞争力,扩大出口创汇。

2. 出口退(免)税货物的范围

出口货物除国家明确规定不予退(免)税的货物外,都属于出口退(免)税的范围。但由于各种货物出口前涉及征免税情况有所不同,且国家对少数货物有限制出口政策,因此针对货物出口的不同情况,国家在遵循"征多少退多少"、"未征不退和彻底退税"基本原则的基础上,制定了不同的税务处理办法。

3. 出口退(免)税货物必须具备的条件

出口退税货物必须具备四个条件:

（1）必须属于增值税、消费税征税范围的货物

增值税、消费税的征税范围包括除直接向农业生产者收购的免税农产品以外的所有增值税应税货物以及烟、酒、化妆品等列举征收消费税的消费品。

（2）必须是报关离境出口的货物

所谓出口，即输出关口，它包括自营出口和委托代理出口两种形式。区别货物是否报关离境出口，是确定货物是否属于退（免）税范围的主要标准之一。凡在国内销售、不报关离境的货物，除另有规定者外，不论出口企业是以外汇还是以人民币结算，也不论出口企业在财务上如何处理，均不得视为出口货物予以退税。

对在境内销售收取外汇的货物，如宾馆、饭店等收取外汇的货物等，因其不符合离境出口条件，均不能给予退（免）税。

（3）必须是财务上作对外销售处理的货物

出口货物只有在财务上作出销售处理后，才能办理退（免）税。也就是说，出口退（免）税的规定只适用于贸易性的出口货物，而对非贸易性的出口货物，如捐赠的礼品、在国内个人购买并自带出境的货物（另有规定者除外）、样品、展品、邮寄品等，因其一般在财务上不作销售处理，故按照现行规定不能退（免）税。

（4）必须是出口收汇并已核销的货物

按照现行规定，出口企业申请办理退（免）税的出口货物，必须是已收取外汇并经外汇管理部门核销的货物。

一般情况下，出口企业向税务机关申请办理退（免）税的货物，必须同时具备以上四个条件。但是，生产企业（包括有进出口经营权的生产企业、委托外贸企业代理出口的生产企业、外商投资企业，下同）申请办理出口货物退（免）税时必须增加一个条件，即申请退（免）税的货物必须是生产企业的自产货物（外商投资企业经省级外经贸主管部门批准收购出口的货物除外）。

5.1.2 我国出口货物退（免）税政策

根据出口企业的不同形式和出口货物的不同种类，我国的出口货物政策分为以下三种形式：

1. 出口免税并退税

下列企业出口属于增值税、消费税征税范围的货物可办理出口退（免）税，除另有规定外，给予免税并退税：

（1）有出口经营权的内（外）资生产企业自营出口或委托外贸企业代理出口的自产货物。

（2）有出口经营权的外贸企业收购后直接出口或委托其他外贸企业代理出口的货物。

（3）生产企业（无进出口权）委托外贸企业代理出口的自产货物。

（4）保税区内企业从区外有进出口权的企业购进直接出口或加工后再出口的货物。

（5）特准退（免）税的特定企业（不限于是否有出口经营权）出口的货物：

①对外承包工程公司运出境外用于对外承包项目的货物；

②对外承接修理修配业务的企业用于对外修理修配的货物；

③外轮供应公司、远洋运输供应公司销售给外轮、远洋国轮而收取外汇的货物；

④企业在国内采购并运往境外作为在国外投资的货物；

⑤援外企业利用中国政府的援外优惠贷款和合资合作项目基金方式下出口的货物；

⑥外商投资企业特定投资项目采购的部分国产设备；

⑦利用国际金融组织或国外政府贷款，采用国际招标方式，由国内企业中标销售的机电产品；

⑧境外带料加工装配业务企业的出境设备、原材料及散件；

⑨外国驻华使（领）馆及其外交人员、国际组织驻华代表机构及其官员购买的中国产物品。

以上"出口"是指报关离境，"退（免）税"是指退（免）增值税、消费税，对无进出口权的商贸公司，借权、挂靠企业不予退（免）税。上述"除另有规定外"是指出口的货物属于税法列举规定的免税货物或限制、禁止出口的货物。

2. 出口免税但不退税

出口免税但不退税是指适用这个政策的出口货物因前一道生产、销售或进口环节是免税的，出口时该货物本身就不含税，因此也无须退税。适用这一政策的主要有：

（1）属于生产企业的小规模纳税人自营出口或委托外贸企业代理出口的自产货物；

（2）外贸企业从小规模纳税人购进并持普通发票的货物出口，免税但不予退税。但对规定列举的 12 类出口货物考虑其占出口的比重较大及其生产、采购的特殊性因素，特准退税。

列举的 12 类出口货物是：抽纱、工艺品、香料油、山货、草柳竹藤制品、渔网渔具、松香、五倍子、生漆、鬃尾、山羊板皮、纸制品。

（3）外贸企业直接购进国家规定的免税货物（包括免税农产品）出口的，免税但不予退税。

（4）外贸企业自非生产企业、非市县外贸企业、非农业产品收购单位、非基层供销社和非机电设备供应公司收购出口的货物。

3. 出口不免税也不退税（除经批准属于进料加工复出口贸易以外）

出口不免税是指对国家限制或禁止出口的某些货物的出口环节视同内销环节，照常征税；出口不退税是指对这些货物出口不退还出口前所负担的税款。适用这一政策的主要有：

（1）税法列举限制或禁止出口的货物，包括天然牛黄、麝香、铜及铜基合金（电解铜除外）、白银等；

（2）生产企业自营或委托出口的非自产货物；

（3）一般援外的出口货物实行不退税政策，对利用中国政府的援外优惠贷款和合作项目基金方式下出口的货物，比照一般贸易出口，实行出口退税政策。

5.1.3　出口退税货物的退税率

出口货物的退税率，是指出口货物的实际退税额与退税计税依据的比例。根据《增值税暂行条例》规定，企业货物出口后，税务部门应按照出口货物的进项税额为企业办理退税。由于税收减免等原因，出口货物的进项税额往往不等于实际负担的税额，如果按出口货物的进项税额退税，就会产生少征多退的问题，于是国家规定了计算出口货物应退税款的比率——出口退税率。

国家可以根据国民经济状况,适时调整出口退税率。自1994年实施新的出口退税政策以来,增值税的出口退税率进行了多次调整。

为进一步控制外贸出口的过快增长,缓解我国外贸顺差过大带来的突出矛盾,优化出口商品结构,抑制"高耗能、高污染、资源性"产品的出口,促进外贸增长方式的转变和进出口贸易的平衡,减少贸易摩擦,促进经济增长方式转变和经济社会可持续发展,经国务院批准,2007年6月18日财政部和国家税务总局商国家发展改革委、商务部、海关总署发布了《财政部国家税务总局关于调低部分商品出口退税率的通知》,规定自2007年7月1日起调整部分商品的出口退税政策。

为扩大内需,提高企业出口竞争力,支持企业扩大出口,2008年10月21日财政部、国家税务总局发出《关于提高部分商品出口退税率的通知》,规定从2008年11月1日起实施上调出口退税率政策。此次调整涉及3 486项商品,约占海关税则中全部商品总数的25.8%,主要包括两个方面的内容:一是适当提高纺织品、服装、玩具等劳动密集型商品出口退税率;二是提高抗艾滋病药物等高技术含量、高附加值商品的出口退税率。因此,中国的出口退税率现有5%、9%、11%、13%、14%、17%六档。

5.2　出口货物退(免)税规程

5.2.1　出口企业退(免)税的登记

1.出口企业应持对外贸易经济合作部及其授权批准其出口经营权的批件、工商营业执照、海关代码证书和税务登记证于批准之日起30日内向所在地主管退税业务的税务机关填写《出口企业退税登记表》(生产企业填写一式三份,退税机关、基层退税部门、企业各一份),申请办理退税登记证。

2.没有进出口经营权的生产企业应在发生第一笔委托出口业务之前,持委托出口协议、工商营业执照和税务登记证向所在地主管退税业务的税务机关办理注册退税登记。

3.出口企业退税税务登记内容发生变化时,企业在工商行政管理机关办理变更注册登记的,应当自工商行政管理机关办理变更登记之日起30日内,持有关证件向退税机关申请办理变更税务登记,填写《退税登记变更表》(生产企业填写一式两份,退税机关、企业各一份)。按照规定企业不需要在工商行政管理机关办理注册登记的,应当自有关机关批准或者宣布变更之日起30日内,持有关证件向退税机关申请办理变更税务登记。

4.出口企业发生解散、破产、撤销以及其他情形骗税行为暂缓退税,依法终止退税业务的,应当在向工商行政管理机关办理注销手续前,清算已退税款,追回多退税款,再持有关证件向原退税登记机关申报办理注销退税登记。

出口企业因住所、经营地点变动而涉及改变退税登记机关的,应当在向工商行政管理机关申请办理变更或注销登记前或者住所、经营地点变动前,向原退税登记机关申请办理注销退税登记。

出口企业被工商行政管理机关吊销营业执照的,应当自营业执照被吊销之日起30日内,向原退税登记机关申请注销退税登记。

5.未办理出口退税税务登记证的企业,一律不予办理出口退(免)税。对逾期办理出口退（免）税登记的企业除令其限期纠正外，处以 1 000 元罚款。

6.出口退税税务登记证实行年审和定期换证制度。

5.2.2　办理出口退税人员

出口企业应设专职或兼职办理出口退税的人员，经税务机关培训考核后，发给办税员证。没有办税员证的人员不得办理出口退税业务。企业更换办税员，要及时通知主管其退税业务的税务机关，注销原办税员证。凡未及时通知的，原办税员在被更换后与税务机关发生的一切退税活动和责任，均由企业负责。

5.2.3　出口货物退（免）税的申报

出口企业应在报关出口并在财务上作销售处理后，按月填报《出口货物退（免）税申报表》，并提供办理出口货物退（免）税的有关凭证，于每月 15 日前报主管税务机关申请退（免）税。

1.生产企业的申报

生产企业在货物自营和委托代理出口后，由于退（免）税所需的法定凭证不能及时收齐，因此，生产企业出口货物办理免、抵、退申报包括预申报和正式申报两个环节，即在货物出口并作销售处理的当月，根据当月实际出口收入，向主管征税机关申请办理征（免）税申报（即免抵退税预申报），在所出口的货物办理免抵退所需的法定凭证收齐后向主管退税机关申请办理免抵退税正式申报。

（1）生产企业免抵退税预申报（免税申报）

生产企业在货物报关离境并在财务上作销售处理后，根据出口发票记载的出口货物的数量、金额等内容，按月填报以下申请表并生成相关的电子数据，在法定的纳税期限内，向主管征税机关办理免抵退税预申报及应纳税额的申报手续。

①《增值税纳税申报表》。

②《生产企业出口货物免税明细申报表》及电子数据，内附出口商品专用发票，按此申报表序号装订成册。

③《生产企业进料加工抵扣明细申报表》及电子数据，内附《生产企业进料加工贸易免税证明》、《生产企业进料加工贸易免税核销证明》和《视同进料加工贸易免税证明》，按此申报表序号装订成册。

④主管征税的税务机关要求报送的其他征免税申报资料。

《生产企业出口货物免税明细申报表》、《生产企业进料加工抵扣明细申报表》作为《增值税纳税申报表》的附表，其表式和电子数据可以通过"生产企业出口货物退（免）税申报系统"产生。

（2）生产企业免抵退税正式申报

生产企业在收齐出口货物退（免）税所需的法定凭证（采用免抵退税计算方法二的地区为收齐已办理预免、预抵同一所属月份的凭证）后，按月提供以下资料，在规定的申报期限内，向主管退税的税务机关办理退税申报手续。

①《生产企业出口货物免抵退税申报汇总表》（格式见表 5-1）及电子数据。

表 5-1
生产企业出口货物免抵退税申报汇总表
(适用于增值税一般纳税人)

纳税人识别号：　　　　　　　　　　　　　　　　　　纳税人名称(公章)：

海关代码：　　　　　税款所属期：　　年　月至　　年　月

申报日期：　　年　月　　　　　　　　　　　　　金额单位：元(列至角分)

项目	栏次	当期	本年累计	与增值税纳税申报表差额
		(a)	(b)	(c)
免抵退出口货物销售额(美元)	1			—
免抵退出口货物销售额	2=3+4			—
其中：单证不齐销售额	3			—
单证齐全销售额	4			—
前期出口货物当期收齐单证销售额	5		—	—
单证齐全出口货物销售额	6=4+5	0.00		—
不予免抵退出口货物销售额	7			—
出口销售额乘征税率之差	8			—
上期结转免抵退税不得免征和抵扣税额抵减额	9		—	—
免抵退税不得免征和抵扣税额抵减额	10			—
免抵退税不得免征和抵扣税额	11(如 8>9+10 则为 8−9−10,否则为 0)			
结转下期免抵退税不得免征和抵扣税额抵减额	12(如 9+10>8 则为 9+10−8,否则为 0)			—
出口销售额乘退税率	13			—
上期结转免抵退税额抵减额	14		—	—
免抵退税额抵减额	15			—
免抵退税额	16(如 13>14+15 则为 13−14−15,否则为 0)			—
结转下期免抵退税额抵减额	17(如 14+15>13 则为 14+15−13,否则为 0)		—	—
增值税纳税申报表期末留抵税额	18		—	—
计算退税的期末留抵税额	19=18−11c		—	—
当期应退税额	20(如 16>19 则为 19,否则为 16)			—
当期免抵税额	21=16−20			—

出口企业申明：	退税部门
此表各栏目填报内容是真实、合法的,与实际出口货物情况相符。此次申报的出口业务不属于"四自三不见"等违背正常出口经营程序的出口业务。否则,本企业愿承担由此产生的相关责任。 经办人： 财务负责人：　　　　　　　　　　　(公章) 企业负责人： 　　　　　　　　　　　　　　年　月　日	经办人： 复核长：　　　　(章) 负责人： 　　　　　　年　月　日

受理人：　　　　　　　　受理日期：　　年　月　日　　　　受理税务机关(签章)

注：1.本表一式四联,退税部门审核签章后返给企业二联,其中一联作为下期《增值税纳税申报表》附表,另二联分为退税部门留存一联,报上级退税机关一联。

　　2.第(c)列"与增值税纳税申报表差额"为退税部门审核确认的第(b)列"累计"申报数减《增值税纳税申报表》对应项目的累计数的差额,企业应作相应账务调整并在下期增值税纳税申报时对《增值税纳税申报表》进行调整。

②《生产企业出口货物退税明细申报表》及电子数据。其中内附以下凭证：出口货物报关单（出口退税专用）；出口收汇核销单（出口退税专用）；出口商品专用发票；出口货物销售明细账；代理出口货物证明。

③《生产企业进料加工贸易免税申请表》及电子数据。

④《生产企业进料加工进口料件明细申报表》及电子数据，内附进口货物发票（复印件）、进口货物报关单（复印件），并按此申报表序号装订成册。

⑤《生产企业进料加工登记申报表》及电子数据，内附进料加工手册登记及复印件和加工贸易业务批准证（复印件）。

⑥《生产企业进料加工手册登记核销申请表》及电子数据，内附《进料加工结案通知书》。

⑦《生产企业增值税纳税情况汇总表》及电子数据。

⑧主管退税税务机关要求报送的其他退（免）税申报资料。

上述各种申报表及电子数据可以通过"生产企业出口货物退（免）税申报系统"产生。

2. 外贸企业退（免）税申报

外贸企业在申报出口货物退（免）税时，必须对申报退税资料的真实性、合法性负责。申报后，不得擅自调整申报的数据或抽回有关的凭证资料。具体申报退税资料如下：三张申报表、出口凭证、进货凭证、申报软盘。

（1）三张申报表

①《外贸企业出口货物退税汇总申报表》（格式见表 5-2）；

②《外贸企业出口货物进货申报明细表》；

③《外贸企业出口货物退税申报明细表》。

（2）出口凭证

出口货物退税出口凭证装订成册，内附以下原始出口凭证：

①出口货物退税出口申报明细表；

②出口货物报关单（出口退税专用）；

③出口收汇核销单（出口退税专用）或远期收汇证明；

④出口货物外销发票；

⑤远期收汇证明；

⑥《代理出口货物证明》（委托其他外贸企业出口的）。

（3）进货凭证

出口货物进货凭证装订成册，内附以下原始进货凭证：

①出口退税货物进货凭证申报明细表；

②税收（出口货物专用）缴款书或出口货物完税分割单；

③增值税专用发票（抵扣联）及其认证清单或特定货物的普通销货发票；

④对进货进行分批的《出口退税进货分批申报单》；

⑤进口货物海关代征增值税完税凭证，主要指进料加工复出口产品进口料件海关实纳税金的完税凭证。

表5-2

外贸企业出口货物退税汇总申报表

（适用于增值税一般纳税人）

申报年月：　　年　　月　　　　　　申报批次：
申报日期：　　年　　月　　日　　　　海关代码：

纳税人识别号：
纳税人名称（公章）：

金额单位：元（列至角分），美元

出口企业申报		审单情况	主管退税机关审核	机审情况
出口退税出口明细申报表	份			
出口发票	张		本次机审通过退增值税额	元
出口报关单	张		其中：上期结转疑点退增值税	元
代理出口货物证明	张	美元	本期申报数据退增值税	元
收汇核销单	张 收汇额	美元		
远期收汇证明	张 其他凭证	张	本次机审通过退消费税额	元
出口退税进货明细申报表	份	条	其中：上期结转疑点退消费税	元
增值税专用发票	张 专用税票	张	本期申报数据退消费税	元
普通发票	张 其中非申报税票	张	本次审核数据数据退增值税额	元
其他凭证	张 总进货金额	元	结余疑点数据退增值税	元
其他退税额	元		结余疑点数据退货税	元
其中：增值税	元			
本月申报退税额	元			
其中：增值税	元			
进料应抵扣税额	元			
申请开具单证				
代理出口货物证明	份 记录	条		
代理进口货物证明	份 记录	条		
进料加工免税证明	份 记录	条		
来料加工免税证明	份 记录	条		
出口货物转内销证明	份 记录	条		
补办报关单证明	份 记录	条		
补办收汇核销单证明	份 记录	条		
内销抵扣专用发票	张 其他非申报税专用发票	张		

申报人声明

此表各栏目填报内容是真实、合法的，与实际出口货物情况相符。此次申报的出口业务不属于"四自三不见"等违背正常出口经营程序的出口业务。否则，本企业愿承担由此产生的相关责任。

企业填表人：
财务负责人：
企业负责人：

（公章）
年　月　日

授权人申明

（如果你已委托代理申报人，请填写下列资料）
为代理出口货物退税申报事宜，现授权 　　　　　　 为本纳税人
的代理申报人，任何与本申报表有关的往来文件都可寄予此人。

授权人签字　　　　　　　（盖章）
年　月　日

审单人：　　　　　　　审核人：　　　　　　　受理税务机关（签章）

签批人：　　　　　　　（公章）

受理日期：　　年　月　日　　　　　　年　月　日　　　　　　年　月　日

受理人：

（4）申报软盘

出口货物退税进货、出口明细申报电子数据。主管退税的税务机关要求报送的其他退税凭证、资料。

5.3 出口货物应退税额的计算

现行出口货物增值税的退（免）税办法主要有四种，一是"免、退"税办法，即对本环节增值部分免税，进项税额退税。目前，外贸企业、实行外贸企业财务制度的工贸企业、部分特定退税企业实行此办法（以下统称外贸企业）。二是"免、抵、退"税办法，即对本环节增值部分免税，进项税额准予抵扣的部分在内销货物的应纳税额中抵扣，抵扣不完的部分实行退税。目前，生产企业实行此办法。三是"免、抵"税办法，即对本环节增值部分免税，进项税额准予抵扣的部分在内销货物的应纳税额中抵扣。销售"以产顶进"钢材的列名钢铁企业实行此办法。四是"免"税办法，即对出口货物直接免征增值税和消费税。对出口卷烟企业、小规模出口企业等实行此办法。

由于出口货物只有在适用既免税又退税的政策时，才会涉及如何计算退税的问题。因此，现行涉及会计处理的退税计算办法是"免、抵、退"税办法和"免、退"税办法。

5.3.1 "免、抵、退"的计税办法

1. "免、抵、退"税的概念

按"免、抵、退"税管理办法的规定，实行"免、抵、退"税的"免"税，是指对生产企业出口的自产货物，免征本企业生产销售环节的增值税；"抵"税，是指生产企业出口自产货物所耗用原材料、零部件、燃料、动力等所含应予退还的进项税额，抵顶内销货物的应纳税额；"退"税，是指生产企业出口的自产货物在当月内应抵顶的进项税额大于应纳税额而未抵顶完时，经主管出口退税机关批准，对未抵顶完的税额部分予以退税。

2. "免、抵、退"税管理办法的适用范围

"免、抵、退"税管理办法适用于独立核算，经主管国税机关认定为增值税一般纳税人，并且具有实际生产能力的企业和企业集团的生产企业，包括有出口经营权的生产企业和无出口经营权的生产企业及生产型外商投资企业。

3. 实行"免、抵、退"税管理办法的出口货物

实行"免、抵、退"税管理办法的出口货物包括：

（1）生产企业自营或委托外贸企业代理出口的自产货物；

（2）生产企业承接国外修理修配业务以及利用国际金融组织或外国政府贷款采用国际招标方式国内企业中标或外国企业中标后分包给国内企业的机电产品；

（3）生产企业出口视同自产产品的外购货物；

（4）国内航空供应公司生产并销售给国外航空公司的航空食品；

（5）国内生产企业与国内海上石油天然气开采企业签署的购销合同所涉及的海洋工程结构物产品。

4."免、抵、退"税的计算

"免、抵、退"税的具体计算公式如下。

(1)当期应纳税额的计算

当期应纳税额＝当期内销货物的销项税额－(当期全部进项税额－

当期免抵退税不得免征和抵扣税额)－上期留抵税额

其中,

①当期免抵退税不得免征和抵扣税额＝出口货物离岸价×外汇人民币牌价×

(出口货物征税率－出口货物退税率)－

免抵退税不得免征和抵扣税额抵减额。

出口货物离岸价以出口发票计算的离岸价为基础。

②免抵退税不得免征和抵扣税额抵减额＝免税购进原材料价格×(出口货物征税率－

出口货物退税率)

免税购进原材料包括从国外购进免税原材料和进口加工免税进口料件,其中进料加工免税进口料件的价格为组成计税价格。

进料加工免税进口料件的组成计税价格＝货物到岸价＋海关实征关税和消费税

(2)免抵退税的计算

免抵退税额＝出口货物离岸价×外汇人民币牌价×出口货物退税率－免抵退税抵减额

其中,

免抵退税抵减额＝免税购进原材料价格×出口货物退税率

(3)当期应退税额和免抵税额的计算

①如果当期期末留抵税额≤当期免抵退税额,则

当期应退税额＝当期期末留抵税额

当期免抵税额＝当期免抵退税额－当期应退税额

②如果当期期末留抵税额＞当期免抵退税额,则

当期应退税额＝当期免抵退税额

当期免抵税额＝0

当期期末留抵税额根据当期《增值税纳税申报表》中"期末留抵税额"确定。

5.3.2 "免、退"的计税办法

1.单票对应法

实行出口退(免)税电子化管理后,除特殊退税企业外,外贸企业出口货物应退增值税的计算均采取单票对应法。所谓"单票对应法",是指在出口与进货的关联号内进货数据和出口数据配齐申报,对进货数据实行加权平均,合理分配各出口占用的数量,计算出每笔出口的实际退税额。它是出口货物退(免)税信息管理系统中设置的一种退税基本方法。在一次申报的同关联号的同一商品代码下应保持进货数量和出口数量完全一致,进货、出口均不结余。对一笔进货分批出口的,应到主管税务机关开具进货分批申报单。

外贸企业出口货物退（免）增值税的计算，应依据购进出口货物增值税专用发票上所注明的进项金额和出口货物所适用的退税率计算。其基本计算公式为

$$应退税额＝外贸收购不含增值税购进金额×退税率$$

或

$$应退税额＝出口货物数量×加权平均单价×退税率$$

2. 外贸企业收购小规模纳税人出口货物增值税的退税规定

凡从小规模纳税人购进持普通发票特准退税的抽纱、工艺品、香料油、山货、草柳竹藤制品、渔网渔具、松香、五倍子、生漆、鬃尾、山羊板皮、纸制品等 12 类出口货物，同样实行销售出口货物的收入免税，并退还出口货物进项税额的办法。

$$应退税额＝普通发票所列销售金额÷（1＋征收率）×退税率$$

凡从小规模纳税人购进税务机关代开的增值税专用发票的出口货物，按下列公式计算退税。

$$应退税额＝增值税专用发票注明的金额×退税率$$

3. 外贸企业委托生产企业加工出口货物的退税规定

外贸企业委托加工收回后报关出口的货物，按购进国内原辅材料的增值税专用发票上注明的进项税额，依原辅材料的退税率计算原辅材料应退税额。支付的加工费，凭受托方开具货物的退税率，计算加工费的应退税额。

5.4　出口货物退（免）增值税的会计核算

5.4.1　外贸企业"免、退"增值税的会计核算

外贸企业收购的货物，在购进时，应按增值税专用发票上注明的价款和增值税额，借记"在途物资"、"库存商品"、"原材料"、"应交税费——应交增值税（进项税额）"等账户，按照应付或实际支付的金额，贷记"应付账款"、"应付票据"、"银行存款"等账户。货物出口销售后，结转商品销售成本时，借记"主营业务成本"账户，贷记"库存商品"；按照出口货物购进时的增值税专用发票上记载的或应分摊的进项税额，与按照国家规定的退税率计算的应退税额的差额，借记"主营业务成本"账户，贷记"应交税费——应交增值税（进项税额转出）"账户。

外贸企业按照规定的退税率计算出应收的出口退税时，借记"其他应收款"、"应收补贴款"、"应收出口退税"等账户，贷记"应交税费——应交增值税（出口退税）"账户。收到出口退税款时，借记"银行存款"账户，贷记"其他应收款"账户。

【例 5-1】　某外贸进出口公司当期收购蘑菇罐头 2 000 箱，价格为 200 元/箱，已验收入库。增值税专用发票上注明价款为 400 000 元，增值税额为 68 000 元。全季共出口蘑菇罐头 1 800 箱，出口离岸价折合人民币 540 000 元。出口报关后一个月办妥退税事宜，蘑菇罐头退税率为 13%，增值税率为 17%。已收到退税款。企业的会计处理如下：

购进蘑菇罐头时：

借：库存商品　　　　　　　　　　　　　　　400 000

　　应交税费——应交增值税（进项税额）　　68 000

　　　贷：银行存款　　　　　　　　　　　　　　　468 000

出口蘑菇罐头 1 800 箱时：

借：应收账款　　　　　　　　　　　　　　　540 000

　　　贷：主营业务收入　　　　　　　　　　　　　540 000

结转销售成本时：

借：主营业务成本　　　　　　　　　　　　　360 000

　　　贷：库存商品　　　　　　　　　　　　　　　360 000

计算不予退税的税额时：

　　　　不予抵扣或退税的税额＝1 800×200×（17％－13％）＝14 400（元）

借：主营业务成本　　　　　　　　　　　　　14 400

　　　贷：应交税费——应交增值税（进项税额转出）　14 400

计算应退增值税额时：

　　　　应退增值税额＝1 800×200×13％＝46 800（元）

借：其他应收款　　　　　　　　　　　　　　46 800

　　　贷：应交税费——应交增值税（出口退税）　　46 800

收到退税款时：

借：银行存款　　　　　　　　　　　　　　　46 800

　　　贷：其他应收款　　　　　　　　　　　　　　46 800

5.4.2　生产企业"免、抵、退"增值税的会计核算

凡有进出口经营权的生产企业自营出口或委托外贸企业出口，除另有规定外，一律实行"免、抵、退"税办法。其会计核算也按免、抵、退程序进行。

1. 免税

（1）购进货物。按销货方提供增值税专用发票上注明的税额，或按其他结算凭证计算的进项税额，或按海关核销免税进口料件组成计税价格和征税税率计算的进项税额，借记"应交税费——应交增值税（进项税额）"账户；按增值税专用发票上注明的价款，或其他结算凭证的合计金额扣除进项税额后的余额，借记"材料采购"、"原材料"、"生产成本"等账户；按已付或应付的全部价款，贷记"应付账款"、"银行存款"等账户。

（2）出口销售。按销售金额（销售金额＝出口货物离岸价×人民币外汇牌价），借记"应收账款"、"银行存款"等账户，贷记"主营业务收入"等账户。出口货物同时有内销的，按内销货物计算销项税额和销售收入，借记"银行存款"等，贷记"主营业务收入"、"应交税费——应交增值税（销项税额）"。

（3）转出不得免征和抵扣的税额。货物出口后，应将不得免征和抵扣的进项税额转入当期主营业务成本，借记"主营业务成本"等账户，贷记"应交税费——应交增值税（进项税额转出）"账户。

2.抵税

(1)计算应纳税额。应纳税额如为正数,即为当期实际应缴纳的税款。计提当月应纳增值税时,借记"应交税费——应交增值税(转出未交增值税)"等账户,贷记"应交税费——未交增值税"账户。实际缴税时,借记"应交税费——未交增值税"账户,贷记"银行存款"账户。如果当月缴纳当月的增值税款,借记"应交税费——应交增值税(已交税金)"账户,贷记"银行存款"账户。

(2)出口抵顶内销产品销项税额。应纳税额为正数时,按销售金额乘以退税率的积抵减;应纳税额为负数时,按当期全部销项税额抵减。按抵减税额,借记"应交税费——应交增值税(出口抵减内销产品应纳税额)"账户,贷记"应交税费——应交增值税(出口退税)"账户。

3.退税

按规定计算出应收的出口退税时,借记"其他应收款"、"应收补贴款"、"应收出口退税"等账户,贷记"应交税费——应交增值税(出口退税)"账户。收到出口退税款时,借记"银行存款"账户,贷记"其他应收款"账户。

【例 5-2】 某自营出口生产企业为一般纳税人,实行"免、抵、退税"政策,该生产企业2012 年某一季度的相关资料如下:

(1)第一个月出口商品折合人民币收入 2 000 000 元,内销商品收入 4 000 000 元,销项税额为 680 000 元。当月购进材料 4 000 000 元,进项税额为 680 000 元。月初未抵扣完的进项税额(留抵税额)为 60 000 元。若征税率为 17%,退税率为 13%。则:

当月免抵退税不得免征和抵扣税额=出口货物离岸价×外汇人民币牌价×

$$（出口货物征税率-出口货物退税率）$$
$$=2\,000\,000×（17\%-13\%）$$
$$=80\,000（元）$$

当月应纳税额=当月内销货物的销项税额-(当月进项税额-

当月不予免征、抵扣和退税的税额)-上月未抵扣完的进项税额
$$=4\,000\,000×17\%-（680\,000-80\,000）-60\,000$$
$$=20\,000（元）$$

免抵退税额=出口货物离岸价×外汇人民币牌价×出口货物退税率
$$=2\,000\,000×13\%$$
$$=260\,000（元）$$

企业当月应纳税额为正数 20 000 元,故应退税额为 0,故
$$当期免抵税额=260\,000-0=260\,000（元）$$

当月应纳增值税为 20 000 元(在下月上旬申报),会计处理如下:

购进材料时:

借:原材料	4 000 000	
应交税费——应交增值税(进项税额)	680 000	
贷:应付账款		4 680 000

销售时：

借：应收账款　　　　　　　　　　　　　　　　　6 680 000

　　贷：主营业务收入——外销收入　　　　　　　　　2 000 000

　　　　　　　　　　——内销收入　　　　　　　　4 000 000

　　　应交税费——应交增值税（销项税额）　　　　680 000

月末计算不予免抵退税额80 000元，应作如下分录：

借：主营业务成本——外销成本　　　　　　　　　80 000

　　贷：应交税费——应交增值税（进项税额转出）　80 000

当期出口抵减内销产品应纳税额：

　　借：应交税费——应交增值税（出口抵减内销产品应纳增值税）　260 000

　　　　贷：应交税费——应交增值税（出口退税）　　　　　　　260 000

结转本月未交增值税，作如下会计分录：

　　借：应交税费——应交增值税（转出未交增值税）　20 000

　　　　贷：应交税费——未交增值税　　　　　　　　　20 000

第1个月应交税费——应交增值税明细表见表5-3。

表 5-3　　　　　　　第1个月应交税费——应交增值税明细表（简表）　　　　　单位：元

借方				贷方					借或贷	余额
进项税额	出口抵减内销产品应纳增值税	转出未交增值税	合计	销项税额	出口退税	进项税额转出	转出多交增值税	合计		
									借	60 000
680 000	260 000	20 000	960 000	680 000	260 000	80 000		1 020 000	借	0

（2）第2个月出口商品收入1 000 000元，内销商品收入1 000 000元，销项税额为170 000元。当月购进材料3 000 000元，进项税额为510 000元。

第2个月上交第一个月增值税时：

借：应交税费——未交增值税　　　　　　　　　20 000

　　贷：银行存款　　　　　　　　　　　　　　　20 000

当月免抵退税不得免征和抵扣税额＝1 000 000×（17％-13％）＝40 000（元）

当月应纳税额＝1 000 000×17％-（510 000-40 000）＝-300 000（元）

当期免抵退税额＝出口货物离岸价×外汇人民币牌价×出口货物退税率

　　　　　　　＝1 000 000×13％＝130 000（元）

当期期末留抵税额300 000元＞当期免抵退税额130 000元，故

　　当期应退税额＝当期免抵退税额＝130 000（元）

　　当期免抵税额＝130 000-130 000＝0（元）

"当期期末留抵税额"为当期《增值税纳税申报表》的"期末留抵税额"（170 000元）留待下期继续抵扣。

第2个月应交税费——应交增值税明细表见表5-4。

表 5-4　　　　　　　　第 2 个月应交税费——应交增值税明细表（简表）　　　　　　单位：元

借方				贷方					借或贷	余额
进项税额	出口抵减内销产品应纳增值税	转出未交增值税	合计	销项税额	出口退税	进项税额转出	转出多交增值税	合计		
									借	0
510 000	0	0	510 000	170 000	130 000	40 000		340 000	借	170 000

会计分录如下：

购进材料时：

借：原材料　　　　　　　　　　　　　　　　　3 000 000

　　应交税费——应交增值税（进项税额）　　　　510 000

　　贷：应付账款　　　　　　　　　　　　　　　　　3 510 000

销售时：

借：应收账款　　　　　　　　　　　　　　　　　2 170 000

　　贷：主营业务收入——外销收入　　　　　　　　　1 000 000

　　　　　　　　　　　——内销收入　　　　　　　　1 000 000

　　应交税费——应交增值税（销项税额）　　　　　170 000

月末计算不予免抵退税额 40 000 元，应作如下分录：

借：主营业务成本——外销成本　　　　　　　　　40 000

　　贷：应交税费——应交增值税（进项税额转出）　　40 000

本期可退税额 130 000 元。

借：其他应收款——应退增值税　　　　　　　　　130 000

　　贷：应交税费——应交增值税（出口退税）　　　　130 000

收到退税款时：

借：银行存款　　　　　　　　　　　　　　　　　130 000

　　贷：其他应收款——应退增值税　　　　　　　　　130 000

（3）第 3 个月出口商品收入 3 000 000 元，内销商品收入 500 000 元，销项税额为 85 000 元。当月购进材料 2 000 000 元，进项税额为 340 000 元。上月留抵增值税额 170 000 元。

当月免抵退税不得免征和抵扣税额＝3 000 000×（17％－13％）＝120 000（元）

当月应纳税额＝500 000×17％－（340 000－120 000）－170 000＝－305 000（元）

当期免抵退税额＝出口货物离岸价×外汇人民币牌价×出口货物退税率

＝3 000 000×13％＝390 000（元）

当期期末留抵税额 305 000 元＜当期免抵退税额 390 000 元，故

当期应退税额＝当期期末留抵税额＝305 000（元）

当期免抵税额＝当期免抵退税额－当期应退税额＝390 000－305 000＝85 000（元）

第 3 个月应交税费——应交增值税明细表见表 5-5。

表 5-5　　　　　　　　第 3 个月应交税费——应交增值税明细表(简表)　　　　　　　单位:元

借方				贷方					借或贷	余额
进项税额	出口抵减内销产品应纳增值税	转出未交增值税	合计	销项税额	出口退税	进项税额转出	转出多交增值税	合计		
									借	170 000
340 000	85 000	0	425 000	85 000	390 000	120 000		595 000	借	0

购进材料时:

借:原材料　　　　　　　　　　　　　　　　　　　　　2 000 000

　　应交税费——应交增值税(进项税额)　　　　　　　340 000

　　　贷:应付账款　　　　　　　　　　　　　　　　　　　　2 340 000

销售时:

借:应收账款　　　　　　　　　　　　　　　　　　　　3 585 000

　　贷:主营业务收入——外销收入　　　　　　　　　　　　　3 000 000

　　　　　　　　　——内销收入　　　　　　　　　　　　　　500 000

　　　应交税费——应交增值税(销项税额)　　　　　　　　　　85 000

月末计算不予免抵退税额 120 000 元,应作如下分录:

借:主营业务成本——外销成本　　　　　　　120 000

　　贷:应交税费——应交增值税(进项税额转出)　　120 000

当期出口抵减内销产品应纳税额 85 000 元,可退税 305 000 元,应作如下会计分录:

借:其他应收款——应退增值税　　　　　　　　　　　　　　305 000

　　应交税费——应交增值税(出口抵减内销产品应纳增值税)　85 000

　　贷:应交税费——应交增值税(出口退税)　　　　　　　　　　390 000

收到退税款时:

借:银行存款　　　　　　　　　　　　305 000

　　贷:其他应收款——应退增值税　　　　　305 000

【例 5-3】　兴华有限公司是具有进出口经营权的生产企业,从事内销商品的生产和进口料件的加工复出口业务。该企业 2012 年 1 月份购入生产用原材料 600 万元,进项税额 102 万元,并以银行存款支付;本月海关核销免税进口料件组成计税价格折合人民币 100 万元;内销产品的销售额为 500 万元(不含增值税);自营进料加工复出口货物折合人民币金额为 600 万元(离岸价);该企业内销和出口货物增值税率均为 17%,进料加工复出口货物的退税率为 15%。上期留抵税款为 0,计算出口退税并进行相应的账务处理。

对于该企业出口退税的计算和会计处理为:

(1)外购原材料

借:原材料　　　　　　　　　　　　　　　　　　　6 000 000

　　　　应交税费——应交增值税（进项税额）　　　1 020 000

　　　　　贷：银行存款　　　　　　　　　　　　　　7 020 000

（2）本月海关核销免税进口料件

借：原材料　　　　　　　　　　　　　　　　1 000 000

　　贷：银行存款　　　　　　　　　　　　　　　1 000 000

（3）进料加工复出口

借：应收账款　　　　　　　　　　　　　　　6 000 000

　　贷：主营业务收入——外销收入　　　　　　6 000 000

（4）内销产品

借：银行存款　　　　　　　　　　　　　　　5 850 000

　　贷：主营业务收入——内销收入　　　　　　5 000 000

　　　　应交税费——应交增值税（销项税额）　　　850 000

（5）计算当月出口货物不予抵扣和退税的税额

免抵退税不得免征和抵扣税额＝出口货物离岸价×外汇人民币牌价×

　　　　　　　　　　　　　（出口货物征税率－出口货物退税率）－

　　　　　　　　　　　　　免税购进原材料价格×（出口货物征税率－

　　　　　　　　　　　　　出口货物退税率）

　　　　　　　　＝600×（17％－15％）－100×（17％－15％）

　　　　　　　　＝10（万元）

其会计分录为：

借：主营业务成本——外销成本　　　　　　　　100 000

　　贷：应交税费——应交增值税（进项税额转出）　　100 000

（6）计算应纳税额或当期期末留抵税额

　　当期应纳税额＝当期内销货物的销项税额－（当期进项税额＋上期留抵税额－

　　　　　　　　当期免抵退税不得免征和抵扣税额）

　　　　　　　　＝85－（102＋0－10）＝－7（万元）

由于应纳税额＜0，说明当期"期末留抵税额"为 7 万元。

（7）计算应退税额和应免抵税额

　　　　免抵退税抵减额＝免税购进原材料价格×出口货物退税率

　　　　　　　　　　　＝100×15％＝15（万元）

免抵退税额＝出口货物离岸价×外汇人民币牌价×出口货物退税率－免抵退税抵减额

　　　　　　＝600×15％－15＝75（万元）

　　因为，当期期末留抵税额 7 万元≤当期免抵退税额 75 万元，所以，当期应退税额＝当期期末留抵税额＝7 万元；

　　　　　当期免抵税额＝当期免抵退税额－当期应退税额＝75－7＝68（万元）

其会计处理为：

借：其他应收款——应收出口退税　　　　　　　　　　70 000

	应交税费——应交增值税(出口抵减内销产品应纳税额)	680 000	

　　贷:应交税费——应交增值税(出口退税)　　　　　　　　　　　750 000

　　(8)收到国家税务机关的退税款时:

　　借:银行存款　　　　　　　　　　　　　　　　　70 000

　　　　贷:其他应收款——应收出口退税　　　　　　　　　　　70 000

4.出口货物办理退税后发生退关、国外退货或转作内销的会计核算

　　出口货物办理退税后发生退关、国外退货或转为内销,企业必须及时、主动地向主管出口退税的税务机关办理申报手续,补交已退税款,借记"应交税费——应交增值税(出口退税)",贷记"银行存款"。企业出口货物,逾期没有收齐相关单证的,须视同内销征税。对于本年出口货物单证不齐,在本年视同内销征税,冲减出口销售收入,增加内销销售收入,借记"主营业务收入——外销收入",贷记"主营业务收入——内销收入"。按照单证不齐出口销售额乘以征税率计提销项税额,借记"主营业务成本",贷记"应交税费——应交增值税(销项税额)"。

　　【例5-4】 某生产企业2012年6月发生下列业务:

　　(1)6月6日,出口货物销售额(FOB价)800 000美元,其中当月出口有300 000美元未拿到出口报关单(退税专用联)。

　　(2)6月收到2012年3月6日出口货物的报关单(退税专用联)100 000美元,2012年4月出口货物的报关单(退税专用联)300 000美元;仍未收到2012年3月16日出口的已到期的出口货物报关单(退税专用联)100 000美元。

　　(3)内销销售收入(不含税价)2 000 000元人民币。当期购进原材料一批,货款为4 700 000元,进项税额799 000元。

　　(4)当月发生一笔退运业务,退运货物是在2012年4月出口的,退运货物的原出口销售额(FOB价)为60 000美元。

　　该企业销售货物的征税率适用17%,退税率适用13%,美元汇率按1∶6.35计算。

　　2012年6月的会计处理如下:

　　(1)实现的出口销售收入(800 000×6.35=5 080 000):

　　借:应收账款——××公司(美元)　　　　　　5 080 000

　　　　贷:主营业务收入——外销收入　　　　　　　　　　5 080 000

　　(2)实现的内销销售收入:

　　借:应收账款——××公司(人民币)　　　　　2 340 000

　　　　贷:主营业务收入——内销收入　　　　　　　　　　2 000 000

　　　　　　应交税费——应交增值税(销项税额)　　　　　　340 000

　　(3)采购的原材料:

　　借:原材料　　　　　　　　　　　　　　　　4 700 000

　　　　应交税费——应交增值税(进项税额)　　　799 000

　　　　贷:应付账款　　　　　　　　　　　　　　　　　5 499 000

（4）退运货物的原出口销售额冲减当期出口销售收入（60 000×6.35＝381 000）：

借：主营业务收入——外销收入　　　　　　　381 000

　　贷：应收账款——××公司（美元）　　　　　　381 000

（5）计算的免抵退税不得免征和抵扣税额：

免抵退税不得免征和抵扣税额＝（5 080 000－381 000）×（17％－13％）＝187 960（元）

借：主营业务成本　　　　　　　　　　　　187 960

　　贷：应交税费——应交增值税（进项税额转出）　　187 960

（6）计算的应退税额、免抵税额：

$$应纳税额＝340 000－（799 000－187 960）＝－271 040（元）$$

$$期末留抵税款＝271 040 元$$

免抵退税额＝（800 000－300 000＋100 000＋300 000－60 000）×6.35×13％＝693 420（元）

由于期末留抵税额小于免抵退税额，所以应退税额＝期末留抵税额＝271 040 元

$$免抵税额＝693 420－271 040＝422 380（元）$$

根据计算的应退税额：

借：其他应收款——出口退税　　　　　　　271 040

　　贷：应交税费——应交增值税（出口退税）　　　271 040

根据计算的免抵税额：

借：应交税费——应交增值税（出口抵减内销产品应纳税额）　422 380

　　贷：应交税费——应交增值税（出口退税）　　　　　　422 380

（7）对 2012 年 3 月 16 日出口，到期仍未收齐出口报关单（退税专用联）的 100 000 美元视同内销征税：

$$出口收入＝100 000×6.35＝635 000（元）$$

对逾期单证不齐出口货物计提销项税额＝100 000×6.35×17％＝107 950（元）

冲减出口销售收入，增加内销销售收入。

借：主营业务收入——外销收入　　　　　　635 000

　　贷：主营业务收入——内销收入　　　　　　635 000

按照单证不齐出口销售额乘以征税率计提销项税额。

借：主营业务成本　　　　　　　　　　　　107 950

　　贷：应交税费——应交增值税（销项税额）　　　107 950

5.5　出口应税消费品退（免）税的会计核算

纳税人出口应税消费品与出口货物一样，国家都给予退（免）税优惠，而且出口应税消费品如果涉及退（免）增值税和消费税时，其退（免）税范围的限定、办理程序、审核及其管理基本相同。下面仅就出口应税消费品退（免）消费税的特殊性进行说明。

5.5.1　出口应税消费品退(免)税的管理办法

1.出口应税消费品退(免)税的具体形式

出口货物消费税,除规定不退税的应税消费品外,分别采取免税和退税两种办法。

(1)出口免税并退税

适用这一政策的主要有:有出口经营权的外贸企业购进应税消费品直接出口,以及外贸企业委托代理出口应税消费品。外贸企业只有受其他外贸企业委托代理出口应税消费品才可办理退税,外贸企业受其他企业(指非生产性的商贸企业)委托,代理出口应税消费品不予退(免)税。因为消费税在生产环节缴纳,外贸企业购进的应税消费品已经含税,因此需要退还消费税。

(2)出口免税但不退税

有出口经营权的生产性企业自营出口或生产企业委托外贸企业代理出口自产的应税消费品,依据其实际出口销售收入或实际出口数量免征消费税,不予办理退还消费税。免征消费税是指对生产性企业按其实际出口销售收入或实际出口数量免征生产环节的消费税。不予以办理退还消费税是指因为已免征生产环节的消费税,该应税消费品已经不含消费税,所以也就无须办理退税。

(3)出口不免税也不退税

除生产性企业、外贸企业外的其他企业,具体是指非生产性的商贸企业委托外贸企业代理出口应税消费品一律不予退(免)税。

2.退税率的确定

当出口的货物是应税消费品时,其退还增值税要按规定的退税率计算,因为增值税实行税款扣除,不能确认每一单位货物的已交增值税额,需要确定统一的退税率。但消费税的纳税环节单一,出口时能够确认每一单位货物已交的消费税,退还消费税可以按该应税消费品所适用的消费税税率计算,充分实现"征多少退多少"的原则。企业应将不同消费税税率的出口应税消费品分开核算和申报,凡是划分不清适用税率的,一律从低适用税率计算应退消费税额。

3.出口应税消费品退税的计量

出口应税消费品退税时,如果该应税消费品属于从价定率计征消费税的,应依照外贸企业从生产性企业购进货物时征收的消费税计算,其计算公式为

$$应退消费税额 = 出口货物的工厂销售额(或外购成本) \times 税率$$

如果该应税消费品属于从量定额计征消费税的,应依照货物报关的数量计算,其计算公式为

$$应退消费税额 = 出口数量 \times 单位税额$$

4.出口应税消费品退税的会计核算

生产性企业直接出口或通过外贸企业出口货物,按规定直接予以免税的,可不计算应交消费税,也不需进行账务处理。发生退关、退货,转为内销时,按内销商品的正常销售计算消费税额。

外贸企业收购生产企业产品出口的,生产企业免征消费税,无须计提消费税。对于收购商品中含消费税的,且符合退税规定的,外贸企业在物资报关出口后申请出口退税时,借记"其他应收款"科目,贷记"主营业务成本"科目;实际收到退回的税金,借记"银行存款"科目,贷记"其他应收款"科目。发生退关或退货而补缴已退的消费税时,作相反的会计分录。

【例 5-5】 2012 年 2 月,某外贸企业从花炮厂收购花炮准备用于内销,取得花炮厂开具的增值税专用发票上注明的价款为 25 万元,增值税额为 4.25 万元,并以银行存款支付。外贸企业收购后,因花炮国际市场形势好转,将该批花炮转为全部出口,该批花炮的出口销售额折合人民币 30 万元。花炮的增值税税率为 17％,增值税出口退税率为 13％,消费税税率为 15％。外贸企业将该批货物报关出口后,相关单证齐全,并在主管税务机关办理了出口退税的审批手续。

$$出口花炮应退增值税额 = 250\ 000 \times 13\% = 32\ 500(元)$$
$$不予退回的增值税额 = 42\ 500 - 32\ 500 = 10\ 000(元)$$
$$出口花炮应退消费税额 = 250\ 000 \times 15\% = 37\ 500(元)$$

外贸企业会计处理如下:

(1)购进鞭炮、焰火时:

借:库存商品——花炮	250 000	
应交税费——应交增值税(进项税额)	42 500	
贷:银行存款		292 500

(2)外贸企业办理报关出口并办理退税手续后:

借:应收账款	300 000	
贷:主营业务收入——外销收入		300 000

应退增值税:

借:其他应收款——出口退税	32 500	
贷:应交税费——应交增值税(出口退税)		32 500
借:其他应收款——出口退税	37 500	
贷:主营业务成本——外销成本		37 500

(3)结转不予退回的增值税:

借:主营业务成本——外销成本	10 000	
贷:应交税费——应交增值税(进项税额转出)		10 000

(4)收到退税款时:

借:银行存款	70 000	
贷:其他应收款——出口退税		70 000

(5)期末结转出口商品成本时:

借:主营业务成本——外销成本	250 000	
贷:库存商品		250 000

5.5.2　出口应税消费品的纳税申报

1. 生产企业

有进出口经营权的生产企业自营或委托出口应税消费品的应向主管税务机关办理免税申报手续。如发生退关或退货,出口时已予以免税的,经所在地主管税务机关批准,可暂不办理补税,于报送消费税纳税申报表的同时,提供出口货物转内销证明。

2. 外贸企业

外贸企业出口应税消费品退(免)税实行专用税票管理制度。生产企业将应税消费品销售给外贸企业出口,应到主管征税机关办理消费税专用税票开具手续,然后办理消费税纳税申报手续。应税消费品出口后外贸企业凭"两单一票"(出口报关单、收汇核销单、出口发票)及消费税专用税票向主管退税机关办理退税手续,报送出口退税货物进货凭证申报明细表和出口货物退税申报明细表。

3. 消费税出口货物退(免)税申报

(1)消费税免税申报表

具有进出口经营权的生产企业自营出口的消费税应税货物,计算免税的方法与增值税是相同的,纳税申报按从价定率或从量定额加以区分填报。

(2)消费税退税申报表

外贸企业自营或委托代理出口,消费税退税申报表的内容和填报方法与增值税基本相同,详见第 2 章的有关内容。

如果企业自营出口应税消费品,应填制生产企业自营出口货物消费税免税申报表。

复习与思考

一、单项选择题

1. 对本环节增值部分免税,进项税额准予抵扣的部分在内销货物的应纳税额中抵扣,抵扣不完的部分实行退税。该办法简称为(　　)税。

A."免、退"　　　　　B."免、抵、退"　　　　C."免、抵"　　　　　D."免"

2."免、抵、退"税管理办法的适用范围是(　　)。

A. 生产企业　　　　B. 外贸企业　　　　　C.外商投资企业　　　D. 国有企业

3.下列针对出口应税消费品退(免)税的具体形式不正确的是(　　)。

A. 出口免税并退税　　　　　　　　　B. 出口免税但不退税

C. 出口不免税也不退税　　　　　　　D. 出口不免税但退税

4.下列企业委托外贸企业代理出口货物,不予退(免)增值税和消费税的是(　　)。

A. 有出口经营权的生产企业　　　　　B. 无出口经营权的生产企业

C. 有出口经营权的外贸企业　　　　　D. 无出口经营权的一般商贸企业

5.外贸企业从工厂购进应税消费品直接出口的,如果该货物是属于从价定率征收消费税的,其退税公式为（　　）。

A.应退消费税税款＝出口货物的离岸价×消费税税率

B.应退消费税税款＝出口货物的出口价×消费税税率

C.应退消费税税款＝出口货物的到岸价×消费税税率

D.应退消费税税款＝出口货物的工厂销售额×消费税税率

6.外贸企业自营出口应税消费品,申请消费税退税时,会计分录为（　　）。

A.借:其他应收款　　　　　　　　B.借:其他应收款

　　贷:主营业务成本　　　　　　　　　贷:营业税金及附加

C.借:其他应收款　　　　　　　　D.借:应交税费——应交消费税

　　贷:应交税费——应交消费税　　　　贷:主营业务成本

7.生产企业委托外贸企业代理出口自产应税消费品,给予（　　）。

A.免税并退税　　B.免税但不退税　　C.不免税也不退税　　D.不免税但退税

二、多项选择题

1.出口退税货物必须具备的条件有（　　）。

A.必须属于增值税、消费税征税范围的货物

B.必须是财务上作对外销售处理的货物

C.必须是出口收汇并已核销的货物

D.必须是报关离境出口的货物

2.我国的出口货物政策分为以下形式（　　）。

A.出口免税并退税　　　　　　　　B.出口免税但不退税

C.出口不免税但退税　　　　　　　D.出口不免税也不退税

3.出口企业应持（　　）于批准之日起 30 日内向所在地主管退税业务的税务机关填写出口企业退税登记表,申请办理退税登记证。

A.对外贸易经济合作部及其授权批准其出口经营权的批件

B.工商营业执照

C.海关代码证书

D.税务登记证

4.外贸企业收购小规模纳税人出口货物增值税的退税计算公式为（　　）。

A.应退税额＝外贸收购不含增值税购进金额×退税率

B.应退税额＝普通发票所列销售金额÷（1＋征收率）×退税率

C.应退税额＝增值税专用发票注明的金额×退税率

D.应退税额＝出口货物数量×加权平均单价×退税率

5.下列可以办理出口退还消费税的有（　　）。

A.生产企业委托外贸企业出口应税消费品

B.外贸企业委托其他外贸企业出口应税消费品

C.商贸企业委托外贸企业出口应税消费品

D.外贸企业自营出口应税消费品

6."免、抵、退"税方法适用于（ ）。

A.有出口经营权生产企业自营出口　　　B.无出口经营权生产企业自营出口

C.外贸企业委托外贸企业出口　　　　　D.非生产性企业自营出口

7.外贸企业从小规模纳税人购进并持有普通发票的货物出口,允许办理退还增值税的货物有（ ）。

A.工艺品　　　　　B.生漆　　　　　C.山货　　　　　D.纸制品

8.下列企业出口应税消费品,可在出口时办理退还消费税的有（ ）。

A.有出口经营权的外贸企业从生产企业购进应税消费品直接出口

B.有出口经营权的外贸企业受其他外贸企业委托代理出口应税消费品

C.有出口经营权的生产企业自营出口自产应税消费品

D.生产企业委托外贸企业代理出口应税消费品

9.下列企业出口货物实行增值税免税并退税的有（ ）。

A.来料加工复出口的企业

B.生产企业委托外贸企业代理出口自产货物

C.在国内采购货物运往境外作为国外投资的企业

D.从小规模纳税人购进并持有普通发票的货物出口的外贸企业

三、判断题

1.出口货物的退税率,是指出口货物的应退税额与退税计税依据比例。 　　（ ）

2.出口企业因住所、经营地点变动而涉及改变退税税务登记机关的,应当在向工商行政管理机关申请办理变更或注销登记前或者住所、经营地点变动后,向原退税登记机关申请办理注销退税登记。 　　（ ）

3.企业出口货物,逾期没有收齐相关单证的,须视同内销征税。 　　（ ）

4.对于本年出口货物单证不齐,在本年视同内销征税。 　　（ ）

5.退还增值税和消费税都可以按该应税消费品所适用的税率计算,充分实现"征多少退多少"的原则。 　　（ ）

6.目前外贸企业出口货物增值税的退税实行的是"免、抵、退"税法。 　　（ ）

7.外贸企业从小规模纳税人购进并持有普通发票的货物出口,一律免税但不予退税。 　　（ ）

8.出口货物应退消费税的退税率(或单位税额)与其征税率相同,即出口货物的消费税能够做到彻底退税。 　　（ ）

9.只有有进出口经营权的生产企业自营或委托外贸企业代理出口货物,其增值税才适用"免、抵、退"税办法。 　　（ ）

10.属于从价定率计征消费税的应税消费品,按出口货物的购进成本和消费税税率计算应退消费税税款。 　　（ ）

11.外贸企业自营出口应收出口退税款时,借记"其他应收款",贷记"应交税费"。 　　（ ）

12.生产企业直接出口应税消费品,生产企业直接免征消费税。 　　（ ）

四、实务题

1.2012 年 2 月 20 日某外贸公司购进供出口的商品一批，取得增值税专用发票上注明的价款为 500 000 元，增值税为 85 000 元，款项已开出转账支票支付，商品运到并验收入库。2 月 27 日该批商品的一半已办理了出口报关手续，并已收到销货款 USD40 000，当日外汇汇率为 1∶6.29，出口商品退税率为 15％。

要求：作出商品购进、入库、出口、结转出口商品成本、应退税款、实际收到退税款时的会计分录。

2.华兴进出口外贸公司 2012 年 3 月自营出口一批商品，购进该商品取得的专用发票上注明的价款为 1 000 000 元，增值税为 170 000 元。该批商品均已报关出口，并已向主管税务机关办理出口退税手续。收到外销货款 160 000 美元，报关出口当日美元与人民币汇率为 1∶6.30。甲商品增值税退税率为 13％。商品购销款项均以银行存款结算。要求进行相应计算并作相关会计分录。

3.2012 年 2 月，甲化妆品厂将自产的一批美容化妆品销售给乙外贸公司，开出增值税专用发票注明价款 800 000 元，增值税 136 000 元，该批化妆品的成本为 400 000 元，甲化妆品厂当月收到乙外贸公司转来的款项。乙外贸公司将该批化妆品出口 A 国，离岸价130 000 美元，结算当日美元与人民币汇率为 1∶6.29。出口货物增值税退税率为 9％。化妆品消费税税率为 30％。要求编制甲化妆品厂和乙外贸公司各自相应的会计分录。

4.ABC 生产企业为增值税一般纳税人，具有自营出口权，适用的增值税税率为 17％，生产出口产品的增值税退税率为 13％。该企业执行"免、抵、退"税政策，要求计算企业2012 年 2 月份和 3 月份应纳（或应退）的增值税并编制相应会计分录。2012 年 1 月份没有留抵税额。2012 年 2、3 月份的生产经营情况如下：

（1）2 月份：

①外购原材料取得的增值税专用发票上注明价款 800 万元，增值税 136 万元，原材料当期已验收入库。

②外购动力取得的增值税专用发票上注明价款 100 万元，增值税 17 万元，其中：生产车间使用动力 95 万元，管理部门使用动力 5 万元。

③将外购原材料 50 万元委托甲公司加工一批货物，以转账支票支付加工费，取得的增值税专用发票上注明价款 20 万元，增值税 3.4 万元。

④支付甲公司加工货物的往返运输费用 5 万元，取得运输公司开具的普通发票。

⑤内销货物开出增值税专用发票价款共计 300 万元，增值税 51 万元，款项当月全部收存银行。

⑥月末与运输公司结算运输费用，应由 ABC 公司承担的销售货物运输费用 10 万元，取得运输公司开具的普通发票。

⑦出口销售货物离岸价 75 万美元，外汇汇率 1∶6.29。

（2）3 月份：

①出口货物取得销售额 100 万美元，外汇汇率 1∶6.30。

②内销货物开出增值税专用发票价款共计 400 万元，增值税 68 万元。

③将自产货物用于本企业基建工程，货物已移送。该批自产货物成本为 20 万元，不含税售价为 30 万元。

第 **6** 章

关税会计

知识目标

1. 了解关税的概念、征税对象、纳税义务人以及关税税则和税率;
2. 熟悉关税的优惠政策、关税完税价格的确定;
3. 掌握关税的计算、会计处理、关税的缴纳和补退。

6.1 关税概述

6.1.1 关税的概念

关税是海关依法对进出关境的货物和物品征收的一种税。所谓的"境"是指关境,又称"海关关境"或"关境领域",是国家海关法全面实施的领域。在通常情况下,一国关境与国境是一致的,包括全部的领土、领海、领空。但当某一国家在国境内设立了自由港、自由贸易区等,这些区域就处在关境之外,这时,该国家的关境小于国境。

6.1.2 关税的征税对象及纳税义务人

1. 关税的征税对象

关税的征税对象是进出我国关境的货物和物品。货物是指贸易性商品;物品包括入境旅客随身携带的行李和物品、个人邮递物品、各种运输工具上的服务人员携带入境的自用物品、馈赠物品以及其他方式进入关境的个人物品。

2. 关税的纳税义务人

关税的纳税义务人是指进口货物的收货人、出口货物的发货人、进境物品的所有人。

6.1.3 关税的分类

按照不同的标准,关税有多种分类方法。

1.按货物的流动方向分类

按货物的流动方向,关税可分为进口关税、出口关税和过境关税三类。

(1)进口关税:是海关对进口货物和物品所征收的关税。进口税有正税与附加税之分,正税即按税则法定税率征收的关税,此外征收的即为附加税。我国加入WTO后,于2009年1月1日再次调整了进口税则税目税率,将总税目数增加到7 868个。进口关税是关税中最重要的一种,在许多废除了出口税和过境税的国家,进口税是唯一的关税。

(2)出口关税:是海关对出口货物和物品所征收的关税。目前,世界上大多数国家都不征收出口税。我国在2002年出口税则中仅对一小部分关系到国计民生的重要出口商品征收出口税,一共有36个税目,其中对23个税目实行出口暂定税率,其余的不征税。

(3)过境关税:是对外国经过本国国境运往另一国的货物所征收的关税。目前,世界上大多数国家都不征收过境税,我国也不征收过境税。

2.按某种特定的目的分类

按某种特定的目的,关税可分为反倾销关税、反补贴关税、保障性关税等,统称为特别关税。常见的有:

(1)反倾销关税:是针对实行商品倾销的进口商品所征收的一种进口附加税。

(2)反补贴关税:是对于直接或间接接受奖金或补贴的进口货物和物品所征收的一种进口附加税。

(3)保障性关税:指当某类货物进口量剧增,对我国相关产业带来巨大威胁或损害时,按照WTO有关规则采取的一般保障措施,主要是采取提高关税的形式。

我国政府规定,任何国家或者地区对其进口的原产于中华人民共和国的货物征收歧视性关税或者给予其他歧视性待遇的,我国海关对原产于该国家或地区的进口货物,可以征收特别关税。

3.按征收的标准分类

按征收的标准,关税可以分成从价关税、从量关税、复合关税、滑准关税。

(1)从价关税:是以货物的价格或者价值为征税标准,以应征税额占货物价格或者价值的百分比为税率。货物进口时,以此税率和海关审定的实际进口货物完税价格相乘计算应征税额。从价关税的特点是,税额随进口商品价格的高低变化,价格越高,税额越高,反之亦然。从价关税的优点是税负公平明确,易于实施。但是,从价关税也存在着一些不足,如:不同品种、规格、质量的同一货物价格有很大差异,海关估价有一定的难度,因此计征关税的手续也较繁杂。目前,我国海关计征关税标准主要是从价关税。

(2)从量关税:是以货物的数量、重量、体积、容量等计量单位为计税标准,以每计量单位货物的应征税额为税率。计税时以货物的计量单位乘以每单位货物应纳税金额即可得出该货物的关税税额。从量关税的特点是,每一种货物的单位应税额固定,不受该货物价格的影响。从量关税的优点是计算简便,通关手续快捷,并能起到抑制低廉商品或故意低报价格货物的进口。但是,由于应税额固定,物价涨落时,税额不能相应变化,因此,在物价上涨时,关税的调控作用相对减弱。我国目前对原油、啤酒和胶卷等进口商品征收从量关税。

（3）复合关税：又称混合税，即订立从价、从量两种税率，随着完税价格和进口数量而变化，征收时两种税率合并计征。它是对某种进口货物混合使用从价关税和从量关税的一种关税计征标准。混合使用从价关税和从量关税的方法有多种，如：对某种货物同时征收一定数额的从价关税和从量关税；或对低于某一价格进口的货物只按从价关税计征关税，高于这一价格，则混合使用从价关税和从量关税，等等。复合关税既可发挥从量关税抑制低价进口货物的特点，又可发挥从价关税税负合理的特点。我国目前仅对录像机、放像机、摄像机、数字照相机和摄录一体机等进口商品征收复合关税。

（4）滑准关税：是根据货物的不同价格适用不同税率的一类特殊的从价关税。它是一种关税税率随进口货物价格由高至低而由低至高设置计征关税的方法。通俗地讲，就是进口货物的价格越高，其进口关税税率越低，进口商品的价格越低，其进口关税税率越高。滑准关税的优点是可保持实行滑准关税商品的国内市场价格的相对稳定，而不受国际市场价格波动的影响。我国目前仅对进口新闻纸实行滑准关税。

4.按货物国别来源而区别对待的原则分类

按货物国别来源而区别对待的原则，关税可以分成最惠国关税、协定关税、特惠关税和普通关税。

（1）最惠国关税。最惠国关税适用原产于与我国共同适用最惠国待遇条款的 WTO 成员方或地区的进口货物，或原产于与我国签订有相互给予最惠国待遇条款的双边贸易协定的国家或地区的进口货物。

（2）协定关税。协定关税适用原产于我国参加的含有关税优惠条款的区域性贸易协定的有关缔约方的进口货物。

（3）特惠关税。特惠关税适用原产于与我国签订有特殊优惠关税协定的国家或地区的进口货物。

（4）普通关税。普通关税适用原产于上述国家或地区以外的国家或地区的进口货物。

6.1.4　关税税则和税率

1.关税税则

关税税则是缴纳关税的具体依据，是根据国家关税政策和经济政策，通过一定的国家立法程序制定公布实施的，对进出口的应税和免税商品加以系统分类的一览表。我国现行《海关进出口税则》全部应税商品分为 21 类，即：

第一类：活动物；动物产品。

第二类：植物产品。

第三类：动、植物油、脂及其分解产品；精制的食用油脂；动、植物蜡。

第四类：食品；饮料、酒和醋；烟草、烟草及烟草代用品的制品。

第五类：矿产品。

第六类：化学工业及其相关工业的产品。

第七类：塑料及其制品；橡胶及其制品。

第八类：生皮、皮革、毛皮及其制品；鞍具及挽具；旅行用品、手提包及类似容器；动物肠线(蚕胶丝除外)制品。

第九类：木及木制品；木炭；软木及软木制品；稻草、秸秆、针茅或其他编结材料制品；篮筐及柳条编结品。

第十类：木浆及其他纤维状纤维素浆；回收(废碎)纸或纸板；纸、纸板及其制品。

第十一类：纺织原料及纺织制品。

第十二类：鞋、帽、伞、杖、鞭及其零件；已加工羽毛及其制品；人造花；人发制品。

第十三类：石料、石膏、水泥、石棉、云母及类似材料的制品；陶瓷产品；玻璃及其制品。

第十四类：天然或养殖珍珠、宝石或半宝石、贵金属、包贵金属及其制品；仿首饰；硬币。

第十五类：贱金属及其制品。

第十六类：机器、机械器具、电气设备及其零件；录音机及放声机、电视图像、声音的录制和重放设备及其零件、附件。

第十七类：车辆、航空器、船舶及有关运输设备。

第十八类：光学、照相、电影、计量、检验、医疗或外科用仪器及设备、精密仪器及设备；钟表；乐器；上述物品的零件、附件。

第十九类：武器、弹药及其零件、附件。

第二十类：杂项制品。

第二十一类：艺术品、收藏品及古物。

2. 关税税率

我国加入WTO之后，为履行我国在加入WTO关税减让谈判中承诺的有关义务，享有WTO成员应有的权利，自2002年1月1日起，我国关税税率主要有最惠国税率、协定税率、特惠税率、普通税率、关税配额税率等。

最惠国税率适用原产于与我国共同适用最惠国待遇条款的WTO成员方或地区的进口货物，或原产于与我国签订有相互给予最惠国待遇条款的双边贸易协定的国家或地区的进口货物，以及原产于我国境内的进口货物。

协定税率适用原产于我国参加的含有关税优惠条款的区域性贸易协定的有关缔约方的进口货物。目前对原产于韩国、斯里兰卡和孟加拉国3个曼谷协定成员的739个科目进口商品实行协定税率(即曼谷协定税率)。

特惠税率适用原产于与我国签订有特殊优惠关税协定的国家或地区的进口货物。目前对原产于孟加拉国的18个税目进口商品实行特惠税率(曼谷协定特惠税率)。

普通税率适用原产于上述国家或地区以外的其他国家或地区的进口货物。按照普通税率征税的进口货物，经国务院关税税则委员会特别批准，也可以适用最惠国税率。

适用最惠国税率、协定税率、特惠税率的国家或地区名单，由国务院关税税则委员会决定。

3. 税率计征办法

我国对进口商品基本上都实行从价关税。从1997年7月1日起，我国对部分产品实行从量关税、复合关税和滑准关税。

根据经济发展需要,国家对部分进口原材料、零部件、农药原药和中间体、乐器及生产设备实行暂定税率。同时,对部分进口农产品和化肥产品实行关税配额,即一定数量内的上述进口商品适用税率较低的配额内税率,超出该数量的进口商品适用税率较高的配额外税率。现行税则对 200 多种税目进口商品实行了暂定税率,对小麦、豆油等 10 种农产品和尿素等 3 种化肥产品实行关税配额管理。

4.出口货物税率

国家仅对少数资源性产品及易于竞相杀价、盲目出口、需要规范出口秩序的半制成品征收出口关税。现行税则对 36 种商品计征出口关税,主要是鳗鱼苗、部分有色金属矿砂及其精矿、生锑、磷、氟钽酸钾、苯、山羊板皮、部分铁合金、钢铁废碎料、钢和铝原料及其制品、镍锭、锌锭、锑锭。出口商品税则一直未予调整,但对上述范围内的 23 种商品实行 0%～20%的暂定税率。其中,有 16 种商品为零税率,有 6 种商品税率为 10%以下。我国真正征收出口关税的商品只有 20 种,税率也比较低。

6.1.5　关税的减免税优惠

1.法定减免税

法定减免税是根据海关法和进出口关税条例的法定条文规定的减免税。法定减免税货物进出口时,纳税人无须提出申请,海关可按规定直接予以减免。如以下货物免征关税:

(1)关税税额在人民币 50 元以下的一票货物;

(2)无商业价值的广告品和货样;

(3)外国政府、国际组织无偿赠送的物资;

(4)在海关放行前损失的货物;

(5)进出境运输工具装载的途中必需的燃料、物料和饮食用品。

2.特定减免税

特定减免税亦称政策性减免税,是指在法定减免税以外,由国务院或国务院授权的机关颁布法规、规章特别规定的减免。

3.临时减免税

临时减免税是指在法定和特定减免税以外的其他减免税,即由国务院根据海关法对某个单位、某类商品、某个项目或某批进出口货物的特殊情况,给予特别照顾,一案一批,专文下达的减免税。

6.2　关税的计算

关税完税价格是海关计征关税所使用的计税价格,是海关以进出口货物的实际成交价格为基础审定的价格。实际成交价格是一般贸易项下进口或出口货物的买方为购买该项货物向卖方实际支付或应当支付的价格。纳税人向海关申报的价格不一定等于完税价格,只有经海关审核并接受的申报价格才能作为完税价格。完税价格分为进口货物完税价格和出口货物完税价格。

6.2.1　一般进口货物的完税价格

进口货物的完税价格,由海关以该货物的成交价格为基础审查确定,并应当包括货物运抵我国境内输入地点起卸前的运输及其相关费用、保险费。成交价格不适用时海关依次采用相同货物成交价格估价方法、类似货物成交价格估价方法、倒扣价格估价方法、计算价格估价方法和其他合理方法确定进口货物的完税价格。

1.成交价格估价方法

成交价格估价方法,是以成交价格为基础审查确定进口货物完税价格的估价方法。进口货物的成交价格,是指卖方向中华人民共和国境内销售该货物时,买方为进口该货物向卖方实付、应付的,并且按照《中华人民共和国海关审定进出口货物完税价格办法》(以下简称《完税价格办法》)有关规定调整后的价款总额。

(1)进口货物的成交价格应当符合下列条件:

①对买方处置或者使用进口货物不予限制,但是法律、行政法规规定实施的限制、对货物销售地域的限制和对货物价格无实质性影响的限制除外;

②进口货物的价格不得受到使该货物成交价格无法确定的条件或者因素的影响;

③卖方不得直接或者间接获得因买方销售、处置或者使用进口货物而产生的任何收益,或者虽然有收益但是能够按照《完税价格办法》的规定做出调整;

④买卖双方之间没有特殊关系,或者虽然有特殊关系但是按照《完税价格办法》的规定未对成交价格产生影响。

(2)以成交价格为基础审查确定进口货物的完税价格时,未包括在该货物实付、应付价格中的下列费用或者价值应当计入完税价格:

①由买方负担的下列费用:

除购货佣金以外的佣金和经纪费;

与该货物视为一体的容器费用;

包装材料费用和包装劳务费用。

②与进口货物的生产和向中华人民共和国境内销售有关的,由买方以免费或者以低于成本的方式提供,并可以按适当比例分摊的下列货物或者服务的价值:

进口货物包含的材料、部件、零件和类似货物;

在生产进口货物过程中使用的工具、模具和类似货物;

在生产进口货物过程中消耗的材料;

在境外进行的为生产进口货物所需的工程设计、技术研发、工艺及制图等相关服务。

③买方需向卖方或者有关方直接或者间接支付的特许权使用费,但是符合下列情形之一的除外:

特许权使用费与该货物无关;

特许权使用费的支付不构成该货物向中华人民共和国境内销售的条件。

④卖方直接或者间接从买方对该货物进口后销售、处置或者使用所得中获得的收益。

纳税义务人应当向海关提供上述费用或者价值的客观量化数据资料。纳税义务人不能提供的,海关与纳税义务人进行价格磋商后,由海关估定。

(3)进口货物的价款中单独列明的下列税收、费用,不计入该货物的完税价格:

①厂房、机械或者设备等货物进口后发生的建设、安装、装配、维修或者技术援助费用,但是保修费用除外;

②进口货物运抵中华人民共和国境内输入地点起卸后发生的运输及其相关费用、保险费;

③进口关税、进口环节海关代征税及其他国内税;

④为在境内复制进口货物而支付的费用;

⑤境内外技术培训及境外考察费用。

(4)同时符合下列条件的利息费用不计入完税价格:

①利息费用是买方为购买进口货物而融资所产生的;

②有书面的融资协议的;

③利息费用单独列明的;

④纳税义务人可以证明有关利率不高于在融资当时当地此类交易通常应当具有的利率水平,且没有融资安排的相同或者类似进口货物的价格与进口货物的实付、应付价格非常接近的。

2.相同或类似货物成交价格估价方法

相同或类似货物成交价格估价方法,是指海关以与进口货物同时或者大约同时向我国境内销售的相同或类似货物的成交价格为基础,审查确定进口货物的完税价格的估价方法。

按照相同或者类似货物成交价格估价方法的规定审查确定进口货物的完税价格时,应当使用与该货物具有相同商业水平且进口数量基本一致的相同或者类似货物的成交价格。使用上述价格时,应当以客观量化的数据资料,对该货物与相同或者类似货物之间由于运输距离和运输方式不同而在成本和其他费用方面产生的差异进行调整。

按照相同或者类似货物成交价格估价方法审查确定进口货物的完税价格时,应当首先使用同一生产商生产的相同或者类似货物的成交价格。没有同一生产商生产的相同或者类似货物的成交价格的,可以使用同一生产国或者地区其他生产商生产的相同或者类似货物的成交价格。如果有多个相同或者类似货物的成交价格,应当以最低的成交价格为基础审查确定进口货物的完税价格。

3.倒扣价格估价方法

倒扣价格估价方法,是指海关以进口货物、相同或者类似进口货物在境内的销售价格为基础,扣除境内发生的有关费用后,审查确定进口货物完税价格的估价方法。

(1)境内的销售价格应当同时符合下列条件:

①是在该货物进口的同时或者大约同时,将该货物、相同或者类似进口货物在境内销售的价格;

②是按照货物进口时的状态销售的价格;

③是在境内第一销售环节销售的价格；

④是向境内无特殊关系方销售的价格；

⑤按照该价格销售的货物合计销售总量最大。

(2)按照倒扣价格估价方法审查确定进口货物完税价格的，下列各项应当扣除：

①同等级或者同种类货物在境内第一销售环节销售时，通常的利润和一般费用(包括直接费用和间接费用)以及通常支付的佣金；

②货物运抵境内输入地点起卸后的运输及其相关费用、保险费；

③进口关税、进口环节海关代征税及其他国内税。

4.计算价格估价方法

计算价格估价方法，是指海关以下列各项的总和为基础，审查确定进口货物完税价格的估价方法：

(1)生产该货物所使用的料件成本和加工费用；

(2)向境内销售同等级或者同种类货物通常的利润和一般费用(包括直接费用和间接费用)；

(3)该货物运抵境内输入地点起卸前的运输及相关费用、保险费。

5.其他合理方法

其他合理方法，是指当海关不能根据成交价格估价方法、相同货物成交价格估价方法、类似货物成交价格估价方法、倒扣价格估价方法和计算价格估价方法确定完税价格时，海关根据《完税价格办法》规定的原则，以客观量化的数据资料为基础审查确定进口货物完税价格的估价方法。

海关在采用其他合理方法确定进口货物的完税价格时，不得使用以下价格：

(1)境内生产的货物在境内的销售价格；

(2)可供选择的价格中较高的价格；

(3)货物在出口地市场的销售价格；

(4)以《完税价格办法》规定之外的价值或者费用计算的相同或者类似货物的价格；

(5)出口到第三国或者地区的货物的销售价格；

(6)最低限价或者武断、虚构的价格。

6.2.2 特殊进口货物的完税价格

1.加工贸易进口料件或者其制成品应当征税的，海关按照以下规定审查确定完税价格：

(1)进口时应当征税的进料加工进口料件，以该料件申报进口时的成交价格为基础审查确定完税价格。

(2)进料加工进口料件或者其制成品(包括残次品)内销时，海关以料件原进口成交价格为基础审查确定完税价格。

(3)来料加工进口料件或者其制成品(包括残次品)内销时，海关以接受内销申报的同时或者大约同时进口的与料件相同或者类似的货物的进口成交价格为基础审查确定完税价格。

（4）加工企业内销加工过程中产生的边角料或者副产品，以海关审查确定的内销价格作为完税价格。

2.出口加工区内的加工企业内销的制成品（包括残次品），海关以接受内销申报的同时或者大约同时进口的相同或者类似货物的进口成交价格为基础审查确定完税价格。

出口加工区内的加工企业内销加工过程中产生的边角料或者副产品，以海关审查确定的内销价格作为完税价格。

3.保税区内的加工企业内销的进口料件或者其制成品（包括残次品），海关以接受内销申报的同时或者大约同时进口的相同或者类似货物的进口成交价格为基础审查确定完税价格。

4.从保税区、出口加工区、保税物流园区、保税物流中心等区域、场所进入境内，需要征税的货物，海关以从上述区域、场所进入境内的销售价格为基础审查确定完税价格（加工贸易进口料件及其制成品除外）。如果前款所述的销售价格中未包括上述区域、场所发生的仓储、运输及其他相关费用的，应当按照客观量化的数据资料予以计入。

5.运往境外修理的机械器具、运输工具或者其他货物，出境时已向海关报明，并在海关规定的期限内复运进境的，应当以境外修理费和料件费为基础审查确定完税价格。

6.运往境外加工的货物，出境时已向海关报明，并在海关规定期限内复运进境的，应当以境外加工费和料件费以及该货物复运进境的运输及其相关费用、保险费为基础审查确定完税价格。

7.经海关批准的暂时进境货物，应当缴纳税款的，由海关按照一般进口货物估价办法的规定审查确定完税价格。经海关批准留购的暂时进境货物，以海关审查确定的留购价格作为完税价格。

8.租赁方式进口的货物，按照下列方法审查确定完税价格：

（1）以租金方式对外支付的租赁货物，在租赁期间以海关审查确定的租金作为完税价格，利息应当予以计入；

（2）留购的租赁货物以海关审查确定的留购价格作为完税价格；

（3）纳税义务人申请一次性缴纳税款的，可以选择申请按照一般进口货物估价办法的方法确定完税价格，或者按照海关审查确定的租金总额作为完税价格。

9.减税或者免税进口的货物应当补税时，应当以海关审查确定的该货物原进口时的价格，扣除折旧部分价值作为完税价格，其计算公式为

$$完税价格 = 海关审查确定的该货物原进口时的价格 \times \left[1 - \frac{补税时实际已进口的时间}{监管年限 \times 12}\right]$$

上述计算公式中"补税时实际已进口的时间"按月计算，不足1个月但是超过15日的，按照1个月计算；不超过15日的，不予计算。

10.易货贸易、寄售、捐赠、赠送等不存在成交价格的进口货物，按照一般进口货物估价办法审查确定完税价格。

11.进口载有专供数据处理设备用软件的介质，具有下列情形之一的，应当以介质本身的价值或者成本为基础审查确定完税价格：

(1)介质本身的价值或者成本与所载软件的价值分列；

(2)介质本身的价值或者成本与所载软件的价值虽未分列，但是纳税义务人能够提供介质本身的价值或者成本的证明文件，或者能提供所载软件价值的证明文件。

含有美术、摄影、声音、图像、影视、游戏、电子出版物的介质不适用前款规定。

6.2.3 出口货物的完税价格

1.出口货物的完税价格由海关以该货物的成交价格为基础审查确定，并应当包括货物运至中华人民共和国境内输出地点装载前的运输及其相关费用、保险费。

2.出口货物的成交价格，是指该货物出口销售时，卖方为出口该货物应当向买方直接收取和间接收取的价款总额。

3.下列税收、费用不计入出口货物的完税价格：

(1)出口关税；

(2)在货物价款中单独列明的货物运至中华人民共和国境内输出地点装载后的运输及其相关费用、保险费；

(3)在货物价款中单独列明由卖方承担的佣金。

4.出口货物的成交价格不能确定的，海关经了解有关情况，并与纳税义务人进行价格磋商后，依次以下列价格审查确定该货物的完税价格：

(1)同时或者大约同时向同一国家或者地区出口的相同货物的成交价格；

(2)同时或者大约同时向同一国家或者地区出口的类似货物的成交价格；

(3)根据境内生产相同或者类似货物的成本、利润和一般费用(包括直接费用和间接费用)、境内发生的运输及其相关费用、保险费计算所得的价格；

(4)按照合理方法估定的价格。

6.2.4 关税应纳税额的计算

1.进口货物应纳关税

(1)以我国口岸到岸价格(CIF)成交的，或者和我国毗邻的国家以两国共同边境地点交货价格成交的进口货物，以其成交价格确定完税价格。应纳关税计算公式为

$$应纳税额＝CIF×关税税率$$

(2)以国外口岸离岸价格(FOB)或国外口岸到岸价格成交的，应另加从发货口岸或国外交货口岸运到我国口岸以前的运杂费和保险费作为完税价格。应纳关税的计算公式为

$$应纳税额＝(FOB＋运杂费＋保险费)×关税税率$$

在国外口岸成交情况下，完税价格中包括的运杂费、保险费，原则上应按实际支付的金额计算，若无法得到实际支付金额，也可以外贸系统海运进口运杂费率或按协商规定的固定运杂费率计算运杂费，保险费按中国人民保险公司的保险费率计算。计算公式为

$$应纳税额＝(FOB＋运杂费)÷(1－保险费率)×关税税率$$

(3)以国外口岸离岸价格加运费(CFR)成交的，应另加保险费作为完税价格。计算公式为

$$应纳税额＝(CFR＋保险费)×关税税率＝CFR/(1－保险费率)×关税税率$$

（4）进口货物的成交价格经海关审查未能确定的,应先估定其完税价格,再计算其应纳税额,应纳关税的计算公式为

$$应纳税额＝海关估定完税价格×关税税率$$

（5）特殊进口货物需在确定完税价格基础上,再计算应纳税额,应纳关税的计算公式为

$$应纳税额＝特殊进口货物完税价格×关税税率$$

2. 出口货物应纳关税

出口货物成交价格如为境外口岸的到岸价格或货价加运费价格时,应先扣除运费、保险费后,再按法定公式计算完税价格。出口货物以海关审定的成交价格为基础的售予境外的离岸价格,扣除出口关税后作为完税价格。

（1）以我国口岸离岸价格（FOB）成交的出口关税计算公式为

$$应纳税额＝FOB÷（1＋关税税率）×关税税率$$

（2）以国外口岸到岸价格（CIF）成交的出口关税计算公式为

$$应纳税额＝（CIF－保险费－运费）÷（1＋关税税率）×关税税率$$

（3）以国外口岸价格加运费价格（CFR）成交的出口关税计算公式为

$$应纳税额＝（CFR－运费）÷（1＋关税税率）×关税税率$$

如果出口货物成交价格中含有支付给国外的佣金,并与货物的离岸价格分列,应予以扣除;未单独列明的,不予扣除。出口货物在离岸价格以外,买方还另行支付货物包装费的,应将其计入完税价格。

6.3　关税的会计核算

6.3.1　自营进口关税的会计核算

企业自营进口货物按规定计算应纳税额时,借记"在途物资"、"材料采购"、"原材料"、"固定资产"、"在建工程"等账户,贷记"银行存款"、"其他货币资金"等账户。

【例 6-1】甲公司从美国某公司进口原材料一批,材料以境外口岸离岸价格成交,折合为人民币 800 万元,支付该货物的境外运杂费折合人民币 20 万元、境外保险费折合人民币 10 万元。假设关税税率为 10％,增值税税率为 17％。款项均以银行存款结算。该企业材料采用实际成本核算。

$$关税完税价格＝FOB＋运杂费＋保险费＝800＋20＋10＝830（万元）$$
$$应纳进口关税＝关税完税价格×关税税率＝830×10％＝83（万元）$$
$$应纳增值税＝（关税完税价格＋关税）×增值税税率＝（830＋83）×17％＝155.21（万元）$$

（1）支付原材料买价:

| 借:在途物资 | 8 000 000 | |
| 贷:银行存款 | | 8 000 000 |

(2)支付运杂费：

借:在途物资　　　　　　　　　　　　　　200 000
　　贷:银行存款　　　　　　　　　　　　　　　　　200 000

(3)支付保险费：

借:在途物资　　　　　　　　　　　　　　100 000
　　贷:银行存款　　　　　　　　　　　　　　　　　100 000

(4)计算并支付材料的关税及增值税：

借:在途物资　　　　　　　　　　　　　　830 000
　　应交税费——应交增值税(进项税额)　1 552 100
　　贷:银行存款　　　　　　　　　　　　　　　　2 382 100

(5)材料验收入库：

借:原材料　　　　　　　　　　　　　　9 130 000
　　贷:在途物资　　　　　　　　　　　　　　　　9 130 000

【例6-2】　乙公司从德国进口一套生产设备,以到岸价格成交,到岸价格折合人民币为500万元,国内运杂费等为1万元人民币,该设备款以信用证存款支付。该设备的关税税率为5%,增值税税率为17%。乙公司办理海关相关手续后,设备运抵公司。关税、增值税、国内运杂费以银行存款支付。

$$该设备应纳关税=500×5\%=25(万元)$$
$$应纳增值税=(500+25)×17\%=89.25(万元)$$

(1)支付设备款及运杂费：

借:固定资产　　　　　　　　　　　　　5 010 000
　　贷:其他货币资金——信用证存款　　　　　　　5 000 000
　　　　银行存款　　　　　　　　　　　　　　　　　10 000

(2)向海关缴纳增值税及关税：

借:固定资产　　　　　　　　　　　　　250 000
　　应交税费——应交增值税(进项税额)　892 500
　　贷:银行存款　　　　　　　　　　　　　　　　1 142 500

6.3.2　自营出口关税的会计核算

企业出口货物时,一般不缴纳出口关税。如果出口的货物属于缴纳关税范围的,应按照规定缴纳关税。企业自营出口商品计算应纳关税额时,借记"营业税金及附加"等账户,贷记"应交税费——应交关税";按规定时间缴纳税款时,借记"应交税费——应交关税",贷记"银行存款"。

【例6-3】　2012年3月,某企业出口有色金属钨一批,离岸价格为2 300 000元人民币,假定出口关税税率为15%。(不考虑出口退税)

$$出口货物应纳关税额=FOB÷(1+关税税率)×关税税率$$
$$=2\ 300\ 000÷(1+15\%)×15\%=300\ 000(元)$$

(1)货物报关出口后：

借：应收账款　　　　　　　　　　　　　　　　2 300 000

　　贷：主营业务收入　　　　　　　　　　　　　　　2 300 000

(2)计算缴纳出口关税时：

借：营业税金及附加　　　　　　　　　　　　　　300 000

　　贷：应交税费——应交关税　　　　　　　　　　　　300 000

(3)上缴关税时：

借：应交税费——应交关税　　　　　　　　　　　300 000

　　贷：银行存款　　　　　　　　　　　　　　　　　　300 000

6.3.3　代理进出口关税的会计核算

代理进出口是外贸企业接受国内委托方的委托,办理对外洽谈和签订进出口合同,执行合同并办理运输、开证、付汇全过程的进出口业务。受托企业不负担进出口盈亏,只按规定收取一定比例的手续费,因此,受托企业进口商品计算应纳关税等相关税金时,借记"应收账款"等有关账户,贷记"银行存款"账户;收到委托单位支付的税款时,借记"银行存款"账户,贷记"应收账款"账户;收到委托单位支付的手续费时,借记"银行存款",贷记"其他业务收入"。受托代理出口时,代缴的关税及相关费用通常记入"应付账款"账户,收到货款后,与委托单位办理结算时,将手续费收入记入"其他业务收入"。

【例 6-4】　某外贸公司受甲工厂的委托,进口一批材料,按协议规定,甲工厂预付某外贸公司货款150 000元人民币,手续费率为5%(按货物的到岸价格计算)。该批货物的到岸价格为150 000元人民币,关税税率为10%,增值税率为17%。

$$应纳关税＝150\ 000×10\%＝15\ 000(元)$$

$$应纳增值税＝(150\ 000＋15\ 000)×17\%＝28\ 050(元)$$

外贸公司的会计处理：

(1)收到甲工厂的预付款时：

借：银行存款　　　　　　　　　　　　　　　　150 000

　　贷：应收账款——甲工厂　　　　　　　　　　　　150 000

(2)接到进口单证,支付货款时：

借：应收账款——甲工厂　　　　　　　　　　　　150 000

　　贷：银行存款　　　　　　　　　　　　　　　　　　150 000

(3)代理申报缴纳关税及增值税时：

借：应收账款——甲工厂(15 000＋28 050)　　43 050

　　贷：银行存款　　　　　　　　　　　　　　　　　　43 050

(4)与甲工厂结算货款及手续费时：

"应收账款——甲工厂"账户余额(借方)＝150 000＋43 050－150 000＝43 050(元)

借：银行存款　　　　　　　　　　　　　　　　50 550

　　贷：其他业务收入(150 000×5%)　　　　　　　　7 500

　　　　应收账款——甲工厂　　　　　　　　　　　　43 050

甲工厂的会计处理：

（1）支付预付款时：

借：应付账款（或预付账款）——某外贸公司　　150 000

　　贷：银行存款　　150 000

（2）收到货物并办理结算时：

借：原材料（150 000＋15 000＋7 500）　　172 500

　　应交税费——应交增值税（进项税额）　　28 050

　　贷：应付账款——某外贸公司　　200 550

（3）结算货款及手续费，补付款项时：

借：应付账款——某外贸公司（200 550－150 000）　　50 550

　　贷：银行存款　　50 550

【例6-5】　甲外贸公司代理B工厂出口一批货物给日本ABC公司，出口货物的离岸价为800 000元，该批货物的成本为700 000元。出口货物的关税税率为5％，协议按出口货物的离岸价收取手续费5％。（不考虑出口退税、其他费用及汇率变动的影响）

出口货物应纳关税＝FOB÷（1＋关税税率）×关税税率

＝800 000÷（1＋5％）×5％＝38 095.24（元）

甲外贸公司的会计处理：

（1）办理出口货物纳税申报时：

借：应付账款——B工厂　　38 095.24

　　贷：应交税费——应交关税　　38 095.24

缴纳关税时：

借：应交税费——应交关税　　38 095.24

　　贷：银行存款　　38 095.24

（2）货物报关出口后：

借：应收账款——日本ABC公司　　800 000.00

　　贷：应付账款——B工厂　　800 000.00

（3）收到出口货物货款时：

借：银行存款　　800 000.00

　　贷：应收账款——日本ABC公司　　800 000.00

（4）结算手续费及支付B工厂的货款：

借：应付账款——B工厂（800 000－38 095.24）　　761 904.76

　　贷：其他业务收入（800 000×5％）　　40 000.00

　　　银行存款　　721 904.76

B工厂的会计处理：

（1）发出商品委托外贸企业出口时：

借：发出商品——甲外贸公司　　700 000.00

　　贷：库存商品　　700 000.00

(2)收到外贸公司转来的货款时:

借:银行存款　　　　　　　　　　　　　　721 904.76
　　贷:主营业务收入　　　　　　　　　　　721 904.76

6.4　关税的缴纳与退补

6.4.1　关税的缴纳

进口货物的纳税人应当自运输工具申报进境之日起 14 日内,出口货物的纳税人除海关特准外,应当在货物运抵海关监管区后装货的 24 小时以前,向货物的进出境海关申报。纳税人应当自海关填发税款缴款书之日起 15 日内向指定银行缴纳税款。纳税人因不可抗力或者在国家税收政策调整的情形下,不能按期缴纳税款的,经海关总署批准,可以延期缴纳税款,但是最长不得超过 6 个月。

6.4.2　关税的退还

关税退还是关税纳税人按海关核定的税额缴纳关税后,因某种原因的出现,海关将多征的税款退还给原纳税人的一种行政行为。有下列情形之一的,进出口货物的收发货人或其代理人,可以自缴纳税款之日起 1 年内,书面声明理由,连同纳税收据向海关申请退税,逾期不予受理:

1.因海关误征,多纳税款的;

2.海关核准免验进口的货物,在完税后发现有短缺情况并经海关审查认可的;

3.已征出口关税的货物,因故未装运出口,申报退关,经海关查验属实的。

对已征出口关税的出口货物和已征进口关税的进口货物,因货物品种或规格原因(非其他原因)原状复运进境或出境的,经海关查验属实的,也应退还已征关税。海关应当自受理退税申请之日起 30 日内作出书面答复,并通知退税申请人。

6.4.3　关税的补征和追征

关税补征和追征是海关在关税纳税人按海关核定的税额缴纳关税后,发现实际征收的税额少于应当征收的税额(称短征关税)时,责令纳税人补缴所差税款的一种行政行为。因收发货人或其代理人违反了海关规定造成短征的,称为关税的追征;非因纳税人违反海关规定造成短征的,称为关税补征。根据《海关法》规定,进出境货物和物品放行后,如发现少征或者漏征税款的,应当自缴纳税款或者货物、物品放行之日起 1 年内,向收发货人或其代理人补征;因纳税人违反规定而造成的少征或者漏征,自纳税人应缴纳税款之日起 3 年内可以追征,并从缴纳税款之日起按日加收少征或者漏征税款万分之五的滞纳金。

复习与思考

一、单项选择题

1. 我国关税由（　　）征收。

A. 税务机关　　　　B. 海关　　　　　　C. 财政机关　　　　D. 地方政府

2. 进口货物关税的完税价格为（　　）。

A. 海关以成交价格为基础审查确定　　　B. 进口货物的发票价格

C. 进口货物的发票价格加运费　　　　　D. 进口货物的发票价格加经纪人佣金

3. 运往境外加工的货物,出境时已向海关报明并在海关规定的期限内复运进境的,应当以（　　）审查确定完税价格。

A. 境外加工费和料件费

B. 境外加工费和料件费以及复运进境的运输及其相关费用和保险费

C. 修理费和料件费

D. 修理费和料件费以及复运进境的运输及其相关费用和保险费

4. 进口货物的纳税人应当自运输工具申报进境之日起（　　）日内,出口货物的纳税人除海关特准外,应当在货物运抵海关监督区后装货的 24 小时以前,向货物的进出境海关申报。

A. 14　　　　　　　B. 16　　　　　　　C. 20　　　　　　　D. 30

5. 进出口关税的计税依据为（　　）。

A. 到岸价　　　　　　　　　　B. 离岸价

C. 关税完税价格　　　　　　　D. 商品的国内市场售价

6. 因纳税人违反规定而造成的少征或者漏征的税款,自纳税人应缴纳税款之日起（　　）以内可以追征。

A. 1 年　　　　　　B. 2 年　　　　　　C. 3 年　　　　　　D. 5 年

二、多项选择题

1. 下列各项中,属于关税纳税人的有（　　）。

A. 进口货物收货人　　　　　　B. 出口货物发货人

C. 携带物品进境的入境人员　　D. 进境邮递物品收件人

2. 下列货物、物品进境时属于关税纳税对象的是（　　）。

A. 个人邮递物品　　　　　　　B. 馈赠物品

C. 贸易性商品　　　　　　　　D. 海员自用物品

3. 进口货物的关税税率形式有（　　）。

A. 最惠国税率　　　B. 协定税率　　　C. 特惠税率　　　D. 普通税率

4. 以下属于关税的减免项目的有（　　）。

A. 关税税额在人民币 500 元以下的一票货物

B. 无商业价值的广告品和货样

C. 外国政府、国际组织无偿赠送的物资

D. 在海关放行前损失的货物

5.根据《海关法》和《进出口关税条例》的法定条文规定的减免税不属于（　　）。

A.法定减免税　　　　　　　　　B.特定减免税

C.临时减免税　　　　　　　　　D.特殊减免税

6.以成交价格为基础审查确定进口货物的完税价格时，由买方负担的下列费用应当计入完税价格（　　）。

A.除购货佣金以外的佣金和经纪费　　B.与该货物视为一体的容器费用

C.包装材料费用和包装劳务费用　　　D.与该货物无关的特许权使用费

7.海关在采用其他合理方法确定进口货物的完税价格时，不得使用以下价格（　　）。

A.境内生产的货物在境内的销售价格

B.可供选择的价格中较高的价格

C.货物在出口地市场的销售价格

D.出口到第三国或者地区的货物的销售价格

8.《海关法》规定：进出口货物的收发货人或其代理人，可以自缴纳税款之日起1年内书面声明理由，连同原纳税收据向海关申请退税，可申请退税的情形有（　　）。

A.因海关误征，多纳税款的

B.海关核准免验进口的货物，在免税后，发现有短缺情况，经海关审查认可的

C.已征出口关税的货物，因故未装运出口，申报退关，经海关查验属实的

D.已征关税的进口货物，原状复运出境的

三、判断题

1.进口货物的收货人，出口货物的发货人，进境物品的所有人，为关税的纳税义务人。
（　　）

2.进口货物的完税价格，应当包括货物运抵我国境内输入地点起卸前的运输及其相关费用、保险费。
（　　）

3.关税的征税对象为进出我国国境的货物和物品。（　　）

4.根据《海关法》规定，进出境货物和物品放行后，如发现少征或者漏征的税款，应当自缴纳税款或者货物放行之日起3年内，向收发货人或其代理人补征。（　　）

5.进出口关税的计税依据相同。（　　）

6.一般进出口货物的完税价格，由海关以该货物的成交价格为基础审查确定。（　　）

四、实务题

1.某外贸公司从美国进口一批货物，以FOB价格成交，成交价格折合人民币100万元，支付该货物的境外运杂费折合人民币6万元、境外保险费折合人民币0.45万元。假设关税税率为20%。款项均以银行存款结算。计算该批货物应纳的关税、增值税，并作相应的会计处理。

2.2012年4月，华顺公司委托诚承进出口公司代理进口一套设备，华顺公司预付进口设备款人民币230万元。诚承进出口公司支付该套设备的离岸价为28万美元，海外运输费、包装费、保险费共计1.5万美元（支付日、报关日市场汇价均为1：6.85），进口关税税率为20%，增值税税率为17%，计算诚承进出口公司进口该套设备的关税，并作诚承进出口公司及华顺公司的相关会计处理（假设代理手续费为该设备到岸价的5%）。

第 **7** 章

企业所得税会计

知识目标

　　1.了解企业所得税的纳税义务人、征税对象及所得来源地的确定、税率及优惠政策的规定；

　　2.熟悉企业所得税收入总额的确定、收入的相关规定、准予扣除项目、特别纳税调整、资产的税务处理的规定、企业所得税的申报与缴纳；

　　3.掌握企业所得税应纳税额的计算、所得税会计差异、计税基础、应付税款法的会计核算、资产负债表债务法的会计核算。

7.1　企业所得税概述

　　企业所得税是指国家对境内企业生产经营所得和其他所得依法征收的一种税。它是国家参与企业利润分配的重要手段。2007 年 3 月 16 日第十届全国人民代表大会第五次会议通过了《中华人民共和国企业所得税法》（以下简称《企业所得税法》）并于 2008 年 1 月 1 日起施行（个人独资企业、合伙企业不适用本法）。1991 年 4 月 9 日第七届全国人民代表大会第四次会议通过的《中华人民共和国外商投资企业和外国企业所得税法》和 1993 年 12 月 13 日国务院发布的《中华人民共和国企业所得税暂行条例》同时废止。

7.1.1　企业所得税的纳税义务人

企业所得税纳税义务人分为居民企业和非居民企业。

1. 居民企业

居民企业是指依法在中国境内成立，或者依照外国（地区）法律成立但实际管理机构在中国境内的企业。居民企业应当就其来源于中国境内、境外的所得缴纳企业所得税。

2. 非居民企业

非居民企业是指依照外国（地区）法律成立且实际管理机构不在中国境内，但在中国境内设立机构、场所的,或者在中国境内未设立机构、场所,但有来源于中国境内所得的企业。非居民企业在中国境内设立机构、场所的,应当就其所设机构、场所取得的来源于中国境内的所得,以及发生在中国境外但与其所设机构、场所有实际联系的所得,缴纳企业所得税。非居民企业在中国境内未设立机构、场所的,或者虽设立机构、场所但取得的所得与其所设机构、场所没有实际联系的,应当就其来源于中国境内的所得缴纳企业所得税。

上述所称机构、场所,是指在中国境内从事生产经营活动的机构、场所,包括:

(1)管理机构、营业机构、办事机构;

(2)工厂、农场、开采自然资源的场所;

(3)提供劳务的场所;

(4)从事建筑、安装、装配、修理、勘探等工程作业的场所;

(5)其他从事生产经营活动的机构、场所。

非居民企业委托营业代理人在中国境内从事生产经营活动的,包括委托单位或者个人经常代其签订合同,或者储存、交付货物等,该营业代理人视为非居民企业在中国境内设立的机构、场所。

上述所称实际联系,是指非居民企业在中国境内设立的机构、场所拥有据以取得所得的股权、债权,以及拥有、管理、控制据以取得所得的财产等。

7.1.2　企业所得税的征税对象及所得来源地的确定

1.征税对象

企业所得税征税对象是指企业销售货物所得、提供劳务所得、转让财产所得、股息红利等权益性投资所得、利息所得、租金所得、特许权使用费所得、接受捐赠所得和其他所得。

2.所得来源地的确定

来源于中国境内、境外的所得,按照以下原则确定:

(1)销售货物所得,按照交易活动发生地确定;

(2)提供劳务所得,按照劳务发生地确定;

(3)转让财产所得,不动产转让所得按照不动产所在地确定,动产转让所得按照转让动产的企业或者机构、场所所在地确定,权益性投资资产转让所得按照被投资企业所在地确定;

(4)股息、红利等权益性投资所得,按照分配所得的企业所在地确定;

(5)利息所得、租金所得、特许权使用费所得,按照负担、支付所得的企业或者机构、场所所在地确定,或者按照负担、支付所得的个人的住所地确定;

(6)其他所得,由国务院财政、税务主管部门确定。

7.1.3　企业所得税的税率

《企业所得税法》规定2008年1月1日起企业所得税率分为:

1. 一般税率为 25%

2. 小型微利企业税率为 20%

符合条件的小型微利企业,是指从事国家非限制和禁止行业,并符合下列条件的企业:

(1)工业企业,年度应纳税所得额不超过 30 万元,从业人数不超过 100 人,资产总额不超过 3 000 万元;

(2)其他企业,年度应纳税所得额不超过 30 万元,从业人数不超过 80 人,资产总额不超过 1 000 万元。

3. 优惠税率为 15%

优惠税率适用于国家需要重点扶持的高新技术企业。国家需要重点扶持的高新技术企业,是指拥有核心自主知识产权,并同时符合下列条件的企业:

(1)产品(服务)属于《国家重点支持的高新技术领域》规定的范围;

(2)研究开发费用占销售收入的比例不低于规定比例;

(3)高新技术产品(服务)收入占企业总收入的比例不低于规定比例;

(4)科技人员占企业职工总数的比例不低于规定比例;

(5)高新技术企业认定管理办法规定的其他条件。

《国家重点支持的高新技术领域》和高新技术企业认定管理办法由国务院科技、财政、税务主管部门商国务院有关部门制订,报国务院批准后公布施行。

4. 所得过渡期的特别规定

(1)自 2008 年 1 月 1 日起,原享受低税率优惠政策的企业,在新税法施行后 5 年内逐步过渡到法定税率。其中:享受企业所得税 15% 税率的企业,2008 年按 18% 税率执行,2009 年按 20% 税率执行,2010 年按 22% 税率执行,2011 年按 24% 税率执行,2012 年按 25% 税率执行;原执行 24% 税率的企业,2008 年起按 25% 税率执行。

(2)自 2008 年 1 月 1 日起,原享受企业所得税"两免三减半"、"五免五减半"等定期减免税优惠的企业,新税法施行后继续按原税收法律、行政法规及相关文件规定的优惠办法及年限享受至期满为止,但因未获利而尚未享受税收优惠的,其优惠期限从 2008 年度起计算。

(3)西部大开发企业所得税的优惠政策,继续按照财政部、税务总局和海关总署联合下发的《财政部、国家税务总局、海关总署关于西部大开发税收优惠政策问题的通知》(财税〔2001〕202 号)的规定执行。企业所得税过渡优惠政策与新税法及实施条例规定的优惠政策存在交叉的,由企业选择最优惠的政策执行,不得叠加享受,且一经选择,不得改变。

(4)对经济特区和上海浦东新区内在 2008 年 1 月 1 日(含)之后完成登记注册的国家需要重点扶持的高新技术企业(以下简称新设高新技术企业),在经济特区和上海浦东新区内取得的所得,自取得第一笔生产经营收入所属纳税年度起,第一年至第二年免征企业所得税,第三年至第五年按照 25% 的法定税率减半征收企业所得税。经济特区和上海浦东新区内新设高新技术企业同时在经济特区和上海浦东新区以外的地区从事生产经营的,应当单独计算其在经济特区和上海浦东新区内取得的所得,并合理分摊企业的期间费用;没有单独计算的,不得享受企业所得税优惠。

7.1.4　企业所得税的税收优惠

1.国债利息收入免征,是指企业持有国务院财政部门发行的国债取得的利息收入。

2.居民企业之间的股息、红利等权益性投资收益免征,是指居民企业直接投资于其他居民企业取得的投资收益。

3.在中国境内设立机构、场所的非居民企业从居民企业取得与该机构、场所有实际联系的股息、红利等权益性投资收益免征。

4.符合条件的非营利组织的收入免征:

(1)依法履行非营利组织登记手续;

(2)从事公益性或者非营利性活动;

(3)取得的收入除用于与该组织有关的、合理的支出外,全部用于登记核定或者章程规定的公益性或者非营利性事业;

(4)财产及其孳息不用于分配;

(5)按照登记核定或者章程规定,该组织注销后的剩余财产用于公益性或者非营利性目的,或者由登记管理机关转赠给与该组织性质、宗旨相同的组织,并向社会公告;

(6)投入人对投入该组织的财产不保留或者享有任何财产权利;

(7)工作人员工资福利开支控制在规定的比例内,不变相分配该组织的财产。

上述规定的非营利组织的认定管理办法由国务院财政、税务主管部门会同国务院有关部门制定。

5.企业从事农、林、牧、渔业项目的所得,可以免征、减征企业所得税。

(1)企业从事下列项目的所得,免征企业所得税:

①蔬菜、谷物、薯类、油料、豆类、棉花、麻类、糖料、水果、坚果的种植;

②农作物新品种的选育;

③中药材的种植;

④林木的培育和种植;

⑤牲畜、家禽的饲养;

⑥林产品的采集;

⑦灌溉、农产品初加工、兽医、农技推广、农机作业和维修等农、林、牧、渔服务业项目;

⑧远洋捕捞。

(2)企业从事下列项目的所得,减半征收企业所得税:

①花卉、茶以及其他饮料作物和香料作物的种植;

②海水养殖、内陆养殖。

6.企业从事国家重点扶持的公共基础设施项目投资经营的所得,可以免征、减征企业所得税。

国家重点扶持的公共基础设施项目,是指《公共基础设施项目企业所得税优惠目录》规定的港口码头、机场、铁路、公路、城市公共交通、电力、水利等项目。符合目录规定项目的投资经营所得,自项目取得第一笔生产经营收入所属纳税年度起,第一年至第三年免征企业所得税,第四年至第六年减半征收企业所得税。

企业承包经营、承包建设和内部自建自用以上项目,不得享受本条规定的企业所得税优惠。

7.企业从事符合条件的环境保护、节能节水项目的所得,可以免征、减征企业所得税。

符合条件的环境保护、节能节水项目,包括公共污水处理、公共垃圾处理、沼气综合开发利用、节能减排技术改造、海水淡化等。项目的具体条件和范围由国务院财政、税务主管部门商国务院有关部门制订,报国务院批准后公布施行。

企业从事前款规定的符合条件的环境保护、节能节水项目的所得,自项目取得第一笔生产经营收入所属纳税年度起,第一年至第三年免征企业所得税,第四年至第六年减半征收企业所得税。

8.符合条件的技术转让所得,可以免征、减征企业所得税。

一个纳税年度内,居民企业技术转让所得不超过 500 万元的部分,免征企业所得税;超过 500 万元的部分,减半征收企业所得税。

9.非居民企业在中国境内未设立机构、场所的,或者虽设立机构、场所但取得的所得与其所设机构、场所没有实际联系的,应当就其来源于中国境内的所得,减按 10% 的税率征收企业所得税,其中,下列所得可以免征企业所得税:

(1)外国政府向中国政府提供贷款取得的利息所得;

(2)国际金融组织向中国政府和居民企业提供优惠贷款取得的利息所得;

(3)经国务院批准的其他所得。

10.企业的固定资产由于技术进步等原因,确需加速折旧的,可以缩短折旧年限或者采取加速折旧的方法。这些固定资产包括:

(1)由于技术进步,产品更新换代较快的固定资产;

(2)常年处于强震动、高腐蚀状态的固定资产。

采取缩短折旧年限方法的,最低折旧年限不得低于固定资产最低折旧年限的 60%;采取加速折旧方法的,可以采取双倍余额递减法或者年数总和法。

11.企业以《资源综合利用企业所得税优惠目录》规定的资源作为主要原材料,生产国家非限制和禁止并符合国家和行业相关标准的产品取得的收入,减按 90% 计入收入总额。但原材料占生产产品材料的比例不得低于《资源综合利用企业所得税优惠目录》规定的标准。

12.企业购置用于环境保护、节能节水、安全生产等专用设备的投资额,可以按一定比例实行税额抵免。所称税额抵免,是指企业购置并实际使用《环境保护专用设备企业所得税优惠目录》、《节能节水专用设备企业所得税优惠目录》和《安全生产专用设备企业所得税优惠目录》规定的环境保护、节能节水、安全生产等专用设备的,该专用设备的投资额的 10% 可以从企业当年的应纳税额中抵免;当年不足抵免的,可以在以后 5 个纳税年度结转抵免。享受上述规定的企业所得税优惠的企业,应当实际购置并自身实际投入使用上述规定的专用设备;企业购置上述专用设备在 5 年内转让、出租的,应当停止享受企业所得税优惠,并补缴已经抵免的企业所得税税款。

13.企业的下列支出,可以在计算应纳税所得额时加计扣除:

(1)开发新技术、新产品、新工艺发生的研究开发费用。企业为开发新技术、新产品、新工艺发生的研究开发费用,未形成无形资产计入当期损益的,在按照规定据实扣除的基础上,按照研究开发费用的50%加计扣除;形成无形资产的,按照无形资产成本的150%摊销。

(2)安置残疾人员及国家鼓励安置的其他就业人员所支付的工资。企业安置残疾人员所支付的工资的加计扣除,是指企业安置残疾人员的,在按照支付给残疾职工工资据实扣除的基础上,按照支付给残疾职工工资的100%加计扣除。残疾人员的范围适用《中华人民共和国残疾人保障法》的有关规定。企业安置国家鼓励安置的其他就业人员所支付的工资的加计扣除办法,由国务院另行规定。

14.创业投资企业从事国家需要重点扶持和鼓励的创业投资,可以按投资额的一定比例抵扣应纳税所得额。创业投资企业采取股权投资方式投资于未上市的中小高新技术企业2年以上的,可以按照其投资额的70%在股权持有满2年的当年抵扣该创业投资企业的应纳税所得额;当年不足抵扣的,可以在以后纳税年度结转抵扣。

7.2　企业所得税的计税依据

企业所得税的计税依据是应纳税所得额。应纳税所得额是企业每一纳税年度的收入总额,减除不征税收入、免税收入、各项扣除以及允许弥补的以前年度亏损后的余额。

应纳税所得额=收入总额-不征税收入-免税收入-各项扣除-允许弥补的以前年度亏损

=利润总额+纳税调增项目-纳税调减项目

7.2.1　收入总额的确定

《企业所得税法》除规定了"收入总额"外,还借鉴国外的立法经验,首次引入了"免税收入"、"不征税收入"的概念,并对"免税收入"、"不征税收入"作了具体明确的规定。

1.收入总额

企业以货币形式或非货币形式从各种来源取得的收入,为收入总额,包括:

(1)销售货物收入,是指企业销售商品、产品、原材料、包装物、低值易耗品以及其他存货取得的收入。

(2)提供劳务收入,是指企业从事建筑安装、修理修配、交通运输、仓储租赁、金融保险、邮电通信、咨询经纪、文化体育、科学研究、技术服务、教育培训、餐饮住宿、中介代理、卫生保健、社区服务、旅游、娱乐、加工以及其他劳务服务活动取得的收入。

(3)转让财产收入,是指企业转让固定资产、生物资产、无形资产、股权、债权等财产取得的收入。

(4)股息、红利等权益性投资收益,是指企业因权益性投资从被投资方取得的收入。

(5)利息收入,是指企业将资金提供他人使用但不构成权益性投资,或者因他人占用本企业资金取得的收入,包括存款利息、贷款利息、债券利息、欠款利息等收入。

(6)租金收入,是指企业提供固定资产、包装物或者其他有形资产的使用权取得的收入。

(7)特许权使用费收入,是指企业提供专利权、非专利技术、商标权、著作权以及其他特许权的使用权取得的收入。

(8)接受捐赠收入,是指企业接受的来自其他企业、组织或者个人无偿给予的货币性资产、非货币性资产。

(9)其他收入,是指企业取得的除上述第(1)项至第(8)项收入外的其他收入,包括企业资产溢余收入、逾期未退包装物押金收入、确实无法偿付的应付款项、已作坏账损失处理后又收回的应收款项、债务重组收入、补贴收入、违约金收入、汇兑收益等。

2.不征税收入

收入总额中的下列收入为不征税收入:财政拨款;依法收取并纳入财政管理的行政事业性收费、政府性基金;国务院规定的其他不征税收入。

3.免税收入

免税收入是指属于企业的应税所得但按照税法规定免予征收企业所得税的收入。包括:国债利息收入;符合条件的居民企业之间的股息、红利等权益性投资收益;在中国境内设立机构、场所的非居民企业从居民企业取得与该机构、场所有实际联系的股息、红利等权益性投资收益;符合条件的非营利组织的收入。

7.2.2 收入的相关规定

1.企业的收入形式

企业的收入形式包括货币形式和非货币形式。

(1)收入的货币形式,包括现金、存款、应收账款、应收票据、准备持有至到期的债券投资以及债务的豁免等。

(2)收入的非货币形式,包括固定资产、生物资产、无形资产、股权投资、存货、不准备持有至到期的债券投资、劳务以及有关权益等。企业以非货币形式取得的收入,应当按照公允价值确定收入额。所谓的公允价值,是指在公平交易中,熟悉情况的交易双方自愿进行资产交换或债务清偿的金额。

2.收入确定时间的特别规定

(1)股息、红利等权益性投资收益,除国务院财政、税务主管部门另有规定外,按照被投资方作出利润分配决定的日期确认收入的实现。

(2)利息收入,按照合同约定的债务人应付利息的日期确认收入的实现。

(3)租金收入,按照合同约定的承租人应付租金的日期确认收入的实现。

(4)特许权使用费收入,按照合同约定的特许权使用人应付特许权使用费的日期确认收入的实现。

(5)接受捐赠收入,按照实际收到捐赠资产的日期确认收入的实现。

(6)企业的下列生产经营业务可以分期确认收入的实现:以分期收款方式销售货物的,按照合同约定的收款日期确认收入的实现;企业受托加工制造大型机械设备、船舶、飞机,以及从事建筑、安装、装配工程业务或者提供其他劳务等,持续时间超过12个月的,按照纳税年度内完工进度或者完成的工作量确认收入的实现。

（7）采取产品分成方式取得收入的,按照企业分得产品的时间确认收入的实现,其收入额按照产品的公允价值确定。

（8）企业发生非货币性资产交换,以及将货物、财产、劳务用于捐赠、偿债、赞助、集资、广告、样品、职工福利或者利润分配等用途的,应当视同销售货物、转让财产或者提供劳务,但国务院财政、税务主管部门另有规定的除外。

7.2.3　准予扣除项目

企业实际发生的与取得收入有关的、合理的支出,包括成本、费用、税金、损失和其他支出,准予在计算应纳税所得额时扣除。

1.企业发生的支出应当区分收益性支出和资本性支出。收益性支出在发生当期直接扣除;资本性支出应当分期扣除或者计入有关资产成本,不得在发生当期直接扣除。

2.企业发生的损失,减除责任人赔偿和保险赔款后的余额,按照国务院财政、税务主管部门的规定扣除。企业已经作为损失处理的资产,在以后纳税年度全部收回或者部分收回时,应当计入当期收入。

3.企业发生的合理的工资薪金支出,准予扣除。工资薪金,是指企业每一纳税年度支付给在本企业任职或者受雇的员工的所有现金形式或者非现金形式的劳动报酬,包括基本工资、奖金、津贴、补贴、年终加薪、加班工资,以及与员工任职或者受雇有关的其他支出。

4.企业按照国务院有关主管部门或者省级人民政府规定的范围和标准为职工缴纳的基本养老保险费、基本医疗保险费、失业保险费、工伤保险费、生育保险费等基本社会保险费和住房公积金,准予扣除。

5.企业为投资者或者职工支付的补充养老保险费、补充医疗保险费,在国务院财政、税务主管部门规定的范围和标准内,准予扣除。

6.企业按照国家有关规定为特殊工种职工支付的人身安全保险费和国务院财政、税务主管部门规定可以扣除的其他商业保险费准予扣除。

7.企业在生产经营活动中发生的合理的不需要资本化的借款费用,准予扣除。企业为购置、建造固定资产、无形资产和经过12个月以上的建造才能达到预定可销售状态的存货发生借款的,在有关资产购置、建造期间发生的合理的借款费用,应当作为资本性支出计入有关资产的成本,并按照税法的有关规定扣除。

8.企业在生产经营活动中发生的下列利息支出,准予扣除:

（1）非金融企业向金融企业借款的利息支出、金融企业的各项存款利息支出和同业拆借利息支出、企业经批准发行债券的利息支出;

（2）非金融企业向非金融企业借款的利息支出,不超过按照金融企业同期同类贷款利率计算的数额的部分。

9.企业在货币交易中,以及纳税年度终了时将人民币以外的货币性资产、负债按照期末即期人民币汇率中间价折算为人民币时产生的汇兑损失,除已经计入有关资产成本以及与向所有者进行利润分配相关的部分外,准予扣除。

10.企业发生的职工福利费支出,不超过工资薪金总额14％的部分,准予扣除。

11. 企业拨缴的工会经费,不超过工资薪金总额 2% 的部分,准予扣除。

12. 除国务院财政、税务主管部门另有规定外,企业发生的职工教育经费支出,不超过工资薪金总额 2.5% 的部分,准予扣除;超过部分,准予在以后纳税年度结转扣除。

13. 企业发生的与生产经营活动有关的业务招待费支出,按照发生额的 60% 扣除,但最高不得超过当年销售(营业)收入的 5‰。

14. 企业发生的符合条件的广告费和业务宣传费支出,除国务院财政、税务主管部门另有规定外,不超过当年销售(营业)收入 15% 的部分,准予扣除;超过部分,准予在以后纳税年度结转扣除。

15. 企业依照法律、行政法规有关规定提取的用于环境保护、生态恢复等方面的专项资金,准予扣除。上述专项资金提取后改变用途的,不得扣除。

16. 企业参加财产保险,按照规定缴纳的保险费,准予扣除。

17. 企业根据生产经营活动的需要租入固定资产支付的租赁费,按照以下方法扣除:

(1) 以经营租赁方式租入固定资产发生的租赁费支出,按照租赁期限均匀扣除;

(2) 以融资租赁方式租入固定资产发生的租赁费支出,按照规定构成融资租入固定资产价值的部分应当提取折旧费用,分期扣除。

18. 企业发生的合理的劳动保护支出,准予扣除。

19. 非居民企业在中国境内设立的机构、场所,就其中国境外总机构发生的与该机构、场所生产经营有关的费用,能够提供总机构出具的费用汇集范围、定额、分配依据和方法等证明文件,并合理分摊的,准予扣除。

20. 企业发生的公益性捐赠支出,不超过年度利润总额 12% 的部分,准予扣除。年度利润总额,是指企业依照国家统一会计制度的规定计算的年度会计利润。公益性捐赠,是指企业通过公益性社会团体或者县级以上人民政府及其部门,用于《中华人民共和国公益事业捐赠法》规定的公益事业的捐赠。

21. 企业转让资产,该项资产的净值,准予在计算应纳税所得额时扣除。

22. 企业纳税年度发生的亏损,准予向以后年度结转,用以后年度的所得弥补,但结转年限最长不得超过 5 年。

7.2.4 不得扣除项目

1. 在计算应纳税所得额时,下列支出不得扣除:

(1) 向投资者支付的股息、红利等权益性投资收益款项;

(2) 企业所得税税款;

(3) 税收滞纳金;

(4) 罚金、罚款和被没收财物的损失;

(5) 非公益性捐赠支出;

(6) 赞助支出;

(7) 未经核定的准备金支出;

(8) 与取得收入无关的其他支出。

2. 企业对外投资期间,投资资产的成本在计算应纳税所得额时不得扣除。

3.企业在汇总计算缴纳企业所得税时,其境外营业机构的亏损不得抵减境内营业机构的盈利。

4.资本性支出应当分期扣除或者计入有关资产成本,不得在发生当期直接扣除。

5.企业的不征税收入用于支出所形成的费用或者财产,不得扣除或者计算对应的折旧、摊销扣除。

6.除企业所得税法和实施条例另有规定外,企业实际发生的成本、费用、税金、损失和其他支出,不得重复扣除。

7.企业为投资者或者职工支付的商业保险费,不得扣除。

7.2.5　企业所得税计税依据的其他规定

1.非居民企业取得股息、红利等权益性投资收益和利息、租金、特许权使用费所得,以收入全额为应纳税所得额;转让财产所得,以收入全额减除财产净值后的余额为应纳税所得额。

2.规定的收入、扣除的具体范围、标准和资产的税务处理的具体办法,由国务院财政、税务主管部门规定。

3.在计算应纳税所得额时,企业财务、会计处理办法与税收法律、行政法规的规定不一致的,应当依照税收法律、行政法规的规定计算。

7.2.6　特别纳税调整

为更好地防止避税行为,《企业所得税法》作出了特别纳税调整规定:

1.企业与其关联方之间的企业来往,不符合独立交易原则而减少企业或者其关联方应纳税收入或者所得额的,税务机关有权按照合理方法调整。企业与其关联方共同开发、受让无形资产,或者共同提供、接受劳务发生的成本,在计算应纳税所得额时应当按照独立交易原则进行分摊。

2.企业可以向税务机关提出与其关联方之间业务往来的定价原则和计算方法,税务机关与企业协商、确认后,达成预约定价安排。

3.企业向税务机关报送年度企业所得税纳税申报表时,应当就其与关联方之间的业务往来,附送年度关联业务往来报告表。税务机关在进行关联业务调查时,企业及其关联方,以及与关联业务调查有关的其他企业,应当按照规定提供相关资料。

4.企业不得提供与其关联方之间业务往来资料,或者提供虚假、不完整资料,未能真实反映其关联业务往来情况的,税务机关有权依法核定其应纳税所得额。

5.由居民企业,或者由居民企业和中国居民控制的设立在实际税负明显低于规定税率水平的国家(地区)的企业,并非由于合理的经营需要而对利润不作分配或者减少分配的,上述利润中应归属于该居民企业的部分,应当计入该居民企业的当期收入。这里的"控制"包括:

(1)居民企业或者中国居民直接或者间接单一持有外国企业10%以上有表决权股份,且由其共同持有该外国企业50%以上股份;

(2)居民企业,或者居民企业和中国居民持股比例没有达到第(1)项规定的标准,但在股份、资金、经营、购销等方面对该外国企业构成实质控制。

这里的"实际税负明显低于"税法规定税率水平，是指低于企业所得税法规定税率（25％）的 50％。

6.企业从其关联方接受的债权性投资与权益性投资的比例超过规定标准而发生的利息支出，不得在计算应纳税所得额时扣除。这里的"利息"，应当按照税款所属纳税年度中国人民银行公布的与补税期间同期的人民币贷款基准利率加 5 个百分点计算。

7.企业实施其他不具有合理商业目的的安排而减少其应纳税收入或者所得额的，税务机关有权按照合理方法调整。

8.税务机关依照本章规定作出纳税调整，需要补征税款的，应当补征税款，并按照国务院规定加收利息。

7.3　资产的税务处理

7.3.1　固定资产的税务处理

1.固定资产折旧

固定资产，是指企业为生产产品、提供劳务、出租或者经营管理而持有的、使用时间超过 12 个月的非货币性资产，包括房屋、建筑物、机器、机械、运输工具以及其他与生产经营活动有关的设备、器具、工具等。

固定资产按照直线法计算的折旧，准予扣除。企业应当自固定资产投入使用月份的次月起计算折旧；停止使用的固定资产，应当自停止使用月份的次月起停止计算折旧。企业应当根据固定资产的性质和使用情况，合理确定固定资产的预计净残值。固定资产的预计净残值一经确定，不得变更。下列固定资产不得计算折旧扣除：

(1)房屋、建筑物以外未投入使用的固定资产；

(2)以经营租赁方式租入的固定资产；

(3)以融资租赁方式租出的固定资产；

(4)已足额提取折旧仍继续使用的固定资产；

(5)与经营活动无关的固定资产；

(6)单独估价作为固定资产入账的土地；

(7)其他不得计算折旧扣除的固定资产。

2.固定资产的最低折旧年限

除国务院财政、税务主管部门另有规定外，固定资产计算折旧的最低年限如下：

(1)房屋、建筑物，为 20 年；

(2)飞机、火车、轮船、机器、机械和其他生产设备，为 10 年；

(3)与生产经营活动有关的器具、工具、家具等，为 5 年；

(4)飞机、火车、轮船以外的运输工具，为 4 年；

(5)电子设备，为 3 年。

从事开采石油、天然气等矿产资源的企业,在开始商业性生产前发生的费用和有关固定资产的折耗、折旧方法,由国务院财政、税务主管部门另行规定。

3.固定资产的计税基础

(1)外购的固定资产,以购买价款和支付的相关税费以及直接归属于使该资产达到预定用途发生的其他支出为计税基础;

(2)自行建造的固定资产,以竣工结算前发生的支出为计税基础;

(3)融资租入的固定资产,以租赁合同约定的付款总额和承租人在签订租赁合同过程中发生的相关费用为计税基础,租赁合同未约定付款总额的,以该资产的公允价值和承租人在签订租赁合同过程中发生的相关费用为计税基础;

(4)盘盈的固定资产,以同类固定资产的重置完全价值为计税基础;

(5)通过捐赠、投资、非货币性资产交换、债务重组等方式取得的固定资产,以该资产的公允价值和支付的相关税费为计税基础;

(6)改建的固定资产,除已足额提取折旧的固定资产及租入固定资产外,以改建过程中发生的改建支出增加计税基础。

7.3.2　无形资产的税务处理

1.无形资产的摊销

无形资产,是指企业为生产产品、提供劳务、出租或者经营管理而持有的、没有实物形态的非货币性长期资产,包括专利权、商标权、著作权、土地使用权、非专利技术、商誉等。

无形资产的摊销年限不得低于10年。作为投资或者受让的无形资产,有关法律规定或者合同约定了使用年限的,可以按照规定或者约定的使用年限分期摊销。外购商誉的支出,在企业整体转让或者清算时,准予扣除。在计算应纳税所得额时,无形资产按照直线法计算的摊销费用,准予扣除。下列无形资产不得计算摊销费用扣除:

(1)自行开发的支出已在计算应纳税所得额时扣除的无形资产;

(2)自创商誉;

(3)与经营活动无关的无形资产;

(4)其他不得计算摊销费用扣除的无形资产。

2.无形资产的计税基础

(1)外购的无形资产,以购买价款和支付的相关税费以及直接归属于使该资产达到预定用途发生的其他支出为计税基础;

(2)自行开发的无形资产,以开发过程中该资产符合资本化条件后至达到预定用途前发生的支出为计税基础;

(3)通过捐赠、投资、非货币性资产交换、债务重组等方式取得的无形资产,以该资产的公允价值和支付的相关税费为计税基础。

7.3.3　长期待摊费用的税务处理

在计算应纳税所得额时,企业发生的下列支出作为长期待摊费用,按照规定摊销的,准予扣除：

（1）已足额提取折旧的固定资产的改建支出，是指改变房屋或者建筑物结构、延长使用年限等发生的支出。按照固定资产预计尚可使用年限分期摊销。

（2）租入固定资产的改建支出，按照合同约定的剩余租赁期限分期摊销。

（3）固定资产的大修理支出，是指同时符合下列条件的支出：修理支出达到取得固定资产时的计税基础50％以上；修理后固定资产的使用年限延长2年以上。

（4）其他应当作为长期待摊费用的支出，自支出发生月份的次月起，分期摊销，摊销年限不得低于3年。

7.3.4 生产性生物资产的税务处理

1.生产性生物资产折旧

生产性生物资产，是指企业为生产农产品、提供劳务或者出租等而持有的生物资产，包括经济林、薪炭林、产畜和役畜等。

生产性生物资产按照直线法计算的折旧，准予扣除。企业应当自生产性生物资产投入使用月份的次月起计算折旧；停止使用的生产性生物资产，应当自停止使用月份的次月起停止计算折旧。企业应当根据生产性生物资产的性质和使用情况，合理确定生产性生物资产的预计净残值。生产性生物资产的预计净残值一经确定，不得变更。

2.生产性生物资产的计税基础

（1）外购的生产性生物资产，以购买价款和支付的相关税费为计税基础；

（2）通过捐赠、投资、非货币性资产交换、债务重组等方式取得的生产性生物资产，以该资产的公允价值和支付的相关税费为计税基础。

3.生产性生物资产的最低折旧年限

（1）林木类生产性生物资产，为10年；

（2）畜类生产性生物资产，为3年。

7.3.5 资产税务处理的其他规定

1.企业的各项资产，包括固定资产、生物资产、无形资产、长期待摊费用、投资资产、存货等，以历史成本为计税基础。企业持有各项资产期间产生资产增值或者减值，除国务院财政、税务主管部门规定可以确认损益外，不得调整该资产的计税基础。

2.投资资产，是指企业对外进行权益性投资和债权性投资形成的资产。企业在转让或者处置投资资产时，投资资产的成本，准予扣除。投资资产按照以下方法确定成本：

（1）通过支付现金方式取得的投资资产，以购买价款为成本；

（2）通过支付现金以外的方式取得的投资资产，以该资产的公允价值和支付的相关税费为成本。

3.存货，是指企业持有以备出售的产品或者商品、处在生产过程中的在产品、在生产或者提供劳务过程中耗用的材料和物料等。存货按照以下方法确定成本：

（1）通过支付现金方式取得的存货，以购买价款和支付的相关税费为成本；

（2）通过支付现金以外的方式取得的存货，以该存货的公允价值和支付的相关税费为成本；

（3）生产性生物资产收获的农产品，以产出或者采收过程中发生的材料费、人工费和分摊的间接费用等必要支出为成本。

4. 企业使用或者销售的存货的成本计算方法，可以在先进先出法、加权平均法、个别计价法中选用一种。计价方法一经选用，不得随意变更。

5. 除国务院财政、税务主管部门另有规定外，企业在重组过程中，应当在交易发生时确认有关资产的转让所得或者损失，相关资产应当按照交易价格重新确定计税基础。

7.4　企业所得税应纳税额的计算

7.4.1　应纳税额的计算方法

企业的应纳税所得额乘以适用税率，减除依照《企业所得税法》关于税收优惠的规定减免和抵免的税额后的余额，为应纳税额。应纳税额计算公式为

$$应纳税额＝应纳税所得额×适用税率－减免税额－抵免税额$$

【例 7-1】　某企业 2012 年度销售收入总额为 800 万元，利润总额为 100 万元，提取存货跌价准备为 20 万元，发生业务招待费 8 万元。假设没有其他调整项目，所得税税率为 25%，计算 2012 年度应纳的企业所得税。

$$业务招待费扣除限额＝800×5‰＝4(万元)<8×60\%＝4.8(万元)$$
$$不允许扣除的业务招待费＝8－4＝4(万元)$$
$$全年应纳税所得额＝100＋20＋4＝124(万元)$$
$$全年应纳企业所得税＝124×25\%＝31(万元)$$

7.4.2　抵免限额的规定

1. 企业取得的下列所得已在境外缴纳的所得税税额，可以从其当期应纳税额中抵免，抵免限额为该项所得依照我国税法规定计算的应纳税额；超过抵免限额的部分，可以在以后 5 个年度内，用每年度抵免限额抵免当年应抵税额后的余额进行抵补：

（1）居民企业来源于中国境外的应税所得；

（2）非居民企业在中国境内设立机构、场所，取得发生在中国境外但与该机构、场所有实际联系的应税所得。

已在境外缴纳的所得税税额，是指企业来源于中国境外的所得依照中国境外税收法律以及相关规定应当缴纳并已经实际缴纳的企业所得税性质的税款。

抵免限额，是指企业来源于中国境外的所得，依照企业所得税法和实施条例的规定计算的应纳税额。除国务院财政、税务主管部门另有规定外，该抵免限额应当分国（地区）不分项计算，其计算公式为

抵免限额＝中国境内、境外所得依照企业所得税法和实施条例的规定计算的应纳税总额×
来源于某国（地区）的应纳税所得额÷中国境内、境外应纳税所得总额

【例 7-2】　某生产企业当年取得产品销售收入 1 000 万元,出租房屋取得租金收入 50 万元,产品销售成本 500 万元,营业税金及附加为 10 万,各项费用合计 150 万元,营业外支出 40 万元,取得借款利息收入 30 万元,各项支出均已按税法规定予以调整,从 A 国分支机构分回利润 70 万元,该国所得税税率为 30%,国外已纳所得税 30 万元。设该企业所得税税率为 25%,请计算该企业当年应纳所得税额。

$$来源于 A 国的应纳税所得额=70÷(1-30\%)=100(万元)$$
$$应纳税所得额=1 000+50+30+100-500-10-150-40=480(万元)$$
$$应纳所得税总额=480×25\%=120(万元)$$
$$抵免限额=120×100÷480=25(万元)<30(万元)$$
$$应纳税所得额=120-25=95(万元)$$

2.居民企业从其直接或者间接控制的外国企业分得的来源于中国境外的股息、红利等权益性投资收益,外国企业在境外实际缴纳的所得税税额中属于该项所得负担的部分,可以作为该居民企业的可抵免境外所得税税额,在上述规定的抵免限额内抵免。

7.5　企业所得税的会计核算

7.5.1　会计差异

由于会计制度、会计准则与税收法规的目的不同,两者对收益、费用、资产、负债确认的时间、范围也不同,从而产生税前会计利润与应税所得之间的差异,这一差异分为永久性差异和暂时性差异。

1.永久性差异

永久性差异是指在某一会计期间,由于会计准则、会计制度和税法在计算收益、费用或损失时的口径或标准不同,所产生的税前会计利润和应纳税所得额之间的差异。这种差异不会影响其他会计期间,也不会在其他会计期间得到转回。就我国《企业所得税法》而言,永久性差异包括免税收入和收益、税法作为应税收益的非会计收益、不可扣除的费用与损失和可扣除的非会计费用。

根据永久性差异产生的结果可将其分为两类:

(1)税前会计利润大于应纳税所得额。这种情况产生的永久性差异不需要缴纳所得税,在计算应纳税所得额时,应将永久性差异从税前会计利润中扣除,将税前会计利润调整为应纳税所得额。

(2)税前会计利润小于应纳税所得额。这种情况产生的永久性差异需要缴纳所得税,在计算应纳税所得额时,应加上永久性差异,将税前会计利润调整为应纳税所得额。

对于永久性差异,无论在哪种所得税会计方法下,均按照税前会计利润加减永久性差异调整应纳税所得额,再按照应纳税所得额和现行所得税税率计算的应交所得税作为当期所得税费用。永久性差异不会在将来产生应税金额或可扣除金额,只影响当期的应税收益。所以,永久性差异不需要进行账务调整。

2.暂时性差异

暂时性差异是指资产或负债的账面价值与其计税基础之间的差额；未作为资产和负债确认的项目，按照税法规定可以确定其计税基础的，该计税基础与其账面价值之间的差额也属于暂时性差异，如企业的开办费等。这种差异会影响其他会计期间，会在其他会计期间得到转回或很可能转回。按照暂时性差异对未来期间应税金额的影响，分为应纳税暂时性差异和可抵扣暂时性差异。

应纳税暂时性差异，是指在确定未来收回资产或清偿负债期间的应纳税所得额时，将产生应税金额的暂时性差异。

可抵扣暂时性差异，是指在确定未来收回资产或清偿负债期间的应纳税所得额时，将导致资产可抵扣金额的暂时性差异。

7.5.2　计税基础

1.资产的计税基础

一项资产的计税基础就是按照税法的规定，该项资产在销售或使用时，可以作为成本或费用在税前扣除的金额。但是，如果该项资产在减少时产生的经济利益流入不需纳税，那么该项资产的计税基础即为其账面金额，如应收账款、其他应收款等。即：

$$一项资产的计税基础＝未来可税前扣除的金额$$

如果一项资产的账面价值比其计税基础高，意味着在未来期间按资产账面价值可回收的现金利益大，而允许抵扣的小，则产生应纳税的暂时性差异，两者的差额作为未来利益而应纳税，在权责发生制下形成递延所得税负债；如果一项资产的账面价值比其计税基础低，意味着在未来期间按资产账面价值可回收的现金利益小，而允许抵扣的大，则产生可抵减的暂时性差异，两者的差额部分抵减应税收益，表现为所得税支付额减少而使经济利益流入企业，应将其确认为递延所得税资产。

2.负债的计税基础

一项负债的计税基础就是其账面价值减去该负债在未来期间可税前扣除的金额。即：

$$一项负债的计税基础＝该项负债的账面价值－未来可税前扣除的金额$$

如果一项负债的账面价值比其计税基础高，意味着在未来期间清偿的现金利益大而不能抵减的应税收益小，则产生可抵减的暂时性差异，两者差额部分抵减的应税收益大，表现为所得税支付额减少而使经济利益流入企业，应将其确认为递延所得税资产；如果一项负债的账面价值比其计税基础低，意味着在未来期间清偿的现金利益小而不能抵减的应税收益大，则产生应纳税的暂时性差异，两者差额部分应调增应税收益，表现为所得税支付额增加，而使经济利益流出企业，应将其确认为递延所得税负债。

产生可抵减的暂时性差异的特殊情形：研究开发费用的加计扣除、质量三包费用、退休福利费、向后结转的待弥补经营亏损以及结转以后年度所得税抵减。

《企业会计准则第18号——所得税》(2006)要求对符合条件的可抵扣的暂时性差异，全部确认为递延所得税资产。

3.暂时性差异的处理

由于对所得税费用的确认时间以及税率的不同选择,各国在实务中纳税影响会计法分为递延法和债务法两种,债务法又分为利润表债务法和资产负债表债务法两种。

我国现行的《小企业会计准则》要求使用应付税款法;我国《企业会计准则第 18 号——所得税》则要求执行《企业会计准则》的企业采用资产负债表债务法。鉴于此,以下只介绍应付税款法和资产负债表债务法。

7.5.3　应付税款法的会计核算

应付税款法是企业将本期税前会计利润与应纳税所得额之间的差额所造成的影响纳税的金额直接记入当期损益,而不递延到以后各期的一种所得税会计核算方法。

在应付税款法下,本期发生的暂时性差异不单独核算,与本期发生的永久性差异一并处理。将税前会计利润调整为应纳税所得额,再按应纳税所得额计算应交所得税,并将其作为本期所得税费用,即本期所得税费用等于本期应交所得税。暂时性差异产生的影响所得税的金额,在会计报表中不反映为一项负债或一项资产,仅在会计报表附注中说明其影响。由于这种方法的优点在于操作简便,目前,这种方法在我国现行会计实务中广为采用。

由于应付税款法在执行《小企业会计准则》时不需要核算时间性差异对未来所得税的影响金额,故不需要设置"递延税款"账户。企业按应纳税所得额计算的应交所得税,借记"所得税费用"账户,贷记"应交税费——应交所得税"账户。实际缴纳所得税时,借记"应交税费——应交所得税"账户,贷记"银行存款"账户。期末将"所得税费用"账户的借方余额转入"本年利润"账户,结转后"所得税费用"账户应无余额。

【例 7-3】　某公司 2012 年所得税汇算清缴时,年度利润表上反映的全年主营业务收入为 30 000 000 元,没有发生其他业务收入。利润总额为 1 180 000 元,所得税税率为 25%。其中:

(1)财务费用账户列支:从其他企业借入 1 000 000 元资金,支付的 2008 年度借款利息为 200 000 元,同期同类银行贷款年利率为 10%。

(2)管理费用账户列支:业务招待费 300 000 元;新产品研究开发费用共计 550 000 元。

(3)营业外支出账户列支:税收滞纳金和罚款 12 000 元;与企业生产经营活动无关的非广告性质赞助支出 100 000 元。

(4)职工总数 200 人,全年实际发放工资总额 2 200 000 元,均属合理的工资薪金支出。其中,符合《残疾人保障法》规定的残疾人工资薪金 200 000 元。

(5)实际拨付工会经费 40 000 元,实际发生职工福利费支出 400 000 元,实际发生职工教育经费支出 70 000 元。

(6)投资收益账户中包含国债利息收入 20 000 元。

（7）本期按企业选定的折旧年限计算的固定资产折旧费为 86 000 元，按税法规定的折旧年限计算的固定资产折旧费为 80 000 元。

（8）企业 2012 年度已预缴所得税 200 000 元。

根据上述资料，计算该公司 2012 年所得税汇算清缴时应补（退）所得税额并作出会计处理。

按税法规定计算纳税调整项目及金额：

（1）借款利息支出超过标准应调增的应纳税所得额。

$$应调增应纳税所得额 = 200\ 000 - 1\ 000\ 000 \times 10\% = 100\ 000（元）$$

（2）超过业务招待费列支标准应调增的应纳税所得额。

$$业务招待费扣除限额 = 30\ 000\ 000 \times 5‰ = 150\ 000（元） < 300\ 000 \times 60\% = 180\ 000（元）$$

$$不允许扣除的业务招待费 = 300\ 000 - 150\ 000 = 150\ 000（元）$$

业务招待费应调增应纳税所得额 150 000 元。

（3）新产品研究开发费用本年度投入 550 000 元，550 000 元可据实列支，并可按其实际发生额的 50% 加计扣除当年度应纳税所得额。

$$应调减应纳税所得额 = 550\ 000 \times 50\% = 275\ 000（元）$$

（4）发生的税收滞纳金和罚款以及非广告性质赞助支出不得扣除。

$$应调增应纳税所得额 = 12\ 000 + 100\ 000 = 112\ 000（元）$$

（5）合理的工资薪金支出准予扣除，符合规定的残疾人工资加计 100% 扣除。

$$应调减应纳税所得额 = 200\ 000 \times 100\% = 200\ 000（元）$$

（6）实际拨付工会经费可按不超过工资薪金总额 2% 的部分准予扣除；职工福利费实际发生不超过工资薪金总额 14% 的部分准予扣除；职工教育经费实际发生不超过工资薪金总额 2.5% 的部分准予扣除，超过部分准予结转到以后纳税年度扣除。

$$工会经费扣除限额 = 2\ 200\ 000 \times 2\% = 44\ 000（元） > 40\ 000 元$$

工会经费 40 000 元准予全部扣除。

$$职工福利费扣除限额 = 2\ 200\ 000 \times 14\% = 308\ 000（元） < 400\ 000 元$$

$$应调增应纳税所得额 = 400\ 000 - 308\ 000 = 92\ 000（元）$$

$$职工教育经费当年可扣除限额 = 2\ 200\ 000 \times 2.5\% = 55\ 000（元） < 70\ 000 元$$

$$应结转到下一纳税年度扣除的数额 = 70\ 000 - 55\ 000 = 15\ 000（元）$$

应调增应纳税所得额 15 000 元。

超过按合理工资总额提取的三项经费应调增的应纳税所得额 = 92 000 + 15 000 = 107 000（元）

（7）国债利息收入免征所得税，应调减应纳税所得额 20 000 元。

（8）企业计提折旧超过按税法规定计提折旧的差额，应调增应纳税所得额。

$$应调增应纳税所得额 = 86\ 000 - 80\ 000 = 6\ 000（元）$$

（9）纳税调整项目金额：

$$应调增金额 = 100\ 000 + 150\ 000 + 112\ 000 + 107\ 000 + 6\ 000 = 475\ 000（元）$$

$$应调减金额 = 275\ 000 + 200\ 000 + 20\ 000 = 495\ 000（元）$$

全年应纳税所得额＝利润总额＋纳税调增金额－纳税调减金额

$$＝1\,180\,000＋475\,000－495\,000＝1\,160\,000（元）$$

全年应纳企业所得税额＝$1\,160\,000×25\%＝290\,000$（元）

净利润＝$1\,180\,000－290\,000＝890\,000$（元）

企业已预缴所得税 200 000 元,所得税汇算清缴时:

$$应补缴所得税＝290\,000－200\,000＝90\,000（元）$$

编制会计分录如下:

借:所得税费用　　　　　　　　　　　　　　　90 000
　　贷:应交税费——应交所得税　　　　　　　　　　90 000
借:应交税费——应交所得税　　　　　　　　　90 000
　　贷:银行存款　　　　　　　　　　　　　　　　90 000
借:本年利润　　　　　　　　　　　　　　　　90 000
　　贷:所得税费用　　　　　　　　　　　　　　　　90 000

7.5.4　资产负债表债务法的会计核算

按《企业会计准则》的规定,对于执行《企业会计准则》的企业,应采用资产负债表债务法核算企业所得税。会计核算时,应设置"所得税费用"、"递延所得税资产"、"递延所得税负债"、"递延所得税资产减值准备"、"应交税费——应交所得税"账户。

1.资产负债表债务法的特点

资产负债表债务法是指按预计转回年度的所得税税率计算其纳税影响数,将其作为递延所得税负债或递延所得税资产的一种方法。资产负债表债务法从资产或负债的账面价值与该资产或负债的计税基础不一致而产生暂时性差异这一本质出发,分析暂时性差异产生的原因以及对期末资产、负债的影响。作为资产负债表项目的递延所得税资产或递延所得税负债直接由资产负债表项目的比较得出。

2.资产负债表债务法基本核算程序

资产负债表债务法以资产负债表为重心,核算时对资产负债表项目直接确认,对利润表项目间接确认。具体核算步骤可归纳如下:

(1)按照本期应纳税所得额和适用税率确认应交所得税费用(或利益)。

(2)确定资产负债表日每项资产或负债的计税基础。

(3)根据该资产或负债的账面价值与其计税基础的差额,确定暂时性差异。

(4)暂时性差异乘以适用税率,考虑结转以后年度的本期弥补亏损与所得税抵减,求得递延所得税资产或递延所得税负债的期末余额。

(5)本期发生或转回的递延所得税资产或递延所得税负债,即递延所得税费用(或利益)应是其期末、期初余额的差额。

(6)计算确定当期所得税费用时,将应交所得税费用(或利益)加上递延所得税费用(或利益)即可。

上述过程用公式表示如下：

应交所得税＝(应纳税所得额－允许弥补的亏损)×适用税率－所得税抵减额

递延所得税费用＝(递延所得税负债期末余额－递延所得税负债期初余额)－
[递延所得税资产(扣除备抵)期末余额－
递延所得税资产(扣除备抵)期初余额]

当期所得税费用＝当期应纳税额＋(期末递延所得税负债－期初递延所得税负债)－
(期末递延所得税资产－期初递延所得税资产)

【例7-4】 甲公司 2012 年度利润表中利润总额为 3 000 万元,该公司适用的所得税税率为 25%。递延所得税资产及递延所得税负债不存在期初余额。与所得税核算有关的情况如下：

(1)2012 年 1 月开始计提折旧的一项固定资产,成本为 1 500 万元,使用年限为 10 年,净残值为 0,会计处理按双倍余额递减法计提折旧,税收处理按直线法计提折旧。假定税法规定的使用年限及净残值与会计规定相同。

(2)企业发生的非公益性捐赠支出 500 万元。

(3)当年度发生研究开发支出 1 250 万元,其中 750 万元资本化计入无形资产成本。

(4)违反税法规定应支付罚款 250 万元。

(5)存货实际成本为 2 075 万元,期末计提存货跌价准备 75 万元,账面余额为 2 000 万元。

分析：

(1)2012 年度资产负债表日：

企业当年按双倍余额递减法计提的折旧额＝1 500×(2÷10)＝300(万元)

按税法规定按直线法计提的折旧额＝1 500×(1÷10)＝150(万元)

固定资产账面价值＝实际成本－会计折旧＝1 500－300＝1 200(万元)

计税基础＝实际成本－税法允许税前扣除的折旧额＝1 500－150＝1 350(万元)

计税基础大于账面价值的差额 150 万元(会计折旧比税法规定多提),对所得税的影响额为 150×25%＝37.5(万元),这项影响会减少未来期间应纳税所得额和应交所得税,属于可抵扣暂时性差异,应确认为递延所得税资产。

(2)非公益性捐赠支出,按税法规定不允许列支,不得抵扣,应调增应纳税所得额。本例为 500 万元。

(3)按税法规定,企业为开发新技术、新产品、新工艺发生的研究开发费用,未形成无形资产计入当期损益的,在按照规定据实扣除的基础上,按照研究开发费用的 50% 加计扣除;形成无形资产的,按照无形资产成本的 150% 摊销。

允许扣除的技术开发费用＝750×150%＋(1 250－750)×50%＝1 375(万元)

由于形成的无形资产 750 万元,按税法规定全部给予扣除,即从税法角度而言,计税基础已经没有了(即为零)。但是,从企业的角度而言,无形资产账面上还有 750 万元(从费用转入无形资产),未来还要按规定的年限进行摊销。这就意味着企业未来摊销时会增加费用,而从税法的角度来看,这部分无形资产已经全额并加计扣除了,未来期间不允许再重复扣除,即按税法规定需要调增应纳税所得额。从企业资产负债表上看,无形资产账面价值为 750 万元,而计税基础为 0。两者的差额会对未来会计期间的所得税费用产生影响,这种暂时性的差异属于应纳税暂时性差异,应确认为递延所得税负债。

（4）税法规定违反国家法律、法规支付罚款和滞纳金不允许税前扣除,应调增应纳税所得额。本例为250万元。

（5）按税法规定,不符合国务院财政、税务主管部门规定的各项资产减值准备、风险准备等准备金支出不得列支。存货跌价准备就是属于不符合规定的准备金支出,所以不得列支。因此,应调增应纳税所得额75万元。但是,该存货跌价准备,会影响其他会计期间,并在其他会计期间得到转回或很可能转回。因此,属于可抵扣暂时性差异,应确认为递延所得税资产。

综合上述情况,按税法规定:

$$应纳税所得额＝3\,000＋150＋500－1\,375＋250＋75＝2\,600(万元)$$
$$应交所得税＝2\,600×25\%＝650(万元)$$

按《企业会计准则》规定,该公司2012年年末资产负债表相关项目金额及其计税基础见表7-1。

表 7-1 单位:万元

项目	账面价值	计税基础	差异	
			应纳税暂时性差异	可抵扣暂时性差异
存货	2 000	2 075		75
固定资产:				
固定资产原价	1 500	1 500		
减:累计折旧	300	150		
减:固定资产减值准备	0	0		
固定资产账面价值	1 200	1 350		150
无形资产	750	0	750	
总计			750	225

根据上表,计算2012年度递延所得税费用:

$$期末递延所得税资产＝225×25\%＝56.25(万元)$$
$$期末递延所得税负债＝750×25\%＝187.5(万元)$$
$$递延所得税费用＝(187.5－0)－(56.25－0)＝131.25(万元)$$

利润表中应确认的所得税费用:

$$所得税费用＝650＋131.25＝781.25(万元)$$

确认所得税费用的账务处理如下:

借:所得税费用　　　　　　　　　　　7 812 500
　　递延所得税资产　　　　　　　　　　562 500
　贷:应交税费——应交所得税　　　　　　　　6 500 000
　　递延所得税负债　　　　　　　　　　　　1 875 000

【例 7-5】 承【例 7-4】,假定甲公司2012年当年应交所得税为600万元。当年发生相关的计提和摊销情况如下(企业所得税税率25%):

(1)当年摊销上述无形资产价值 25 万元;

(2)当年存货实际成本为 2 500 万元,账面价值为 2 400 万元;

(3)当年按双倍余额递减法计提折旧,税法允许使用直线法计提折旧;

(4)当年预计负债 100 万元;

(5)当年固定资产计提减值准备 50 万元。

除所列项目外,其他资产、负债项目不存在会计和税收的差异。

分析:

(1)当期所得税＝当期应交所得税＝600 万元。

(2)当年摊销无形资产 25 万元,因此,企业账面价值为(750－25)725 万元。

(3)当年会计按双倍余额递减法计提折旧:

企业当年按双倍余额递减法计提的折旧额＝(1 500－300)×(2÷10)＝240(万元)

累计折旧＝300＋240＝540(万元)

税法规定允许扣除的折旧额＝1 500×(1÷10)＝150(万元)

累计折旧＝150＋150＝300(万元)

固定资产账面价值＝1 500－540－50＝910(万元)

计税基础＝1 500－300＝1 200(万元)

(4)根据企业上述变化,资产负债表中有关资产、负债的账面价值与其计税基础相关资料见表 7-2。

表 7-2　　　　　　　　　　　　　　　　　　　　　　　　　　　　单位:万元

项目	账面价值	计税基础	差异	
			应纳税暂时性差异	可抵扣暂时性差异
存货	2 400	2 500		100
固定资产:				
固定资产原价	1 500	1 500		
减:累计折旧	540	300		
减:固定资产减值准备	50	0		
固定资产账面价值	910	1 200		290
无形资产	725	0	725	
预计负债	100	0		100
总计			725	490

根据上表,计算 2012 年度递延所得税费用:

(1)期末递延所得税负债(725×25%)　　　　181.25

期初递延所得税负债　　　　187.50

递延所得税负债减少　　　　6.25

(2)期末递延所得税资产(490×25%)　　　　122.50

期初递延所得税资产　　　　56.25

递延所得税资产增加　　　　66.25

$$递延所得税费用＝－6.25－66.25＝－72.5(万元)$$

(3)确认所得税费用：

$$所得税费用＝600－72.5＝527.5(万元)$$

确认所得税费用的账务处理如下：

借：所得税费用	5 275 000
递延所得税资产	662 500
递延所得税负债	62 500
贷：应交税费——应交所得税	6 000 000

7.6　企业所得税的申报与缴纳

7.6.1　源泉扣缴

1.对非居民企业在中国境内未设立机构、场所的,或者虽设立机构、场所但取得的所得与其所设机构、场所没有实际联系的,就其来源于中国境内的所得应缴纳的所得税,实行源泉扣缴,以支付人为扣缴义务人。税款由扣缴义务人在每次支付或者到期应支付时,从支付或者到期应支付的款项中扣缴。

2.依照企业所得税法对非居民企业应当缴纳的企业所得税实行源泉扣缴的,股息、红利等权益性投资收益和利息、租金、特许权使用费所得,以收入全额为应纳税所得额;转让财产所得,以收入全额减除财产净值后的余额为应纳税所得额。收入全额,是指非居民企业向支付人收取的全部价款和价外费用。

3.对非居民企业在中国境内取得工程作业和劳务所得应缴纳的所得税,税务机关可以指定工程价款或者劳务费的支付人为扣缴义务人。可以指定扣缴义务人的情形包括：

(1)预计工程作业或者提供劳务期限不足一个纳税年度,且有证据表明不履行纳税义务的;

(2)没有办理税务登记或者临时税务登记,且未委托中国境内的代理人履行纳税义务的;

(3)未按照规定期限办理企业所得税纳税申报或者预缴申报的。

扣缴义务人由县级以上税务机关指定,并同时告知扣缴义务人所扣税款的计算依据、计算方法、扣缴期限和扣缴方式。

4.扣缴义务人依照上述第 2 项、第 3 项规定应当扣缴的所得税,未依法扣缴或者无法履行扣缴义务的,由纳税人在所得发生地缴纳。纳税人未依法缴纳的,税务机关可以从该纳税人在中国境内其他收入项目的支付人应付的款项中,追缴该纳税人的应纳税款。

5.扣缴义务人每次代扣的税款,应当自代扣之日起 7 日内缴入国库,并向所在地的税务机关报送扣缴企业所得税报告表。

7.6.2　纳税期限

1.企业所得税按纳税年度计算。纳税年度自公历 1 月 1 日起到 12 月 31 日止。企业在一个纳税年度中间开业,或者终止经营活动,使该纳税年度的实际经营期不足 12 个月的,应当以其实际经营期为一个纳税年度。企业依法清算时,应当以清算期间作为一个纳税年度。

2. 企业所得税分月或者分季预缴。企业应当自月份或者季度终了之日起 15 日内,向税务机关报送预缴企业所得税纳税申报表,预缴税款。企业应当自年度终了之日起 5 个月内,向税务机关报送年度企业所得税纳税申报表,并汇算清缴,结清应缴应退税款。企业在报送企业所得税纳税申请表时,应当按照规定附送财务会计报告和其他有关资料。

3. 企业在年度中间终止经营活动的,应当自实际经营终止之日起 60 日内,向税务机关办理当期企业所得税汇算清缴。企业应当在办理注销登记前,就其清算所得向税务机关申报并依法缴纳企业所得税。

4. 缴纳的企业所得税,以人民币计算。所得以人民币以外的货币计算,应当折合成人民币计算并缴纳税款。

7.6.3　纳税地点

企业所得税的征收管理除按《企业所得税法》的规定外,依照《中华人民共和国税收征收管理法》的规定执行。

1. 除税收法律、行政法规另有规定外,居民企业以企业登记注册地为纳税地点,但登记注册地在境外的,以实际管理机构所在地为纳税地点。居民企业在中国境内设立不具有法人资格的营业机构的,应当汇总计算并缴纳企业所得税。

2. 非居民企业在中国境内设立机构、场所的,应当就其所设机构、场所取得的来源于中国境内的所得,以及发生在中国境外但与其所设机构、场所有实际联系的所得,以机构、场所所在地为纳税地点。

非居民企业在中国境内设立两个或者两个以上机构、场所的,经税务机关审核批准,可以选择由其主要机构、场所汇总缴纳企业所得税。

非居民企业在中国境内未设立机构、场所的,或者虽设立机构、场所但取得的所得与其所设机构、场所没有实际联系的,应当就其来源于中国境内的所得,以扣缴义务人所在地为纳税地点。

3. 除国务院另有规定外,企业之间不得合并缴纳企业所得税。

7.6.4　纳税申报

纳税人在纳税年度内无论盈利或亏损,都应当按照《中华人民共和国企业所得税法》规定的纳税期限,向当地主管税务机关纳税申报,报送相关的所得税申报表。

1. 企业预缴所得税申报表

企业预缴所得税申报表主要有:

(1)《中华人民共和国企业所得税月(季)度预缴纳税申报表(A 类)》(见表 7-3);

表7-3

中华人民共和国

企业所得税月(季)度预缴纳税申报表(A类)

税款所属期间： 年 月 日至 年 月 日

纳税人识别号:☐☐☐☐☐☐☐☐☐☐☐☐☐☐☐

纳税人名称： 金额单位:人民币元(列至角分)

行次	项目		本期金额	累计金额
1	**一、据实预缴**			
2	营业收入			
3	营业成本			
4	利润总额			
5	税率(25%)		—	—
6	应纳所得税额(4行×5行)			
7	减免所得税额			
8	实际已缴所得税额		—	
9	应补(退)的所得税额(6行－7行－8行)			
10	**二、按照上一纳税年度应纳税所得额的平均额预缴**			
11	上一纳税年度应纳税所得额		—	
12	本月(季)应纳税所得额(11行÷4或11行÷12)			
13	税率(25%)		—	—
14	本月(季)应纳所得税额(12行×13行)			
15	**三、按照税务机关确定的其他方法预缴**			
16	本月(季)确定预缴的所得税额			
17	总分机构纳税人			
18	总机构	总机构应分摊的所得税额(9行或14行或16行×25%)		
19		中央财政集中分配的所得税额(9行或14行或16行×25%)		
20		分支机构分摊的所得税额(9行或14行或16行×50%)		
21	分支机构	分配比例		
22		分配的所得税额(20行×21行)		

谨声明:此纳税申报表是根据《中华人民共和国企业所得税法》、《中华人民共和国企业所得税法实施条例》和国家有关税收规定填报的,是真实的、可靠的、完整的。

法定代表人(签字): 年 月 日

纳税人公章: 会计主管: 填表日期: 年 月 日	代理申报中介机构公章: 经办人: 经办人执业证件号码: 代理申报日期: 年 月 日	主管税务机关受理专用章: 受理人: 受理日期: 年 月 日

国家税务总局监制

(2)《中华人民共和国企业所得税月(季)度预缴纳税申报表(B类)》(见表7-4);

表 7-4

中华人民共和国
企业所得税月(季)度预缴纳税申报表(B类)

税款所属期间： 年 月 日至 年 月 日

纳税人识别号：☐☐☐☐☐☐☐☐☐☐☐☐☐☐☐

纳税人名称： 金额单位：人民币元(列至角分)

项目			行次	累计金额
应纳税所得额的计算	按收入总额核定应纳税所得额	收入总额	1	
		税务机关核定的应税所得率(%)	2	
		应纳税所得额(1行×2行)	3	
	按成本费用核定应纳税所得额	成本费用总额	4	
		税务机关核定的应税所得率(%)	5	
		应纳税所得额[4行÷(1-5行)×5行]	6	
	按经费支出换算应纳税所得额	经费支出总额	7	
		税务机关核定的应税所得率(%)	8	
		换算的收入额[7行÷(1-8行)]	9	
		应纳税所得额(8行×9行)	10	
应纳所得税额的计算		税率(25%)	11	—
		应纳所得税额(3行×11行或6行×11行或10行×11行)	12	
		减免所得税额	13	
应补(退)所得税额的计算		已预缴所得税额	14	
		应补(退)所得税额(12行-13行-14行)	15	

谨声明：此纳税申报表是根据《中华人民共和国企业所得税法》、《中华人民共和国企业所得税法实施条例》和国家有关税收规定填报的，是真实的、可靠的、完整的。

法定代表人(签字)： 年 月 日

纳税人公章：	代理申报中介机构公章：	主管税务机关受理专用章：
会计主管：	经办人： 经办人执业证件号码：	受理人：
填表日期： 年 月 日	代理申报日期： 年 月 日	受理日期： 年 月 日

国家税务总局监制

(3)《中华人民共和国企业所得税扣缴义务人扣缴企业所得税报告表》(见表 7-5)；
(4)《中华人民共和国企业所得税汇总纳税分支机构分配表》(见表 7-6)。

表 7-5

中华人民共和国
企业所得税扣缴义务人扣缴企业所得税报告表

扣缴义务人识别号：□□□□□□□□□□□□□□□

税款所属期间： 年 月 日 至 年 月 日

金额单位：人民币元（列至角分）

扣缴义务人名称：

纳税人名称	纳税人识别号	国家（地区）	所得项目	合同号	合同名称	取得所得日期	收入额						扣除额	应纳税所得额	税率	扣缴所得税额
							人民币金额	外币额				人民币金额合计				
								外币名称金额	汇率	折入民币						

谨声明：此扣缴所得税报告表是根据《中华人民共和国企业所得税法》、《中华人民共和国企业所得税法实施条例》和国家有关税收规定填报的，是真实的、可靠的、完整的。

法定代表人（签字）： 年 月 日

| 扣缴义务人公章：
会计主管：
填表日期： 年 月 日 | 代理申报中介机构公章：
经办人：
经办人执业证件号码：
代理申报日期： 年 月 日 | 主管税务机关受理专用章：
受理人：
受理日期： 年 月 日 |

国家税务总局监制

表 7-6

中华人民共和国
企业所得税汇总纳税分支机构分配表

税款所属期间：　　　年　月　日至　　年　月　日

分配比例有效期：　　　年　月　日至　　年　月　日

金额单位：人民币元（列至角分）

总机构情况	总机构名称			三项因素				分支机构分摊的所得税额
		纳税人识别号		收入总额	工资总额	资产总额	合计	

分支机构情况	分支机构名称			三项因素				分配比例	分配税额
		纳税人识别号		收入总额	工资总额	资产总额	合计		

纳税人公章：

会计主管：

填表日期：

主管税务机关受理专用章：

受理人：

受理日期：　　　年　月　日

　　　年　月　日　　　　　　　　　　　　　　　国家税务总局监制

2. 企业年终汇算清缴所得税申报表

企业年终汇算清缴所得税申报表(2008年版)包括1张主表和11张附表。

主表:《中华人民共和国企业所得税年度纳税申报表》(见表7-7)。

表7-7　　　　　　中华人民共和国企业所得税年度纳税申报表(A类)

税款所属期间:　　年　月　日至　　年　月　日

纳税人名称:

纳税人识别号:□□□□□□□□□□□□□□□　　　　　　金额单位:元(列至角分)

类别	行次	项目	金额
利润总额计算	1	一、营业收入(填附表一)	
	2	减:营业成本(填附表二)	
	3	营业税金及附加	
	4	销售费用(填附表二)	
	5	管理费用(填附表二)	
	6	财务费用(填附表二)	
	7	资产减值损失	
	8	加:公允价值变动收益	
	9	投资收益	
	10	二、营业利润	
	11	加:营业外收入(填附表一)	
	12	减:营业外支出(填附表二)	
	13	三、利润总额(10+11−12)	
应纳税所得额计算	14	加:纳税调整增加额(填附表三)	
	15	减:纳税调整减少额(填附表三)	
	16	其中:不征税收入	
	17	免税收入	
	18	减计收入	
	19	减、免税项目所得	
	20	加计扣除	
	21	抵扣应纳税所得额	
	22	加:境外应税所得弥补境内亏损	
	23	纳税调整后所得(13+14−15+22)	
	24	减:弥补以前年度亏损(填附表四)	
	25	应纳税所得额(23−24)	
应纳税额计算	26	税率(25%)	
	27	应纳所得税额(25×26)	
	28	减:减免所得税额(填附表五)	
	29	减:抵免所得税额(填附表五)	
	30	应纳税额(27−28−29)	
	31	加:境外所得应纳所得税额(填附表六)	
	32	减:境外所得抵免所得税额(填附表六)	
	33	实际应纳所得税额(30+31−32)	
	34	减:本年累计实际已预缴的所得税额	
	35	其中:汇总纳税的总机构分摊预缴的税额	
	36	汇总纳税的总机构财政调库预缴的税额	
	37	汇总纳税的总机构所属分支机构分摊的预缴税额	
	38	合并纳税(母子体制)成员企业就地预缴比例	
	39	合并纳税企业就地预缴的所得税额	
	40	本年应补(退)的所得税额(33−34)	
附列资料	41	以前年度多缴的所得税额在本年抵减额	
	42	以前年度应缴未缴在本年入库所得税额	

纳税人公章:　　　　　　代理申报中介机构公章:　　　　主管税务机关受理专用章:

经办人:　　　　　　　　经办人及执业证件号码:　　　　受理人:

申报日期:　年　月　日　代理申报日期:　年　月　日　受理日期:　年　月　日

企业所得税年度纳税申报表附表一：收入明细表（见表7-8）。

表7-8   **收入明细表**

填报时间：   年   月   日   金额单位：元（列至角分）

行次	项目	金额
1	一、销售（营业）收入合计（2+13）	
2	（一）营业收入合计（3+8）	
3	1.主营业务收入（4+5+6+7）	
4	（1）销售货物	
5	（2）提供劳务	
6	（3）让渡资产使用权	
7	（4）建造合同	
8	2.其他业务收入（9+10+11+12）	
9	（1）材料销售收入	
10	（2）代购代销手续费收入	
11	（3）包装物出租收入	
12	（4）其他	
13	（二）视同销售收入（14+15+16）	
14	（1）非货币性交易视同销售收入	
15	（2）货物、财产、劳务视同销售收入	
16	（3）其他视同销售收入	
17	二、营业外收入（18+19+20+21+22+23+24+25+26）	
18	1.固定资产盘盈	
19	2.处置固定资产净收益	
20	3.非货币性资产交易收益	
21	4.出售无形资产收益	
22	5.罚款净收入	
23	6.债务重组收益	
24	7.政府补助收入	
25	8.捐赠收入	
26	9.其他	

经办人（签章）：   法定代表人（签章）：

企业所得税年度纳税申报表附表二：成本费用明细表（见表7-9）。

表 7-9

成本费用明细表

填报时间：　年　月　日　　　　　金额单位：元（列至角分）

行次	项目	金额
1	一、销售（营业）成本合计（2＋7＋12）	
2	（一）主营业务成本（3＋4＋5＋6）	
3	（1）销售货物成本	
4	（2）提供劳务成本	
5	（3）让渡资产使用权成本	
6	（4）建造合同成本	
7	（二）其他业务成本（8＋9＋10＋11）	
8	（1）材料销售成本	
9	（2）代购代销费用	
10	（3）包装物出租成本	
11	（4）其他	
12	（三）视同销售成本（13＋14＋15）	
13	（1）非货币性交易视同销售成本	
14	（2）货物、财产、劳务视同销售成本	
15	（3）其他视同销售成本	
16	二、营业外支出（17＋18＋……＋24）	
17	1.固定资产盘亏	
18	2.处置固定资产净损失	
19	3.出售无形资产损失	
20	4.债务重组损失	
21	5.罚款支出	
22	6.非常损失	
23	7.捐赠支出	
24	8.其他	
25	三、期间费用（26＋27＋28）	
26	1.销售（营业）费用	
27	2.管理费用	
28	3.财务费用	

经办人（签章）：　　　　　　　　　　　　法定代表人（签章）：

企业所得税年度纳税申报表附表三：纳税调整项目明细表（见表7-10）。

表7-10　　　　　　　　　　　　　**纳税调整项目明细表**

填报时间：　　年　月　日　　　　　　金额单位：元（列至角分）

行次	项目	账载金额	税收金额	调增金额	调减金额
		1	2	3	4
1	一、收入类调整项目	＊	＊		
2	1.视同销售收入（填写附表一）	＊	＊		＊
＃3	2.接受捐赠收入	＊			＊
4	3.不符合税收规定的销售折扣和折让				＊
＊5	4.未按权责发生制原则确认的收入				
＊6	5.按权益法核算长期股权投资对初始投资成本调整确认收益	＊	＊	＊	
7	6.按权益法核算的长期股权投资持有期间的投资损益	＊	＊		
＊8	7.特殊重组				
＊9	8.一般重组				
＊10	9.公允价值变动净收益（填写附表七）	＊	＊		
11	10.确认为递延收益的政府补助				
12	11.境外应税所得（填写附表六）	＊	＊	＊	
13	12.不允许扣除的境外投资损失	＊	＊		＊
14	13.不征税收入（填附表一〔3〕）	＊	＊	＊	
15	14.免税收入（填附表五）	＊	＊	＊	
16	15.减计收入（填附表五）	＊	＊	＊	
17	16.减、免税项目所得（填附表五）	＊	＊	＊	
18	17.抵扣应纳税所得额（填附表五）	＊	＊	＊	
19	18.其他				
20	二、扣除类调整项目	＊	＊		
21	1.视同销售成本（填写附表二）	＊	＊	＊	
22	2.工资薪金支出				
23	3.职工福利费支出				
24	4.职工教育经费支出				
25	5.工会经费支出				
26	6.业务招待费支出				＊
27	7.广告费和业务宣传费支出（填写附表八）	＊	＊		
28	8.捐赠支出				＊
29	9.利息支出				
30	10.住房公积金				＊
31	11.罚金、罚款和被没收财物的损失		＊		＊
32	12.税收滞纳金		＊		＊
33	13.赞助支出		＊		
34	14.各类基本社会保障性缴款				
35	15.补充养老保险、补充医疗保险				
36	16.与未实现融资收益相关在当期确认的财务费用				
37	17.与取得收入无关的支出		＊		＊
38	18.不征税收入用于支出所形成的费用		＊		＊
39	19.加计扣除（填附表五）	＊	＊	＊	
40	20.其他				

（续表）

行次	项目	账载金额	税收金额	调增金额	调减金额
		1	2	3	4
41	三、资产类调整项目	*	*		
42	1.财产损失				
43	2.固定资产折旧（填写附表九）	*	*		
44	3.生产性生物资产折旧（填写附表九）	*	*		
45	4.长期待摊费用的摊销（填写附表九）	*	*		
46	5.无形资产摊销（填写附表九）	*	*		
47	6.投资转让、处置所得（填写附表十一）	*	*		
48	7.油气勘探投资（填写附表九）	*	*		
49	8.油气开发投资（填写附表九）	*	*		
50	9.其他				
51	四、准备金调整项目（填写附表十）	*	*		
52	五、房地产企业预售收入计算的预计利润	*	*		
53	六、特别纳税调整应税所得	*	*	*	*
54	七、其他	*	*		
55	合　计	*	*		

经办人（签章）：　　　　　　　　　　　　　　法定代表人（签章）：

注：

1.标有＊的行次为执行新会计准则的企业填列，标有♯的行次为除执行新会计准则以外的企业填列。

2.没有标注的行次，无论执行何种会计核算办法，有差异就填报相应行次，填＊号不可填列。

3.有二级附表的项目只填调增、调减金额，账载金额、税收金额不再填写。

企业所得税年度纳税申报表附表四：企业所得税弥补亏损明细表（见表 7-11）。

表 7-11　　　　　　　　　　企业所得税弥补亏损明细表

填报时间：　　年　月　日　　　　　　　金额单位：元（列至角分）

行次	项目	年度	盈利额或亏损额	合并分立企业转入可弥补亏损额	当年可弥补的所得额	以前年度亏损弥补额						本年度实际弥补的以前年度亏损额	可结转以后年度弥补的亏损额
						前四年度	前三年度	前二年度	前一年度	合计			
		1	2	3	4	5	6	7	8	9		10	11
1	第一年												*
2	第二年				*								
3	第三年				*	*							
4	第四年				*	*	*						
5	第五年				*	*	*	*					
6	本年				*	*	*	*	*				
7	可结转以后年度弥补的亏损额合计												

经办人（签章）：　　　　　　　　　　　　　　法定代表人（签章）：

企业所得税年度纳税申报表附表五:税收优惠明细表(见表 7-12)。

表 7-12 **税收优惠明细表**

填报时间:　年　月　日　　　　　　　　　金额单位:元(列至角分)

行次	项目	金额
1	一、免税收入(2+3+4+5)	
2	1.国债利息收入	
3	2.符合条件的居民企业之间的股息、红利等权益性投资收益	
4	3.符合条件的非营利组织的收入	
5	4.其他	
6	二、减计收入(7+8)	
7	1.企业综合利用资源,生产符合国家产业政策规定的产品所取得的收入	
8	2.其他	
9	三、加计扣除额合计(10+11+12+13)	
10	1.开发新技术、新产品、新工艺发生的研究开发费用	
11	2.安置残疾人员所支付的工资	
12	3.国家鼓励安置的其他就业人员支付的工资	
13	4.其他	
14	四、减免所得额合计(15+25+29+30+31+32)	
15	(一)免税所得(16+17+…+24)	
16	1.蔬菜、谷物、薯类、油料、豆类、棉花、麻类、糖料、水果、坚果的种植	
17	2.农作物新品种的选育	
18	3.中药材的种植	
19	4.林木的培育和种植	
20	5.牲畜、家禽的饲养	
21	6.林产品的采集	
22	7.灌溉、农产品初加工、兽医、农技推广、农机作业和维修等农、林、牧、渔服务业项目	
23	8.远洋捕捞	
24	9.其他	
25	(二)减税所得(26+27+28)	
26	1.花卉、茶以及其他饮料作物和香料作物的种植	
27	2.海水养殖、内陆养殖	
28	3.其他	
29	(三)从事国家重点扶持的公共基础设施项目投资经营的所得	
30	(四)从事符合条件的环境保护、节能节水项目的所得	
31	(五)符合条件的技术转让所得	
32	(六)其他	
33	五、减免税合计(34+35+36+37+38)	
34	(一)符合条件的小型微利企业	
35	(二)国家需要重点扶持的高新技术企业	
36	(三)民族自治地方的企业应缴纳的企业所得税中属于地方分享的部分	
37	(四)过渡期税收优惠	
38	(五)其他	
39	六、创业投资企业抵扣的应纳税所得额	
40	七、抵免所得税额合计(41+42+43+44)	
41	(一)企业购置用于环境保护专用设备的投资额抵免的税额	
42	(二)企业购置用于节能节水专用设备的投资额抵免的税额	
43	(三)企业购置用于安全生产专用设备的投资额抵免的税额	
44	(四)其他	
45	企业从业人数(全年平均人数)	
46	资产总额(全年平均数)	
47	所属行业(工业企业　　其他企业　　　)	

经办人(签章):　　　　　　　　　　　　法定代表人(签章):

企业所得税年度纳税申报表附表六：境外所得税抵免计算明细表（见表 7-13）。

表 7-13

境外所得税抵免计算明细表

填报时间：　　年　　月　　日

金额单位：元（列至角分）

抵免方式	国家或地区	境外所得	境外所得换算含税所得	弥补以前年度亏损	免税所得	弥补亏损前境外应税所得额	可弥补境内亏损	境外应纳税所得额	税率	境外所得应纳税额	境外所得可抵免税额	境外所得税款抵免限额	本年可抵免的境外所得税款	未超过境外所得税款抵免限额的余额	本年可抵免以前年度所得税额	前五年境外所得已缴税款未抵免余额	定率抵免
	1	2	3	4	5	6(3-4-5)	7	8(6-7)	9	10(8×9)	11	12	13	14(12-13)	15	16	17
直接抵免																	
间接抵免				*	*									*	*	*	
				*	*									*	*	*	
合计				*	*									*	*	*	

经办人（签章）：　　　　　　　　　　　　　　法定代表人（签章）：

企业所得税年度纳税申报表附表七:以公允价值计量资产纳税调整表(见表7-14)。

表7-14　　　　　　　　　　以公允价值计量资产纳税调整表

填报时间:　　年　月　日　　　　　金额单位:元(列至角分)

行次	资产种类	期初金额		期末金额		纳税调整额(纳税调减以"－"表示)
		账载金额(公允价值)	计税基础	账载金额(公允价值)	计税基础	
		1	2	3	4	5
1	一、公允价值计量且其变动计入当期损益的金融资产					
2	1.交易性金融资产					
3	2.衍生金融工具					
4	3.其他以公允价值计量的金融资产					
5	二、公允价值计量且其变动计入当期损益的金融负债					
6	1.交易性金融负债					
7	2.衍生金融工具					
8	3.其他以公允价值计量的金融负债					
9	三、投资性房地产					
10	合计					

经办人(签章):　　　　　　　　　　　　　法定代表人(签章):

企业所得税年度纳税申报表附表八:广告费和业务宣传费跨年度纳税调整表(见表7-15)。

表7-15　　　　　　　　广告费和业务宣传费跨年度纳税调整表

填报时间:　　年　月　日　　　　　金额单位:元(列至角分)

行次	项目	金额
1	本年度广告费和业务宣传费支出	
2	其中:不允许扣除的广告费和业务宣传费支出	
3	本年度符合条件的广告费和业务宣传费支出(1－2)	
4	本年计算广告费和业务宣传费扣除限额的销售(营业)收入	
5	税收规定的扣除率	
6	本年广告费和业务宣传费扣除限额(4×5)	
7	本年广告费和业务宣传费支出纳税调整额(3≤6,本行=2行;3＞6,本行=1－6)	
8	本年结转以后年度扣除额(3＞6,本行=3－6;3≤6,本行=0)	
9	加:以前年度累计结转扣除额	
10	减:本年扣除的以前年度结转额	
11	累计结转以后年度扣除额(8+9－10)	

经办人(签章):　　　　　　　　　　　　　法定代表人(签章):

企业所得税年度纳税申报表附表九：资产折旧、摊销纳税调整明细表（见表 7-16）。

表 7-16

资产折旧、摊销纳税调整明细表

填报日期：　年　月　日

金额单位：元（列至角分）

行次	资产类别	资产原值		折旧、摊销		本期折旧、摊销额		纳税调整额
		账载金额	计税基础	合计	税收	合计	税收	
		1	2	3	4	5	6	7
1	一、固定资产			*	*			
2	1. 房屋建筑物							
3	2. 飞机、火车、轮船、机器、机械和其他生产设备							
4	3. 与生产经营有关的器具、工具、家具							
5	4. 飞机、火车、轮船以外的运输工具							
6	5. 电子设备							
7	二、生产性生物资产			*	*			
8	1. 林木类							
9	2. 畜类							
10	三、长期待摊费用			*	*			
11	1. 已足额提取折旧的固定资产的改建支出							
12	2. 租入固定资产的改建支出							
13	3. 固定资产的大修理支出							
14	4. 其他长期待摊费用							
15	四、无形资产			*	*			
16	五、油气勘探投资							
17	六、油气开发投资							
18	合计							

经办人（签章）：　　　　　　　　　　　　　　　　　　　法定代表人（签章）：

企业所得税年度纳税申报表附表十:资产减值准备项目调整明细表(见表7-17)。

表 7-17　　　　　　　　　**资产减值准备项目调整明细表**

填报日期:　　年　月　日　　　　　金额单位:元(列至角分)

行次	准备金类别	期初余额	本期转回额	本期计提额	期末余额	纳税调整额
		1	2	3	4	5
1	坏(呆)账准备					
2	存货跌价准备					
3	*其中:消耗性生物资产减值准备					
4	*持有至到期投资减值准备					
5	*可供出售金融资产减值		——			
6	♯短期投资跌价准备					
7	长期股权投资减值准备					
8	*投资性房地产减值准备					
9	固定资产减值准备					
10	在建工程(工程物资)减值准备					
11	*生产性生物资产减值准备					
12	无形资产减值准备					
13	商誉减值准备					
14	贷款损失准备					
15	矿区权益减值					
16	其他					
17	合计					

　　　　经办人(签章):　　　　　　　　　　　　法定代表人(签章):

注:表中 * 项目为执行新会计准则企业专用;表中加 ♯ 项目为执行企业会计制度、小企业会计准则的企业专用。

企业所得税年度纳税申报表附表十一：长期股权投资所得（损失）明细表（见表7-18）。

表7-18

长期股权投资所得（损失）明细表

填报时间：　年　月　日　　　　　　　　　　　　　　　　　　金额单位：元（列至角分）

行次	被投资企业	期初投资额	本年度增（减）投资额	投资成本 初始投资成本	投资成本 权益法核算对初始投资成本调整产生的收益	会计核算投资收益	合计投资损益	税收确认的股息红利 免税收入	税收确认的股息红利 全额征税收入	会计与税收的差异	投资转让所得（损失） 投资转让净收入	投资转让所得（损失） 投资转让的会计成本	投资转让所得（损失） 投资转让的税收成本	投资转让所得（损失） 会计上确认的转让所得或损失	投资转让所得（损失） 按税收计算的投资转让所得或损失	投资转让所得（损失） 合计与税收的差异
		1	2	3	4	5	6(7+14)	7	8	9	10(7-8-9)	11	12	13	14(11-12)	15(11-13) 16(14-15)
1																
2																
3																
4																
5																
6																
7																
8																
合计																

投资损失补充资料

行次	项目	年度	当年度结转金额	已弥补金额	本年度弥补金额	结转以后年度待弥补金额	备注
1	第一年						
2	第二年						
3	第三年						
4	第四年						
5	第五年						

以前年度结转在本年度税前扣除的股权投资转让损失

经办人（签章）：　　　　　　　　　　　　　　　　法定代表人（签章）：

复习与思考

一、单项选择题

1. 根据企业所得税法规定,依照外国(地区)法律成立且实际管理机构不在中国境内,但在中国境内设立机构、场所的,或者在中国境内未设立机构、场所,但有来源于中国境内所得的企业,是(   )。

A. 本国企业　　　B. 外国企业　　　C. 居民企业　　　D. 非居民企业

2. 根据企业所得税法规定,依法在中国境内成立,或者依照外国(地区)法律成立但实际管理机构在中国境内的企业,是(   )。

A. 本国企业　　　B. 外国企业　　　C. 居民企业　　　D. 非居民企业

3.《中华人民共和国企业所得税法》规定的企业所得税的税率为(   )。

A. 20%　　　B. 25%　　　C. 30%　　　D. 33%

4. 国家需要重点扶持的高新技术企业,减按(   )的税率征收企业所得税。

A. 10%　　　B. 12%　　　C. 15%　　　D. 20%

5. 企业发生的公益性捐赠支出,在年度利润总额(   )以内的部分,准予在计算应纳税所得额时扣除。

A. 10%　　　B. 12%　　　C. 15%　　　D. 20%

6. 企业应当自年度终了之日起(   )个月内,向税务机关报送年度企业所得税纳税申报表,并汇算清缴,结清应缴应退税款。

A. 3　　　B. 4　　　C. 5　　　D. 6

7. 扣缴义务人每次代扣的税款,应当自代扣之日起(   )内缴入国库,并向所在地的税务机关报送扣缴企业所得税报告表。

A. 3 日　　　B. 5 日　　　C. 7 日　　　D. 10 日

8. 按照新企业所得税法的规定,下列企业不缴纳企业所得税的是(   )。

A. 国有企业　　　B. 私营企业　　　C. 合伙企业　　　D. 外商投资企业

9. 企业所得税法所称企业以非货币形式取得的收入,应当按照(   )确定收入额。

A. 公允价值　　　B. 重置价值　　　C. 历史价值　　　D. 原始价值

10. 以下属于企业所得税纳税人的是(   )。

A. 个人独资企业　　　　　　　　B. 合伙企业

C. 自然人有限责任公司　　　　　D. 居民个人

11. 下面各项收入应该征收企业所得税的是(   )。

A. 股息、红利等权益性投资收益

B. 依法收取并纳入财政管理的政府性基金

C. 依法收取并纳入财政管理的行政事业收费

D. 财政拨款

12. 甲公司 2012 年度实际发生的与经营活动有关的业务招待费为 100 万元,该公司应按照(   )万元予以税前扣除,该公司 2012 年度的销售收入为 4 000 万元。

A. 60　　　　　　　B. 100　　　　　　　C. 240　　　　　　　D. 20

13. 在计算应纳税所得额时,下列支出不得扣除的是(　　　)。

　　A. 缴纳的营业税　　　　　　　　　　B. 合理分配的材料成本

　　C. 企业所得税税款　　　　　　　　　D. 销售固定资产的损失

14. 下面各项固定资产可以提取折旧的是(　　　)。

　　A. 经营租赁方式租出的固定资产　　　B. 以融资租赁方式租出的固定资产

　　C. 未使用的固定资产(机器设备)　　　D. 单独估价作为固定资产入账的土地

15. 企业纳税年度发生亏损,准予向以后年度结转,用以后年度的所得弥补,但结转年限最长不得超过(　　　)年。

　　A. 5 年　　　　　　B. 3 年　　　　　　C. 10 年　　　　　　D. 不能弥补

16. 企业对外投资期间,投资资产的(　　　)在计算应纳税所得额时不得扣除。

　　A. 利息　　　　　　B. 折旧　　　　　　C. 成本　　　　　　D. 管理费用

17. 在计算应纳税所得额时,企业财务、会计处理办法与税收法律、行政法规的规定不一致时,应当依照(　　　)的规定计算。

　　A. 企业财务、会计处理办法　　　　　B. 税收法律、法规

　　C. 上级机关的指示　　　　　　　　　D. 有资质的中介机构

18. 企业的下列收入中,属于应税收入的是(　　　)。

　　A. 国债利息收入

　　B. 符合条件的居民企业之间的股息、红利等权益性投资收益

　　C. 符合条件的非营利组织的收入

　　D. 银行存款利息收入

19. 甲公司 2012 年度的销售收入为 1 000 万元,实际发生的符合条件的广告支出和业务宣传费支出为 200 万元,该公司应按照(　　　)万元予以税前扣除。

　　A. 150　　　　　　B. 200　　　　　　C. 100　　　　　　D. 50

20. 某公司外购一专利权,使用期限为 6 年,公司为此支付价款和税费共 600 万元。同时,该公司自行开发一商标权,开发费用为 500 万元。则对于专利权和商标权所支付的费用,公司应当每年摊销费用合计为(　　　)万元 。

　　A. 100　　　　　　B. 150　　　　　　C. 110　　　　　　D. 183.33

21. 企业与其关联方共同开发、受让无形资产,或者共同提供、接受劳务发生的成本,在计算应纳税所得额时应当按照(　　　)进行分摊。

　　A. 公平交易原则　　　　　　　　　　B. 独立交易原则

　　C. 方便管理原则　　　　　　　　　　D. 节约成本原则

22. 企业从其关联方接受的债权性投资与权益性投资的比例超过规定标准而发生的(　　　)支出,不得在计算应纳税所得额时扣除。

　　A. 管理费用　　　　B. 利息　　　　C. 生产成本　　　　D. 损失

23. 居民企业在中国境内设立不具有法人资格的营业机构的,应当(　　　)计算并缴纳企业所得税。

　　A. 分别　　　　　　B. 汇总　　　　　C. 独立　　　　　　D. 就地预缴

24.某企业于2012年5月5日开业,该企业的纳税年度时间为( )。

A.2012年1月1日至2013年12月31日

B.2012年5月5日至2013年5月4日

C.2012年5月5日至2012年12月31日

D.以上三种由纳税人选择

25.企业应当自月份或季度终了之日起( )日内,向税务机关报送预缴企业所得税申报表,预缴税款。

A.10 B.15 C.7 D.5

26.新《企业所得税法》从( )起施行。

A.2008年3月16日 B.2008年10月1日

C.2008年1月1日 D.2009年7月1日

27.企业所得税法公布前批准设立的企业,依照当时的税收法律、行政法规规定,享受低税率优惠的,按照国务院规定,可以在本法施行后( )年内,逐步过渡到规定的税率。

A.3 B.5 C.2 D.10

28.企业开发新技术、新产品、新工艺发生的研究开发费用,可以在计算应纳税所得额时( )扣除。

A.全额 B.加计 C.减半 D.加倍

29.按照《企业所得税法》和实施条例规定,下列表述不正确的是( )。

A.发生的与生产经营活动有关的业务招待费,不超过销售(营业)收入5‰的部分准予扣除

B.发生的职工福利费支出,不超过工资薪金总额14%的部分准予税前扣除

C.为投资者或者职工支付的补充养老保险费、补充医疗保险费,在规定标准内准予扣除

D.为投资者或者职工支付的商业保险费,不得扣除

30.企业发生的符合条件的广告费和业务宣传费支出,不超过当年销售收入( )%的部分,准予扣除。

A.15 B.20 C.40 D.60

31.安置残疾人员及国家鼓励安置的其他就业人员所支付的工资,可以在计算应纳税所得额时( )扣除。

A.全额 B.减半 C.加倍 D.加计

32.按照《企业所得税法》和实施条例规定,飞机、火车、轮船以外的运输工具计算折旧的最低年限是( )。

A.3年 B.4年 C.5年 D.10年

33.按照《企业所得税法》和实施条例规定,企业从事下列项目的所得可减半征收企业所得税的是( )。

A.牲畜、家禽的饲养

B.灌溉、农产品初加工、兽医等农、林、牧、渔服务业项目

C.农作物新品种的选育

D. 花卉、茶以及其他饮料作物和香料作物的种植

34.《企业所得税法》规定的纳税义务人是（　　）。

A. 在中华人民共和国境内,企业和其他取得收入的组织,包括居民企业、非居民企业和其他取得收入的组织

B. 在中华人民共和国境内,企业和其他取得收入的组织,包括居民企业,不包括非居民企业

C. 在中华人民共和国境内,企业和其他取得收入的组织,包括居民企业、非居民企业、个人独资企业、合伙企业

35. 应纳税所得额的定义为（　　）。

A. 企业每一纳税年度的收入总额,减除不征税收入、免税收入、各项扣除以及允许弥补的以前年度亏损后的余额,为应纳税所得额

B. 企业每一纳税年度的收入总额,减除免税收入、各项扣除以及允许弥补的以前年度亏损后的余额,为应纳税所得额

C. 企业每一纳税年度的收入总额,减除不征税收入、各项扣除以及允许弥补的以前年度亏损后的余额,为应纳税所得额

D. 企业每一纳税年度的收入总额,减除不征税收入、免税收入、各项扣除的余额,为应纳税所得额

36. 企业发生的公益性捐赠支出,准予在计算应纳税所得额时扣除的比例为（　　）。

A. 应纳税所得额的 3% 以内的部分　　　B. 应纳税所得额的 10% 以内的部分

C. 在年度利润总额 12% 以内的部分　　　D. 在年度利润总额 10% 以内的部分

37. 企业在年度中间终止经营活动的,应当自实际经营终止之日起（　　）日内,向税务机关办理当期企业所得税汇算清缴。

A. 30　　　　　　B. 40　　　　　　C. 60　　　　　　D. 10

38. 企业实际发生的与取得收入有关的、合理的支出,包括（　　）和其他支出,准予在计算应纳税所得额时扣除。

A. 成本　　　　　B. 增值税　　　　　C. 税收滞纳金　　　D. 行政罚款

39. 按照《企业所得税法》和实施条例规定,固定资产的大修理支出,是符合（　　）条件的支出。

A. 修理支出达到取得固定资产时的计税基础 50% 以上

B. 修理支出达到取得固定资产时的计税基础 20% 以上

C. 修理后固定资产的使用年限延长 3 年以上

D. 固定资产必须是房屋、建筑物

40. 符合条件的技术转让所得免征、减征企业所得税,是指一个纳税年度内,居民企业技术转让所得不超过（　　）万元的部分,免征企业所得税;超过的部分,减半征收企业所得税。

A. 30　　　　　　B. 100　　　　　　C. 300　　　　　　D. 500

41. 企业发生的职工教育经费,不超过工资薪金总额（　　）的部分,可以扣除。

A. 1%　　　　　B. 1.5%　　　　　C. 2%　　　　　D. 2.5%

42.新企业所得税法规定,在中国境内未设立机构、场所,或设立机构、场所但取得的所得与机构、场所无联系的非居民企业,适用的企业所得税税率为(　　　)。

A.15％　　　　　　B.20％　　　　　　C.25％　　　　　　D.30％

43.按照新企业所得税法的规定,在中国境内登记注册的居民企业,缴纳企业所得税地点是(　　　)。

A.核算经营地　　　B.生产经营地　　　C.货物销售地　　　D.登记注册地

44.按照新企业所得税法的规定,在中国境内设立机构、场所且取得的所得与机构、场所有联系的非居民企业,缴纳企业所得税的地点是(　　　)。

A.生产经营地　　　　　　　　　　B.机构、场所所在地

C.货物生产地　　　　　　　　　　D.货物销售地

45.企业所得税法规定无形资产的摊销年限不得低于(　　　)年。

A.3　　　　　　　B.5　　　　　　　C.8　　　　　　　D.10

46.在计算应纳税所得额时,下列支出允许扣除的是(　　　)。

A.土地增值税税款　　　　　　　　B.企业所得税税款

C.税收滞纳金　　　　　　　　　　D.向环保局缴纳的罚款

47.对于固定资产提取折旧,下面说法不正确的是(　　　)。

A.未投入使用的房屋、建筑物不能提取折旧

B.未使用的机器不能提取折旧

C.以经营租赁方式租入固定资产不能提取折旧

D.价值合并在房屋中作为固定资产入账的土地可以提取折旧

48.下面不可以在税前计算摊销费用的是(　　　)。

A.已足额提取折旧的固定资产的改建支出

B.租入固定资产的改建支出

C.自创商誉

D.固定资产的大修理支出

49.在中国境内未设立机构、场所的非居民企业,其来源于中国境内的所得按下列办法计算缴纳企业所得税(　　　)。

A.股息、红利所得等权益性投资收益,以收入全额为应纳税所得额

B.转让财产所得,以收入全额为应纳税所得额

C.利息、租金、特许权使用费所得,以收入全额减除发生的费用为应纳税所得额

D.境外所得按收入总额减除与取得收入有关、合理支出的余额为应纳税所得额

50.关于企业可以从其当期应纳税额中抵免的已在境外缴纳的所得税额,下面说法符合规定的是(　　　)。

A.抵免限额为该项所得依照税法规定计算的应纳税额

B.超过抵免限额的部分,不可以在以后年度的余额抵补

C.所得是指非居民企业来源于中国境外的应税所得

D.所得是指非居民企业在中国境内设立机构、场所,取得发生在中国境外但与该机构、场所未有实际联系的应税所得

51.下面所得项目中按企业所得税法规定,不可以减免税的所得有( )。

A.从事农、林、牧、渔项目的所得

B.从事国家重点扶持的公共基础设施项目投资的所得

C.从事高新技术、新产品、新工艺项目投资的所得

D.从事符合条件的环境保护、节能节水项目的所得

二、多项选择题

1.根据企业所得税法规定,企业分为( )。

A.本国企业　　　　B.外国企业　　　　C.居民企业　　　　D.非居民企业

2.《中华人民共和国企业所得税法》规定的企业所得税的税率有( )。

A.20%　　　　　　B.25%　　　　　　C.30%　　　　　　D.33%

3.在计算应纳税所得额时,下列固定资产不得计算折旧扣除的有( )。

A.未使用的房屋、建筑物　　　　　　B.接受捐赠的固定资产

C.以经营租赁方式租入的固定资产　　D.单独估价作为固定资产入账的土地

4.企业实际发生的与取得收入有关的、合理的支出,准予在计算应纳税所得额时扣除。其中包括( )。

A.企业生产的成本、费用　　　　　　B.企业的税金

C.企业的损失　　　　　　　　　　　D.赞助支出

5.在计算应纳税所得额时,下列支出不得扣除的是( )。

A.税收滞纳金　　　　　　　　　　　B.被没收财物的损失

C.法定比例范围内的公益性捐赠支出　D.向投资者支付的股息

6.企业的下列( )收入为免税收入。

A.国债利息收入

B.符合条件的居民企业之间的股息、红利等权益性投资收益

C.在中国境内设立机构、场所的非居民企业从居民企业取得与该机构、场所有实际联系的股息、红利等权益性投资收益

D.符合条件的非营利组织的收入

7.企业的下列所得,可以免征、减征企业所得税的有( )。

A.从事农、林、牧、渔业项目的所得

B.从事国家重点扶持的公共基础设施项目投资经营的所得

C.从事符合条件的环境保护、节能节水项目的所得

D.符合条件的技术转让所得

8.在计算应纳税所得额时,企业发生的下列( )支出作为长期待摊费用,按照规定摊销的,准予扣除。

A.未经核定的准备金支出　　　　　　B.租入固定资产的改建支出

C.固定资产的大修理支出　　　　　　D.赞助支出

9.非居民企业在中国境内的场所包括( )。

A.管理机构　　　　B.营业机构　　　　C.办事机构　　　　D.营业代理人

10.企业发生非货币性资产交换,以及将货物、财产、劳务用于( ),应当视同销售

货物、提供劳务。

  A. 捐赠   B. 偿债   C. 赞助   D. 在建工程

11. 企业的(　　)费用支出,可以在计算应纳税所得额时加计扣除。

  A. 开发新技术 B. 开发新产品 C. 开发新工艺 D. 受让新技术

12. 下列属于居民企业的是(　　)。

  A. 注册地与实际管理机构均在中国

  B. 注册地或实际管理机构所在地其一在中国

  C. 作出和形成企业的经营管理重大决定和决策的地点在中国

  D. 依法在中国境内成立,或者依照外国(地区)法律成立但实际管理机构在中国境内的企业

13. 企业从事下列项目的所得,可减半征收企业所得税的有(　　)。

  A. 种植花卉 B. 种植茶   C. 海水养殖 D. 内陆养殖

14. 下列项目中可享受三免三减半优惠的有(　　)。

  A. 海水淡化   B. 沼气综合开发利用

  C. 安全生产   D. 公共污水处理

15. 权益性投资收益包括(　　)。

  A. 股息   B. 红利   C. 利息   D. 联营分利

16. 按照企业所得税法规定,下面说法正确的是(　　)。

  A. 企业销售存货,按规定计算的存货成本可以在税前扣除

  B. 企业转让资产,该项资产的净值可以在税前扣除

  C. 企业境外营业机构的亏损可以抵减境内营业税机构的盈利,进行汇总缴纳企业所得税

  D. 企业纳税年度发生亏损,准予向后年度结转,直到弥补完为止

17. 企业所得税法规定,可以实行源泉扣缴的情形是(　　)。

  A. 非居民企业纳税人在中国境内未设立机构场所,有来源于中国境内的所得,以支付人为扣缴义务人

  B. 非居民企业在中国境内取得工程作业和劳务所得,可以指定工程价款或者劳务费支付人为扣缴义务人

  C. 企业总机构与分支机构不同省的,分支机构的所得由总机构扣缴

  D. 建筑安装企业异地承揽工程项目取得所得,可以指定建设方为扣缴义务人

18. 关于企业与其关联方的业务往来处理,下面说法符合企业所得税法规定的有(　　)。

  A. 不符合独立交易原则而减少企业或者其关联方应纳税收入或者所得额的,税务机关有权按照合理方法调整

  B. 企业可以提出与其关联方之间业务往来的定价原则和计算方法,税务机关与企业协商、确认后,达成预约定价安排

  C. 企业不提供与其关联方之间业务往来资料,或者提供虚假、不完整资料,未能真实反映其关联往来情况的,税务机关有权依法核定其应纳税所得额

  D. 企业实施其他不具有合理商业目的的安排而减少其应纳税收入或者所得额的,税

务机关有权按照合理方法调整

19.有关企业所得税纳税地点,下面说法正确的是(　　　)。

A.居民企业以企业登记注册地为纳税地点

B.登记注册地在境外的,以实际管理机构所在地为纳税地点

C.居民企业在中国境内设立不具有法人资格的营业机构,应当汇总计算并缴纳企业所得税,纳税地点为总机构注册地

D.在中国境内未设立场所、机构而从中国境内取得所得的非居民企业,以扣缴义务人所在地为纳税地点

20.对于企业所得税法规定的税收优惠政策,下面说法正确的有(　　　)。

A.采取缩短折旧年限方法加速折旧的,最低折旧年限不得低于实施条例规定折旧年限的60%

B.安置残疾人员的企业,支付给残疾职工的工资在计算应纳税所得额时按100%加计扣除

C.创业投资企业从事国家鼓励的创业投资,可按投资额的70%在股权持有满两年的当年抵免应纳税额

D.符合条件的非营利组织从事营利性活动取得的收入,可作为免税收入,不并入应纳税所得额征税

21.按照企业所得税法和实施条例规定,工业企业要享受企业所得税法中小型微利企业的优惠税率,必须同时符合的有(　　　)。

A.从事国家非限制和禁止行业　　　　B.年度应纳税所得额不超过30万元

C.从业人数不超过100人　　　　　　D.资产总额不超过3 000万元

22.按照企业所得税法和实施条例规定,固定资产的大修理支出,是指同时符合下列(　　　)条件的支出。

A.修理支出达到取得固定资产时的计税基础50%以上

B.修理支出达到取得固定资产时的计税基础20%以上

C.修理后固定资产的使用年限延长2年以上

D.固定资产必须是房屋、建筑物

23.按照企业所得税法和实施条例规定,下列收入应作为其他收入的有(　　　)。

A.资产溢余收入　　　　　　　　　　B.逾期未退包装物押金收入

C.债务重组收入　　　　　　　　　　D.已作坏账损失处理后又收回的应收款项

24.企业使用或者销售的存货的成本计算方法,可以在(　　　)中选用一种。计价方法一经选用,不得随意变更。

A.先进先出法　　　B.后进先出法　　　C.加权平均法　　　D.个别计价法

25.企业从事下列项目的所得,可免征企业所得税的有(　　　)。

A.蔬菜、谷物、薯类、油料、豆类的种植

B.花卉、茶的种植

C.林木的培育和种植

D.农产品初加工

26.某企业 2009 之后年应缴企业所得税的税率有可能是(　　)。

A. 25%　　　　　　B. 20%　　　　　　C. 15%　　　　　　D. 10%

27.企业以货币形式和非货币形式从各种来源取得的收入,为收入总额,其中包括(　　)。

A.转让财产收入　　　　　　　　　　B.股息、红利等权益性投资收益

C.利息收入　　　　　　　　　　　　D.提供劳务收入

28.非居民企业应当就其来源于中国境内的所得缴纳企业所得税。其取得的所得,按照下列(　　)方法计算应纳税所得额。

A.股息等权益性投资收益,以收入全额为应纳税所得额

B.转让财产所得,以收入全额减除财产净值后的余额为应纳税所得额

C.租金、特许权使用费所得,以收入额的 50% 为应纳税所得额

D.其他所得,参照 A 规定的方法计算应纳税所得额

29.企业的下列支出,可以在计算应纳税所得额时加计扣除的有(　　)。

A.开发新技术、新产品、新工艺发生的研究开发费用

B.安置残疾人员及国家鼓励安置的其他就业人员所支付的工资

C.购买国产设备

D.创业投资企业从事国家需要重点扶持和鼓励的创业投资

三、判断题

1.部分企业应当自月份终了之日起 15 日内,向税务机关报送预缴企业所得税纳税申报表,预缴税款。　　　　　　　　　　　　　　　　　　　　　　　　(　　)

2.由于个人独资企业不适用企业所得税法,所以自然人有限公司也不适用企业所得税法。　　　　　　　　　　　　　　　　　　　　　　　　　　　　　　(　　)

3.不适用企业所得税法的个人独资企业和合伙企业,包括依照外国法律法规在境外成立的个人独资企业和合伙企业。　　　　　　　　　　　　　　　　　　(　　)

4.非居民企业在中国境内设立机构、场所的,应当就其来源于中国境内的所得按 25% 的税率缴纳企业所得税。　　　　　　　　　　　　　　　　　　　　(　　)

5.具有法人资格的企业才能成为居民纳税企业。　　　　　　　　　　　(　　)

6.居民企业适用税率 25%,非居民企业适用税率 20%。　　　　　　　　(　　)

7.国家级高新技术开发区内的高新技术企业才能享受 15% 优惠税率的规定。

　　　　　　　　　　　　　　　　　　　　　　　　　　　　　　　　(　　)

8.在计算应纳税所得额时,企业财务、会计处理办法与税收法律、行政法规的规定不一致的,应当依照税收法律、行政法规的规定计算。　　　　　　　　　　(　　)

9.不征税收入是新企业所得税法中新创设的一个概念,与"免税收入"的概念不同,属于税收优惠的范畴。　　　　　　　　　　　　　　　　　　　　　　　(　　)

10.企业所得税法规定的收入总额包括财政拨款、税收返还和依法收取并纳入财政管理的行政事业性收费和政府性基金。　　　　　　　　　　　　　　　　(　　)

11.企业在纳税年度内无论盈利或者亏损,都应当向税务机关报送预缴企业所得税纳税申报表、年度企业所得税纳税申报表、财务会计报告和税务机关规定应当报送的其他有关资料。　　　　　　　　　　　　　　　　　　　　　　　　　　　(　　)

12. 根据企业所得税法的规定,在我国目前的税收体系中,允许税前扣除的税收种类主要有消费税、营业税、资源税和城市维护建设税、教育费附加,以及房产税、车船税、耕地占用税、城镇土地使用税、车辆购置税、印花税等。　　　　　　　　　　　( )

13. 企业发生的公益救济性捐赠,在应纳税所得额12%以内的部分,准予在计算应纳税所得额时扣除。　　　　　　　　　　　　　　　　　　　　　　　　( )

14. 企业已经作为损失处理的资产,在以后纳税年度又全部收回或者部分收回时,应当计入损失发生年度的收入。　　　　　　　　　　　　　　　　　　　　　( )

15. 按照企业所得税法的规定,准予在计算应纳税所得额时扣除的成本必须是生产经营过程中的成本。　　　　　　　　　　　　　　　　　　　　　　　　　( )

16. 按照企业所得税法的规定,准予在计算应纳税所得额时扣除的费用是指企业在生产经营活动中发生的销售费用、管理费用、财务费用和已经计入成本的有关费用。( )

17. 企业销售低值易耗品不属于企业所得税法所称销售货物收入。　　　　( )

18. 企业销售货物涉及现金折扣的,应当按照扣除现金折扣后的金额确定销售货物收入金额。　　　　　　　　　　　　　　　　　　　　　　　　　　　( )

19. 企业所得税法所称企业以非货币形式取得的收入,应当按照市场价格确定收入额。　　　　　　　　　　　　　　　　　　　　　　　　　　　　　　　( )

20. 非居民企业在中国境内设立两个或者两个以上机构、场所的,可以选择由其主要机构、场所汇总缴纳企业所得税。　　　　　　　　　　　　　　　　　　　( )

21. 企业取得国家财政性补贴和其他补贴收入应当依法缴纳企业所得税。( )

22. 企业所得税法所称特许权使用费收入,是指企业提供专利权、非专利技术、商标权、版权以及其他特许权的使用权取得的收入。　　　　　　　　　　　　　( )

23. 企业所得税法规定采取产品分成方式取得收入的,按照企业分得产品的日期确认收入的实现,其收入额按照市场价格确定。　　　　　　　　　　　　　　　( )

24. 企业依照国务院有关主管部门或者省级人民政府规定的范围和标准为职工缴纳的基本养老保险费、基本医疗保险费等基本社会保险费,准予扣除;商业保险费不得扣除。
　　　　　　　　　　　　　　　　　　　　　　　　　　　　　　　　( )

25. 企业发生的职工福利费支出,不超过工资薪金总额14%的部分,准予扣除。( )

26. 除国务院财政、税务主管部门另有规定外,企业发生的职工教育经费支出,不超过工资薪金总额2.5%的部分,准予扣除;超过部分不得扣除。　　　　　　　( )

27. 企业发生的与生产经营活动有关的业务招待费支出,按照不超过当年销售(营业)收入的5‰扣除。　　　　　　　　　　　　　　　　　　　　　　　　( )

28. 企业发生的符合条件的广告费和业务宣传费支出,除国务院财政、税务主管部门另有规定外,不超过当年销售(营业)收入15%的部分,准予扣除;超过的部分不得扣除。
　　　　　　　　　　　　　　　　　　　　　　　　　　　　　　　　( )

29. 企业参加财产保险,按照规定缴纳的保险费,准予扣除。　　　　　　( )

30. 企业发生的赞助支出准予扣除。　　　　　　　　　　　　　　　　( )

31. 企业已足额提取折旧的固定资产的改建支出,作为长期待摊费用,按照规定摊销的,准予扣除。　　　　　　　　　　　　　　　　　　　　　　　　　( )

32.企业发生的合理的劳动保护支出,准予扣除。（　　）

33.税务机关按税法作出纳税调整,需要补征税款的,应当补征税款,并按照国务院规定加收利息。（　　）

34.企业应当自固定资产投入使用月份起计算折旧。（　　）

35.无形资产的摊销年限为 10 年。（　　）

36.居民企业来源于中国境外的应税所得,可以从其当期应纳税额中抵免,抵免限额为该项所得依照企业所得税法规定计算的应纳税额;超过抵免限额的部分,不得抵补。

（　　）

37.企业取得的股息、红利等权益性投资收益和利息、租金、特许权使用费所得,以收入净额为应纳税所得额。（　　）

38.企业取得的转让财产所得,以收入全额减除财产净值后的余额为应纳税所得额。

（　　）

39.由于技术进步,产品更新换代较快的固定资产,企业所得税法允许采取缩短折旧年限或者采取加速折旧的方法计提折旧。（　　）

40.企业取得的债券利息收入免征企业所得税。（　　）

41.企业取得的符合条件的环境保护、节能节水项目的所得,可以免征、减征企业所得税。（　　）

42.企业同时从事适用不同企业所得税待遇的项目的,其优惠项目应当单独计算所得,并合理分摊企业的期间费用;没有单独计算的,不得享受企业所得税优惠。（　　）

43.企业所得税法规定对民族自治地方内的企业,可以减征或者免征企业所得税。

（　　）

44.企业购置并实际使用符合规定的环境保护专用设备的,该专用设备的投资额的10%可以从企业当年的应纳税额中抵免;当年不足抵免的,可以在以后年度结转抵免。

（　　）

四、实务题

1.华兴织造有限责任公司执行《小企业会计准则》,2013 年企业会计报表利润为 20 万元,未作任何项目调整,已按 25% 的所得税率计算缴纳所得税 5 万元。年终汇算清缴时,委托税务师事务所进行税收审查,注册税务师经查阅有关账证资料,发现如下问题:

(1)企业 2013 年度平均职工人数 100 人,实际列支的工资、津贴、补贴、奖金等共计160 万元。

(2)企业"长期借款"账户中记载:建设银行借款 100 万元,年利率为 5%;向其他企业借款 50 万元,年利率 15%。上述借款均用于企业的生产经营(同类同期银行贷款利率为5%)。

(3)全年销售收入 8 000 万元,企业列支业务招待费 30 万元。

(4)该企业 2013 年在税前共计提取并发生职工福利费 16 万元;计提工会经费 3.2 万元,实际拨付工会 2 万元;计提职工教育经费 4 万元,实际发生职工教育经费 4.8 万元。

(5)"营业外支出"中列支 10 万元,其中,通过希望工程基金委员会向某灾区捐款 5 万元,直接向某困难地区捐赠 1 万元,广告性赞助 4 万元,取得广告业专用发票。

(6)年末"应收账款"借方余额 350 万元,"坏账准备"科目年末调整后的贷方余额为 3.5 万元(该企业采用年末应收账款余额百分比法计提坏账准备,计提率为 1%)。

除上述问题之外,无其他调整项目。

要求:

(1)简要的分析应调整的项目。

(2)计算该企业 2013 年年终汇算清缴应补缴的企业所得税额。

(3)作出 2013 年年终汇算清缴时的会计处理。

2.正东电机公司执行《企业会计准则》,2012 年全年销售收入 15 000 万元,实现利润总额 1 000 万元,企业所得税税率为 25%,当年已预缴企业所得税 210 万元。企业相关的账册资料显示:

(1)国库券利息收入 15 万元。

(2)合理的工资薪金总额 200 万元。

(3)实际发生的业务招待费 140 万元。

(4)实际发生的职工福利费 50 万元。

(5)实际支付的职工教育经费 2 万元,拨付公司工会经费 10 万元。

(6)税收滞纳金 10 万元。

(7)提取固定资产减值准备 10 万元,提取存货跌价准备 15 万元。

(8)企业当年购置环境保护专用设备 500 万元,购置完毕即投入使用。

(9)按《企业会计准则》规定,该公司 2012 年年末资产负债表相关项目金额及其计税基础见表 7-19。

表 7-19　　　　　　　　　　　　　　　　　　　　　　　　　　　　　　单位:万元

项目	账面价值	计税基础	差　异	
			应纳税暂时性差异	可抵扣暂时性差异
存货	5 000	5 150		150
固定资产:				
固定资产原价	10 500	10 500		
减:累计折旧	500	500		
减:固定资产减值准备	100	0		
固定资产账面价值	9 900	10 000		100
总计				250

(10)递延所得税资产的期初余额为 25 万元,递延所得税负债的期初余额为 0。

要求:

(1)计算该公司 2012 年应纳的企业所得税额(假定企业以前年度无未弥补亏损)。

(2)确认当年利润表中的所得税费用。

(3)作出 2012 年汇算清缴所得税会计处理。

第 **8** 章

个人所得税会计

知识目标

1. 了解个人所得税的纳税义务人、税率,个人所得税的申报;
2. 熟悉个人所得税的优惠政策;
3. 掌握工资、薪金所得,个体工商户生产、经营所得,承包经营、承租经营所得,劳务报酬所得,特许权使用费所得,财产租赁所得,财产转让所得,利息、股息、红利所得,偶然所得和其他所得的一般计税方法和个人所得税特殊计税方法及会计核算。

8.1 个人所得税概述

个人所得税是对我国公民、居民来源于我国境内外的各项应税所得征收的一种税。个人取得的应纳税所得形式包括现金、实物、有价证券和其他形式的经济利益。《中华人民共和国个人所得税法》于 1980 年 9 月 10 日制定,1993 年进行了第一次修订,1999 年进行了第二次修订,2005 年进行了第三次修订,2007 年进行了第四次修订。1994 年国务院发布了《中华人民共和国个人所得税法实施条例》,2005 年进行了第一次修订,2008 年进行了第二次修订。2000 年 9 月,国家制定了《关于个人独资企业和合伙企业投资者征收个人所得税的规定》,明确从 2000 年 1 月 1 日起,个人独资企业和合伙企业停征企业所得税,只对其投资者的经营所得依法征收个人所得税。我国现行的《个人所得税法》是于 2011 年 9 月 1 日修改后实施的,修改后个人所得税的起征点调至 3 500 元。

8.1.1 个人所得税的纳税义务人

个人所得税的纳税义务人是指在中国境内有住所,或者无住所而在境内居住满 1 年,以及无住所又不居住或者居住不满 1 年但有来源于中国境内所得的个人,包括中国公民、个体工商户以及在中国有所得的外籍人员(包括无国籍人员,下同)和香港、澳门、台湾同胞。上述纳税义务人依据住所和居住时间两个标准区分为居民和非居民,分别承担不同的纳税义务。

1.居民纳税义务人

根据《个人所得税法》的规定,居民纳税义务人是指在中国境内有住所,或者无住所而在境内居住满1年的个人。居民纳税义务人负有无限纳税义务,应就其来源于中国境内、境外的应税所得,在中国缴纳个人所得税。在中国境内有住所的个人,是指因户籍、家庭、经济利益关系而在中国境内习惯性居住的个人。所谓习惯性居住是指个人因学习、工作、探亲、旅游等原因消除之后,没有理由在其他地方继续居留时所要回到的地方,而不是指实际居住或在某一个特定时期内的居住地。例如某人因学习、工作、探亲、旅游等原因,在中国境外居住,但是在这些原因消除之后,如果必须回到中国境内居住,则中国就是这个人的习惯性居住地。

在境内居住满1年,是指在一个纳税年度中在中国境内居住满365日。其中临时离境的,应视为在华居住,不扣减在华居住的日数。临时离境是指在一个纳税年度中一次不超过30日或者多次累计不超过90日的离境。

2.非居民纳税义务人

非居民纳税义务人是指不符合居民纳税义务人的条件的纳税义务人。根据税法规定,非居民纳税义务人就是在中国境内无住所又不居住或者无住所而在境内居住不满1年的个人。也就是说,非居民纳税义务人是指习惯性居住地不在中国境内,而且不在中国居住,或者在一个纳税年度内在中国境内居住不满1年的个人。在现实生活中,非居民纳税义务人实际上只能是在一个纳税年度中,没有在中国境内居住,或者居住但不满1年的外籍人员,香港、澳门、台湾同胞。

非居民纳税义务人负有有限纳税义务,仅就其从中国境内取得的所得,在中国缴纳个人所得税。其中对在中国境内无住所,如果在一个纳税年度中在中国境内连续或者累计居住不超过90日的纳税人还有减免税优惠政策。

在中国境内无住所个人的纳税义务大小主要依据其居住时间长短来确定,居住时间越长,其应尽的纳税义务越大。具体概括见表8-1。

表8-1   **个人所得税纳税义务人分类表**

居住时间	纳税人性质	境内所得		境外所得	
		境内支付	境外支付	境内支付	境外支付
90日(或183日)以内	非居民	√	免税	×	×
90日(或183日)~1年	非居民	√	√	×	×
1~5年	居民	√	√	√	免税
5年以上	居民	√	√	√	√

注:"√"表示应纳税,"×"表示不征税。

3.所得来源地的确定

对于非居民纳税义务人,因其只依据来源于中国境内的所得征税,因此,应分清所得

的来源地。根据税法规定,下列所得,不论支付地点是否在中国境内,均为来源于中国境内的所得:

(1)因任职、受雇、履约等而在中国境内提供劳务取得的所得。

(2)将财产出租给承租人在中国境内使用而取得的所得。

(3)转让中国境内的建筑物、土地使用权等财产或者在中国境内转让其他财产取得的所得。

(4)许可各种特许权在中国境内使用而取得的所得。

(5)从中国境内的公司、企业以及其他经济组织或者个人取得的利息、股息、红利所得。

(6)在中国境内任职、受雇取得的工资、薪金所得。

(7)在中国境内从事生产、经营活动而取得的生产经营所得。

(8)在中国境内以图书、报刊方式出版、发表作品取得的稿酬所得。

(9)在中国境内参加竞赛取得的奖金所得;参加有关部门组织的有奖活动取得的中奖所得;购买有关部门发行的彩票取得的中彩所得。

8.1.2　应税所得项目

现行个人所得税法把个人所得税的征收范围划分为 11 个应税所得项目:

(1)工资、薪金所得。

特别说明:根据我国目前个人收入的构成情况,对于一些不属于工资、薪金性质的补贴、津贴或者不属于纳税人本人工资、薪金所得项目的收入,不予征税,这些项目包括:

①独生子女补贴;

②执行公务员工资制度未纳入基本工资总额的补贴、津贴差额和家属成员的副食品补贴;

③托儿补助费;

④差旅费津贴、误餐补助(不包括单位以误餐补助名义发给职工的补助、津贴)。

(2)个体工商户的生产、经营所得。

特别说明:个体工商户和从事生产经营的个人,取得的与生产经营活动无关的其他各项应税所得,应分别按照其他应税项目的有关规定,计征个人所得税。

(3)对企事业单位的承包经营、承租经营所得。

特别说明:外商投资企业采取发包、出租经营且经营人为个人的,对经营人从外商投资企业分享的收益或取得的所得,亦按照个人对企事业单位的承包、承租经营所得征收个人所得税。

(4)劳务报酬所得。

特别说明:劳务报酬所得一般属于个人从事自由职业取得的所得或属于独立个人劳动所得。是否存在雇佣与被雇佣关系,是判断一种收入是属于劳务报酬所得,还是属于工资、薪金所得的重要标准。个人担任董事职务取得的董事费收入,属于劳务报酬性质,按劳务报酬所得项目征税。

(5)稿酬所得。

(6)特许权使用费所得。

特别说明:根据税法规定,提供著作权的使用权取得的所得,不包括稿酬的所得。对于作者将自己的文字作品手稿原件或复印件公开拍卖(竞价)取得的所得,属于提供著作权的使用所得,故应按特许权使用费所得项目征收个人所得税。

(7)利息、股息、红利所得。

(8)财产租赁所得。

(9)财产转让所得。

(10)偶然所得。

(11)经国务院财政部门确定征税的其他所得。

8.2 个人所得税的税率及优惠政策

8.2.1 个人所得税的适用税率

1.工资、薪金所得适用七级超额累进税率,税率以月应纳税所得额不同确定为5%~45%(见表8-2)。

表8-2 　　　　　　　　　工资、薪金所得适用个人所得税税率表

级数	含税级距	不含税级距	税率	速算扣除数
1	不超过1 500元的	不超过1 455元的	3%	0
2	超过1 500元至4 500元的部分	超过1 455元至4 155元的部分	10%	105
3	超过4 500元至9 000元的部分	超过4 155元至7 755元的部分	20%	555
4	超过9 000元至35 000元的部分	超过7 755元至27 255元的部分	25%	1 005
5	超过35 000元至55 000元的部分	超过27 255元至41 255元的部分	30%	2 755
6	超过55 000元至80 000元的部分	超过41 255元至57 505元的部分	35%	5 505
7	超过80 000的部分	超过57 505的部分	45%	13 505

注:

(1)表中所列含税级距、不含税级距,均为按照税法规定减除有关费用后的应纳税所得额。

(2)含税级距适用于由纳税人负担税款的工资、薪金所得;不含税级距适用于由他人(单位)代付税款的工资、薪金所得。

2.个人独资企业、合伙企业、个体工商户的生产、经营所得和对企事业单位的承包经营、承租经营所得适用五级超额累进税率,见表8-3。

表 8-3　　　　个人独资企业、合伙企业、个体工商户的生产、经营所得和
对企事业单位的承包经营、承租经营所得适用个人所得税税率表

级数	含税级距	不含税级距	税率	速算扣除数
1	不超过 15 000 元的	不超过 14 250 元的	5%	0
2	超过 15 000 元至 30 000 元的部分	超过 14 250 元至 27 750 元的部分	10%	750
3	超过 30 000 元至 60 000 元的部分	超过 27 750 元至 51 750 元的部分	20%	3 750
4	超过 60 000 元至 100 000 元的部分	超过 51 750 元至 79 750 元的部分	30%	9 750
5	超过 100 000 元的部分	超过 79 750 元的部分	35%	14 750

注：

(1)表中所列含税级距、不含税级距,均为按照税法规定减除有关费用(成本、损失)后的应纳税所得额。

(2)含税级距适用于独资企业、合伙企业、个体工商户的生产、经营所得和由纳税人负担税款的承包经营、承租经营所得;不含税级距适用于由他人(单位)代付税款的承包经营、承租经营所得。

3.劳务报酬所得,稿酬所得,特许权使用费所得,利息、股息、红利所得,财产租赁所得,财产转让所得,偶然所得,经国务院财政部门确定的其他所得适用 20% 税率。

对劳务报酬所得一次收入畸高的,实行加成征收。即:一次取得劳务报酬应纳税所得额超过 2 万元至 5 万元的部分,按 20% 计算应纳税额后,再按照应纳税额加征五成;超过 5 万元的部分,按 20% 计算应纳税额后,再按照应纳税额加征十成(见表 8-4)。稿酬所得按应纳税额减征 30%。

《财政部、国家税务总局关于调整住房租赁市场税收政策的通知》(财税〔2000〕125 号)规定,从 2001 年 1 月 1 日起,对个人出租房屋取得的所得暂减按 10% 的税率征收个人所得税。

表 8-4　　　　　　　　劳务报酬所得适用个人所得税税率表

级数	含税级距	不含税劳务报酬收入额	税率	速算扣除数
1	不超过 20 000 元的	不超过 16 000 元的	20%	0
2	超过 20 000 元至 50 000 元的部分	超过 16 000 元至 37 000 元的部分	30%	2 000
3	超过 50 000 元的部分	超过 37 000 元的部分	40%	7 000

注：

(1)表中所列含税级距为按照税法规定减除有关费用后的所得额;不含税劳务报酬收入额为没有减除税法规定有关费用前的收入总额。

(2)含税级距适用于由纳税人负担税款的劳务报酬所得;不含税劳务报酬收入额适用于由他人(单位)代付税款的劳务报酬所得。

8.2.2　个人所得税费用扣除标准及税率的确定

个人所得税法规定,对纳税人的所得,应按不同的所得项目分别扣除费用、成本和损失,分别计算各所得项目的应纳税所得额。在计算应纳税所得额时,还必须按人、按项和按国内、国外分别计算。个人所得税费用扣除标准及税率的确定见表 8-5。

表 8-5　　　　　　　　　　　　　个人所得税费用扣除标准及税率表

序号	课税对象	费用扣除标准	税率
1	工资、薪金所得	2011 年 9 月 1 日以后,中国公民为 3 500 元(外籍人员为 4 800 元)	3%～45%
2	个人独资企业、合伙企业、个体工商户生产、经营所得	成本、费用、损失、准予扣除的税费,个体工商户业主的生活费用扣除标准为每月 3 500 元,全年即 3 500×12	5%～35%
3	对企事业单位的承包经营、承租经营所得	2011 年 9 月及以后为 3 500 元/月	5%～35%
4	劳务报酬所得	每次所得不足 4 000 元的减除费用 800 元,每次所得超过 4 000 元的减除费用 20%	20%,一次收入畸高的则实行加成征税
5	利息、股息、红利所得	不扣除费用	20%(储蓄存款 2007 年 8 月 15 日后孳生的利息所得,税率 5%)
6	稿酬所得	同 4	20%,按应纳税额减征 30%
7	特许权使用费所得	同 4	20%
8	财产租赁所得	同 4	20%
9	财产转让所得	以转让财产的收入额减除财产原值和合理费用	20%
10	偶然所得	不扣除费用	20%(社会福利彩票 1 万元以下免征)
11	经国务院或财政部确定征税的其他所得		20%

8.2.3　个人所得税的税收优惠

个人所得税法及相关法规,对个人所得税项目给予了减税和免税的优惠,主要有以下几项:

1.免税项目

(1)省级人民政府、国务院部委和中国人民解放军军以上单位,以及外国组织、国际组织颁发的科学、教育、技术、文化、卫生、体育、环境保护等方面的奖金。

(2)国债和国家发行的金融债券利息以及个人取得的教育储蓄存款利息。

(3)按照国家统一规定发给的补贴、津贴。

(4)福利费、抚恤金、救济金。

(5)保险赔款。

(6)军人的转业费、复员费。

(7)按照国家统一规定发给干部、职工的安家费、退职费、退休工资、离休工资、离休生活补助费。

(8)依法应予免税的各国驻华使馆、领事馆的外交代表、领事官员和其他人员的所得。

(9)中国政府参加的国际公约、签订的协议中规定免税的所得。

(10)企业和个人按规定比例提取并缴付的住房公积金、基本医疗保险费、基本养老保险费和失业保险费,不计入个人当期的工资、薪金收入,免予征收个人所得税;超过规定的比例缴付的部分计征个人所得税。个人领取原提存的住房公积金、基本医疗保险费、基本养老保险费时,免征个人所得税。

(11)对乡镇以上政府或县以上政府主管部门批准成立的见义勇为基金会或者类似组织,奖励见义勇为者的奖金或奖品,经主管税务机关批准,免征个人所得税。

(12)经国务院财政部门批准的其他免税所得。

2.减税项目

(1)残疾、孤老人员和烈属的所得。

(2)因严重自然灾害造成重大损失的。

(3)其他经国务院财政部门批准减税的。

上述减税项目的减征幅度和期限,由省、自治区、直辖市人民政府规定。

3.暂免征税项目

(1)外籍个人以非现金形式或实报实销形式取得的住房补贴、伙食补贴、搬迁费、洗衣费。

(2)外籍个人按合理标准取得的境内境外出差补贴。

(3)外籍个人取得的探亲费、语言训练费、子女教育费等,经当地税务机关审核批准为合理的部分。

(4)外籍个人从外商投资企业取得的股息、红利所得。

(5)个人举报、协查各种违法、犯罪行为而获得的奖金。

(6)个人办理代扣代缴税款手续,按规定取得的扣缴手续费。

(7)个人转让自用达5年以上,并且是唯一的家庭生活用房取得的所得。

(8)对个人购买福利彩票、体育彩票,一次中奖收入在1万元以下的(含1万元)暂免征收个人所得税,超过1万元的全额征收个人所得税。

(9)对于在征用土地过程中,单位支付给土地承包人的青苗补偿费收入,暂免征收个人所得税。

(10)对个人转让上市公司股票的所得,暂免征收个人所得税。

(11)2005年6月13日起对个人投资应从上市公司取得的股息红利所得,暂减按50%计入个人应纳税所得额。

(12)凡符合下列条件之一的外籍专家取得的工资、薪金所得可免征个人所得税:

①根据世界银行专项贷款协议由世界银行直接派往我国工作的外国专家;

②联合国组织直接派往我国工作的专家;

③为联合国援助项目来华工作的专家;

④援助国派往我国专为该国无偿援助项目工作的专家;

⑤根据两国政府签订文化交流项目来华工作2年以内的文教专家,其工资、薪金所得由该国负担的;

⑥根据我国大专院校国际交流项目来华工作 2 年以内的文教专家,其工资、薪金所得由该国负担的;

⑦通过民间科研协定来华工作的专家,其工资、薪金所得由该国政府机构负担的。

8.3 个人所得税应纳税额计算及会计核算

8.3.1 工资、薪金所得

1.一般计算方法

(1)应纳税所得额的确定

工资、薪金所得实行按月计征办法,即以每月应税收入全额扣除规定标准费用后的余额为应纳税所得额。自 2008 年 3 月 1 日起,内籍人员以每月收入额减除费用 2 000 元后的余额为应纳税所得额。外籍人员以每月收入额扣除 4 800 元费用后的余额为应纳税所得额。其计算公式为

应纳税所得额＝每月收入额－费用扣除额(2 000 元或 4 800 元)

外籍人员是指:

①在中国境内的外商投资企业和外国企业中工作的外籍人员;

②应聘在中国境内的企业、事业单位、社会团体、国家机关中工作的外籍专家;

③在中国境内有住所而在中国境外任职或者受雇取得工资、薪金所得的个人;

④国务院财政、税务主管部门确定的其他人员。

此外,4 800 元扣除费用也适用于华侨和香港、澳门、台湾同胞。

(2)应纳税额的计算

应纳税额＝应纳税所得额×适用税率－速算扣除数

【例 8-1】 2012 年 11 月,某公司职员张某取得工资收入 5 000 元、奖金收入 500 元、各类应纳税补贴收入 200 元,按照规定允许扣除的各种社会保险费等支出 400 元。计算张某本月应纳税额。

全月应纳税所得额＝5 000＋500＋200－400－3 500＝1 800(元)

全月应纳税额＝1 800×10％－105＝75(元)

【例 8-2】 香港某公司派往大陆分公司常驻(超过 5 年)的工程师李某,月薪为50 000 元人民币,按照规定可以扣除的各种费用支出共 5 000 元。计算李某全月应纳税额。

全月应纳税所得额＝50 000－5 000－4 800＝40 200(元)

全月应纳税额＝40 200×30％－2 755＝9 305(元)

2.特殊计算方法

(1)个人取得全年一次性奖金的计税方法

一次性奖金包括年终加薪、实行年薪制和绩效工资办法的单位,根据考核情况兑现的年薪绩效工资。纳税人取得全年一次性奖金,单独作为一个月工资、薪金所得计算纳税。自 2005 年 1 月 1 日起按以下计税办法,由扣缴义务人发放时代扣代缴。

①个人取得全年一次性奖金且获取奖金当月个人的工资、薪金所得高于(或等于)税法规定的费用扣除额的,其应纳税额的计算方法是:用全年一次性奖金总额除以 12 个月,按其商数对照工资、薪金所得项目税率表,确定适用税率和对应的速算扣除数,计算缴纳

个人所得税。计算公式为

应纳税额＝个人当月取得的全年一次性奖金×适用税率－速算扣除数

个人当月工资、薪金所得与全年一次性奖金应分别计算缴纳个人所得税。

②个人取得全年一次性奖金且获取奖金当月个人的工资、薪金所得低于税法规定的费用扣除额的，其应纳税额的计算方法是：用全年一次性奖金减去"个人当月工资、薪金所得与费用扣除额的差额"后的余额除以 12 个月，按其商数对照工资、薪金所得项目税率表，确定适用税率和对应的速算扣除数，计算缴纳个人所得税。计算公式为

应纳税额＝(个人当月取得全年一次性奖金－个人当月工资、薪金所得与费用扣除额的差额)
　　　　×适用税率－速算扣除数

由于上述计算纳税方法是一种优惠办法，在一个纳税年度内，对每一个人，该计算纳税办法只允许采用一次。对于全年考核，分次发放奖金的，该办法也只能采用一次。

【例 8-3】　雇员江某 2012 年 1 月 10 日取得当月工资收入 4 000 元，1 月 20 日取得 2011 年度一次性奖金 18 000 元；同期，张某取得当月工资收入 1 500 元，全年一次性奖金 5 000 元。计算两人 1 月份各应缴纳多少个人所得税。

江某应纳税额计算：

1 月份工资部分应纳税额＝(4 000－3 500)×3％－0＝15(元)

确定一次性奖金应纳税额适用税率＝18 000/12＝1 500(元)

故适用税率为 10％，对应的速算扣除数为 105，则

一次性奖金应纳税额＝18 000×10％－105＝1 695(元)

所以，江某应纳税额合计为 1 710 元。

张某应纳税额计算：

张某 1 月份的工资收入没有超 3 500 元，不需纳税。

确定一次性奖金适用税率＝[5 000－(3 500－1 500)]/12＝250(元)

故适用税率为 3％，对应的速算扣除数为 0，则

应纳税额＝[5 000－(3 500－1 500)]×3％＝90(元)

编制企业代扣代缴江某、张某个人所得税的会计分录如下：

借：应付职工薪酬　　　　　　　　　　　　28 500
　　贷：银行存款　　　　　　　　　　　　　　26 700
　　应交税费——代扣个人所得税　　　　　　　1 800

(2)同时取得雇佣单位和派遣单位工资、薪金所得的计税方法

雇佣和派遣单位分别支付工资、薪金的，由支付者一方减除费用，即雇佣单位减除费用，派遣单位不再减除费用，以支付全额计算扣税。

【例 8-4】　薛某为一外商投资企业雇佣的中方人员。2012 年 11 月，外商投资企业支付给薛某薪金 6 000 元，同月其派遣单位发给工资 3 000 元。该外商投资企业、派遣单位应扣缴薛某多少个人所得税？薛某应补缴的个人所得税是多少？

外商投资企业应扣缴薛某个人所得税：

扣缴税额＝(6 000－3 500)×10％－105＝145(元)

派遣单位应扣缴薛某个人所得税：

扣缴税额＝3 000×10％－105＝195(元)

薛某到税务机关申报时，应补缴个人所得税：

应补缴的个人所得税＝(6 000＋3 000－3 500)×20％－555－(145＋195)＝205(元)

(3)同时取得境内、境外工资、薪金所得的计税方法

境内、境外分别取得工资、薪金所得的,如果能够提供其在境内和境外同时任职或受雇及其工薪标准的有效证明,可判定其所得是分别来自境内和境外的,应分别减除费用后计税;如纳税人不能提供上述文件,则认定为来源于一国所得合并纳税。

(4)不满一个月的工资薪金所得的计税方法

在中国境内无住所的个人,凡应仅就其不满一个月期间的工资、薪金所得申报纳税的,均应按全月工资、薪金所得计算实际应纳税额。计算公式为

$$应纳税额=(当月工资、薪金应纳税所得额×适用税率-速算扣除数)×$$
$$当月实际在中国境内的天数/当月天数$$

如果个人取得的是日工资、薪金,应以日工资、薪金乘以当月天数换算成月工资、薪金后,再按上述公式计算应纳税额。

【例 8-5】 法国公司派某雇员来我国某企业安装、调试从法国公司进口的自动化生产线。该雇员 2012 年 11 月 1 日来华,在我国居住 21 天,其工资由我国某企业支付,月工资合人民币 30 000 元。计算该法国雇员 11 月份在我国应缴纳的个人所得税。

$$应纳税所得额=30\ 000-4\ 800=25\ 200(元)$$
$$应纳所得税额=(25\ 200×25\%-1\ 005)×21/30=3\ 706.5(元)$$

(5)特定行业职工的工资、薪金所得的计税方法

为了照顾采掘业、远洋运输业、远洋捕捞业因季节、产量等因素影响而使职工的工资、薪金收入呈现波动的实际情况,对这三个特定行业的职工取得的工资、薪金所得,可按月预缴,年度终了后 30 日内,合计其全年工资、薪金所得,再按 12 个月平均并计算实际应纳的税款,多退少补。计算公式为

$$全年应纳税额=[(全年工资、薪金收入/12-费用扣除标准)×税率-速算扣除数]×12$$

(6)对个人因解除劳动合同取得一次性补偿收入的计税方法

企业依照国家有关规定宣告破产,个人从该破产企业取得的一次性安置费收入免征个人所得税;个人因与用人单位解除劳动关系而取得的一次性补偿收入(包括用人单位发放的经济补偿金、生活补助费和其他补助费用),其收入在当地上年企业职工年平均工资 3 倍数额以内的部分,免征个人所得税;超过 3 倍数额部分的一次性补偿收入,可视为一次取得数月的工资、薪金收入,允许在一定时期内计算个人所得税。

方法为:以超过 3 倍数额部分的一次性补偿收入,除以个人在本企业的工作年限数(超过 12 年的按 12 年计算),以其商数作为个人的月工资、薪金收入,按照税法规定计算缴纳个人所得税。个人在解除劳动合同后又再次任职、受雇的,已纳税的一次性补偿收入不再与再次任职、受雇的工资、薪金所得合并计算补缴个人所得税。

【例 8-6】 2012 年 10 月,职工苗某因与其所在单位解除劳动关系,取得的一次性补偿收入 81 000 元,当地上年企业职工年平均工资为 15 000 元,其在本单位工作年限为 8 年。

$$应纳税所得额=81\ 000-15\ 000×3=36\ 000(元)$$
$$应纳税月收入=36\ 000÷8=4\ 500(元)$$
$$应扣个人所得税=[(4\ 500-3\ 500)×3\%-0]×8=240(元)$$

(7)个人取得退职费收入的计税方法

对退职人员一次取得较高退职费收入的,可视为其一次取得数月的工资、薪金收入,并以原每月工资、薪金收入总额为标准分为若干月份的工资、薪金收入后,计算个人所得税。但按上述方法划分超过 6 个月工资、薪金收入的,应按 6 个月平均划分计算。

【例 8-7】 2012 年 10 月,职工张某因工作业绩不佳,表现不好,被公司按规定辞退,一次性支付其退职费 30 000 元,以银行存款支付,张某原来每月平均工资 4 000 元。

$$平摊月份＝30\ 000÷4\ 000＝7.5(个月)$$

因 7.5＞6,故每月收入＝30 000÷6＝5 000(元)

$$应扣个人所得税＝[(5\ 000-3\ 500)×10\%-105]×6＝270(元)$$

企业当月应对张某扣缴个人所得税 270 元。

会计处理如下:

借:管理费用	30 000	
货:应付职工薪酬		30 000
借:应付职工薪酬	30 000	
货:银行存款		29 730
应交税费——个人所得税		270

8.3.2 个体工商户生产、经营所得

1. 应纳税所得额的确定

对于实行查账征收的个体工商户,其生产、经营所得或应纳税所得额是每一纳税年度的收入总额,减除成本、费用、损失以及准予扣除的税费后的余额。计算公式为

$$应纳税所得额＝收入总额-(成本＋费用＋损失＋准予扣除的税费)$$

列支项目规定(区别于企业所得税):

①通过中国境内的社会团体、国家机关向教育和其他社会公益事业以及遭受严重自然灾害地区、贫困地区的捐赠,不超过其应纳税所得额 30% 的部分可以据实扣除。纳税人直接给受益人的捐赠不得扣除。

②生产经营中发生的与家庭生活混用的费用,由主管税务机关核定分摊比例,属于生产经营过程中发生的费用,准予扣除。用于个人和家庭的支出不可列支。

③个体工商户业主的工资支出不可列支。

④固定资产的判别标准为:使用期限超过一年且单位价值在 1 000 元以上。

⑤存货计价原则上采用加权平均法。

2. 应纳税额的计算方法

$$应纳税额＝应纳税所得额×适用税率-速算扣除数$$

由于个体工商户的生产、经营所得的应纳税额实行按年计算、分月或分季预缴、年终汇算清缴、多退少补的方法,因此,在实际工作中,需要分别计算按月预缴税额和年终汇算清缴税额。

$$本月(季)应预缴税额＝本月(季)累计应纳税所得额×适用税率-速算扣除数-$$
$$上月(季)累计已预缴税额$$
$$全年应纳税额＝全年应纳税所得额×适用税率-速算扣除数$$
$$汇算清缴税额＝全年应纳税额-全年累计已预缴税额$$

3. 个体工商户生产经营所得缴纳个人所得税的账务处理

个体工商户缴纳个人所得税有查账征收和核定征收两种形式。查账征收适用于账册健全、核算完整的纳税人,核定征收适用于账册不健全、会计核算不完整的纳税人。对于

实行查账征收的纳税人,其应缴纳的个人所得税,是以每一年度的收入总额减除成本、费用、损失和准予扣除的税费后的余额,按适用税率计算,个体工商户执行《个体工商户会计制度》,其会计核算通过"留存利润"和"应交税费——应交个人所得税"等账户进行。在计算应纳税额时,借记"留存利润"账户,贷记"应交税费——应交个人所得税"账户;税款实际上缴入库时,借记"应交税费——应交个人所得税"账户,贷记"银行存款"等账户。

【例8-8】 厦门京华酒店属个体经营户,账册比较健全。2012年12月取得营业收入为150 000元,购进菜、肉、蛋、面粉等原料费为65 000元,交纳电费、水费、房租、煤气费等40 000元,缴纳其他税费合计8 250元。当月支付给10名雇员工资共25 000元,1~11月累计应纳税所得额为110 000元,1~11月累计已预缴个人所得税为31 750元。计算该个体户12月份应纳的个人所得税。

(1)12月份应纳税所得额=150 000-65 000-40 000-8 250-25 000-3 500

$$=8\ 250(元)$$

(2)全年累计应纳税所得额=130 000+8 250=138 250(元)

(3)12月份应缴纳个人所得税=138 250×35%-14 750-31 750=1 887.5(元)

计提个人所得税时:

借:留存利润　　　　　　　　　　　　　　　1 887.5

　　贷:应交税费——应交个人所得税　　　　　　　　1 887.5

上缴个人所得税时:

借:应交税费——应交个人所得税　　　　　　1 887.5

　　贷:银行存款　　　　　　　　　　　　　　　　1 887.5

8.3.3 个人独资企业和合伙企业生产、经营所得

1.应纳税所得额的确定

个人独资企业以投资者为纳税人,以企业的全部生产、经营所得为应纳税所得额。

合伙企业以每一个合伙人为纳税人,按照企业的全部生产、经营所得和合伙协议约定的分配比例确定应纳税所得额;合伙协议没有约定分配比例的,以全部生产、经营所得和合伙人数量平均计算每个合伙人的应纳税所得额。

2.核定征收法

核定征收法包括定额征收、核定应税所得率征收以及其他合理的征收方式。

实行核定应税所得率征收方式的,应纳所得税额的计算公式为

$$应纳税额=应纳税所得额×适用税率$$

$$应纳税所得额=收入总额×应税所得率$$

或　　　　应纳税所得额=成本费用支出额÷(1-应税所得率)×应税所得率

当纳税人会计资料不全,只能确定收入总额或成本费用支出额时,采用以上办法计税。应税所得率按表8-6所示的规定标准执行。

表8-6　　　　　　　　　个人所得税应税所得率表

行　业	应税所得率(%)
工业、交通运输业、商业	5~20
建筑业、房地产开发业	7~20

（续表）

行　业	应税所得率（%）
饮食服务业	7～25
娱乐业	20～40
其他行业	10～30

企业经营多业的，无论其经营项目是否单独核算，均应根据其主营项目确定其适用的应税所得率。实行核定征税的投资者，不能享受个人所得税的优惠政策。

3. 查账征收法

实行查账征收的个人独资企业和合伙企业投资者的生产、经营所得，比照个体工商户的生产、经营所得缴纳个人所得税。

4. 对于查账征收的个人独资企业和合伙企业会计核算

个人独资企业和合伙企业会计核算，目前没有专门的会计制度，但从它们核算的性质来看，执行《小企业会计准则》比较合适。个人独资企业和合伙企业投资者个人所得税的会计处理，与企业所得税的会计处理原理基本相同。

个人投资者按月支取个人收入不再在"应付职工薪酬"账户处理（即不再进入成本，年度申报也就不需要对该项目作税收调整），而按以下方法进行会计处理：

支付个人投资者或合伙人工资时，编制会计分录：

借：其他应收款——预付利润（按投资者个人设置明细账）

　　贷：银行存款（或库存现金）

年度终了进行利润分配时，编制会计分录：

借：利润分配——应付利润（按投资者个人设置明细账）

　　贷：其他应收款——预付利润

【例8-9】　2012年4月6日，张某个人投资成立厦门新立印刷厂，该厂属于查账征收单位。2012年11月，累计税前利润80 000元，已预缴个人所得税10 000元。2012年12月，税前利润15 000元，张某领取12月工资5 000元。张某全年累计已取得工资收入45 000元（即"其他应收款——预付利润——张某"账户借方余额为45 000元）。调整后的全年应纳税所得额为110 000元。计算张某全年应补（退）个人所得税额，并作出12月份及汇算清缴个人所得税相关的会计处理。

年终汇算清缴时（4月1日至12月31日共9个月）：

张某全年应纳税所得额＝110 000－3 500×9＝78 500（元）

张某全年应纳税额＝78 500×30%－9 750＝13 800（元）

全年汇算清缴应补缴个人所得税额＝13 800－10 000＝3 800（元）

会计处理如下：

①张某领取12月份工资时：

借：其他应收款——预付利润——张某　　　　　　5 000

　　贷：库存现金　　　　　　　　　　　　　　　　　5 000

②全年汇算清缴应补个人所得税时：

借：所得税费用　　　　　　　　　　　　　　　　3 800

　　贷：应交税费——应交个人所得税　　　　　　　　3 800

上缴时:

借:应交税费——应交个人所得税 3 800

    贷:银行存款 3 800

③结转本年利润时:

借:本年利润 45 000

    贷:利润分配——应付利润——张某 45 000

④年终进行利润分配时:

借:利润分配——应付利润——张某 45 000

    贷:其他应收款——预付利润 45 000

【例 8-10】 2012 年 5 月 8 日,甲、乙两人出资兴办某公司,该公司属于个人合伙企业,出资比例为 6∶4。2012 年 8 月 1 日,经协商又吸收丙为合伙人,甲将其出资比例中的 1/6 转让给丙,即甲、乙、丙三人的出资比例变为 5∶4∶1。该企业 2012 年实现利润 120 000 元,假设当年 5 月至 12 月,甲、乙、丙取得的工资收入分别为 40 000 元、30 000 元、5 000 元,并以现金支付。三方协议规定,实现利润按股权比例在三个股东之间进行分配。经纳税调整后的计税利润额也是 120 000 元,计算甲、乙、丙应纳所得税额,并作相应的会计处理。

各股东分配的利润额:

$$甲应纳税所得额=(120\ 000\div8)\times(3\times60\%+5\times50\%)-8\times3\ 500$$
$$=64\ 500-8\times3\ 500=36\ 500(元)$$

$$乙应纳税所得额=(120\ 000\div8)\times(3\times40\%+5\times40\%)-8\times3\ 500$$
$$=48\ 000-8\times3\ 500=20\ 000(元)$$

$$丙应纳税所得额=(120\ 000\div8)\times(5\times10\%)-5\times3\ 500$$
$$=7\ 500-5\times3\ 500=-10\ 000(元)$$

$$甲全年应纳所得税额=36\ 500\times20\%-3\ 750=3\ 550(元)$$

$$乙全年应纳所得税额=20\ 000\times10\%-750=1\ 250(元)$$

丙全年无需纳税,则

$$全年共应纳个人所得税=3\ 550+1\ 250=4\ 800(元)$$

①全年汇算清缴应补个人所得税时:

借:所得税费用 4 800

    贷:应交税费——应交个人所得税 4 800

上缴时:

借:应交税费——应交个人所得税 4 800

    贷:银行存款 4 800

②年终将所得税转入本年利润:

借:本年利润 4 800

    贷:所得税费用 4 800

③年终将净利润转入利润分配:

借:本年利润(120 000-4 800) 115 200

    贷:利润分配——应付利润——甲(64 500-3 550) 60 950

                 ——乙(48 000-1 250) 46 750

                 ——丙 7 500

④经甲、乙、丙三人讨论,通过年终分配方案,从扣除工资后的利润(120 000－40 000－30 000－5 000)45 000 元中拿出 15 000 元,按 5∶4∶1 的比例进行分配。分配时账务处理如下:

借:利润分配——应付利润——甲(40 000＋7 500)　　47 500
　　　　　　　　　　　　——乙(30 000＋6 000)　　36 000
　　　　　　　　　　　　——丙(5 000＋1 500)　　　6 500
　　贷:其他应收款——预付利润——甲　　　　　　　47 500
　　　　　　　　　　　　　　——乙　　　　　　　36 000
　　　　　　　　　　　　　　——丙　　　　　　　　6 500

8.3.4　承包经营、承租经营所得

1.全年应纳税所得额的确定

对企事业单位的承包经营、承租经营所得是以每一纳税年度的收入总额,减除必要费用后的余额为应纳税所得额。

$$应纳税所得额＝年收入总额－3 500×12$$

其收入总额是指纳税人按照承包经营、承租经营合同规定分得的经营利润和工资、薪金性质的所得。

纳税人在一个年度内分次取得承包、承租经营所得的,应在每次取得承包、承租经营所得后预缴税款,年终汇算清缴,多退少补。

如果纳税人的承包、承租期限在一个纳税年度内不足 12 个月的,应以其实际承包、承租经营的期限为一个纳税年度计算纳税。

$$应纳税所得额＝该年度承包、承租经营收入额－(3 500×该年度实际承包、承租经营月份数)$$

2.应纳税额的计算

$$应纳税额＝应纳税所得额×适用税率－速算扣除数$$

3.承包、承租经营所得个人所得税的会计核算

承包、承租经营有两种情况,个人所得税也有两种处理方式。

(1)承包、承租人对企业经营成果不拥有所有权,仅是按合同(协议)规定取得一定所得的,其所得按工资、薪金所得项目征税,适用 3%～45% 的七级超额累进税率。这种情况下,承包、承租人取得所得的性质与工资、薪金类似,企业的会计核算方式与工资、薪金所得的会计核算相同。

(2)承包、承租人按合同(协议)规定只向发包、出租方缴纳一定费用后,企业经营成果归其所有的,承包、承租人取得的所得,按对企事业单位的承包、承租经营所得项目征税,适用 5%～35% 的五级超额累进税率。这种情况下,由承包、承租人自行申报缴纳个人所得税,类似个体工商户所得,其会计核算与个体工商户所得的会计核算相同,而发包、出租方不作扣缴所得税的会计核算。

【例 8-11】　林某 2012 年 3 月 1 日承包单位零售门市部,经营期限 10 个月,取得经营收入总额 200 000 元,上缴出包单位承包费 80 000 元,其他准许扣除的与经营收入相关费用总额 70 000 元。计算该个人承包经营所得应缴纳的个人所得税,并作承包人的会计处理。

承包经营所得＝200 000－(80 000＋70 000)＝50 000(元)

承包经营应纳税所得额＝50 000－3 500×10＝15 000(元)

承包经营所得应缴纳个人所得税＝15 000×10％－750＝750(元)

计提个人所得税时：

借：留存利润 750

　　贷：应交税费——应交个人所得税 750

上缴个人所得税时：

借：应交税费——应交个人所得税 750

　　贷：银行存款 750

【例 8-12】 吴某为出包单位的职工,2012 年 3 月 1 日吴某承包本单位的一个门市部。承包协议注明出包单位每月支付吴某 3 000 元的基本生活费,年终按经营利润的 50％计算支付吴某承包所得,多退少补,承包期限为 3 年。2012 年度,吴某承包的门市部经营利润为 120 000 元,则出包单位的会计处理如下：

由于吴某承包期内每月取得收入未超过 3 500 元,故不纳个人所得税。

年终计算应补(退)利润额＝120 000×50％－10×3 500＝30 000(元)

2013 年 1 月份,出包单位支付吴某承包费,并支付 1 月份的工资 3 000 元。

承包所得应纳的个人所得税计算如下：

2013 年 1 月,当月工资未超过扣除标准无需纳税。取得全年的承包所得应作为全年取得一次性奖金处理。

承包利润所得应纳税所得额＝[30 000－(3 500－3 000)]÷12＝2 458.33(元)

查工资、薪金税率表,税率为 10％,速算扣除数为 105 元。

应纳税额＝[30 000－(3 500－3 000)]×10％－105＝2 845(元)

出包单位的会计处理如下：

借：应付职工薪酬 30 000

　　贷：库存现金 27 155

　　　应交税费——代扣代缴个人所得税 2 845

8.3.5 劳务报酬所得

1. 应纳税所得额的确定

每次收入不超过 4 000 元的,应税所得额＝每次收入额－800 元。

每次收入超过 4 000 元的,应税所得额＝每次收入额×(1－20％)。

每次收入额在 1 000 元以下(含 1 000 元)的,按预征 3％计算。

对劳务报酬所得,属于一次性收入的,以取得该项收入为一次;属于同一项目连续收入的,以一个月内取得的收入为一次;考虑到属地管辖与时间划定有交叉的特殊情况,统一规定以县(含县级市、区)为一地,其管辖内的一个月内同一项目的劳动服务为一次,当月跨县地域的,应分别计算。

纳税人兼有不同项目劳务报酬所得的,应当分别按不同的项目确定应纳税所得额。

获得劳务报酬的纳税人从其收入中支付给中介人和相关人员的报酬,除另有规定者外,在定率扣除 20％的费用后,一律不再扣除。对中介人员和相关人员取得的报酬,应分别计征个人所得税。

2.应纳税额的计算

(1)每次应纳税所得额未超过2万元的,应纳税额计算公式为

$$应纳税额=应纳税所得额×20\%$$

(2)每次应纳税所得额超过2万元的,实行加成征收。计算公式为

$$应纳税额=应纳税所得额×适用税率-速算扣除数$$

3.劳务报酬个人所得税的会计核算

单位在向个人支付劳务报酬时,应按税法规定代扣代缴个人所得税。计算出应代扣代缴的个人所得税,按代扣的所得税,借记"管理费用"、"销售费用"、"固定资产"、"主营业务成本"等相关账户,贷记"应交税费——代扣代缴个人所得税"账户;税款实际上缴入库时,借记"应交税费——代扣代缴个人所得税"账户,贷记"银行存款"等账户。

【例8-13】 曾某2012年10月外出参加商业性演出,一次取得劳务报酬60 000元。计算其应缴纳的个人所得税(不考虑其他税费)。

$$应纳税额=60 000×(1-20\%)×30\%-2 000=12 400(元)$$

代扣单位的会计处理为:

借:主营业务成本	60 000
贷:应交税费——代扣代缴个人所得税	12 400
库存现金	47 600

8.3.6　稿酬所得

1.应纳税所得额的确定(与劳务报酬所得相同)

稿酬所得,以每次出版、发表取得的收入为一次。具体又可细分为:

(1)同一作品再版取得的所得,应视为另一次稿酬所得。

(2)同一作品先在报刊上连载,再出版,或先出版,再在报刊上连载的,视为两次稿酬所得,即连载作为一次,出版作为一次。

(3)同一作品在报刊上连载分次取得收入的,以连载完成后取得的所有收入合并为一次计税。

(4)同一作品在出版和发表时,以预付稿酬或分次支付稿酬等形式取得的稿酬收入,应合并计算为一次。

(5)同一作品因添加印数而追加稿酬的,应与以前出版、发表时取得的稿酬合并计算为一次。

2.应纳税额的计算

$$应纳税额=应纳税所得额×适用税率×(1-30\%)$$

3.稿酬所得的会计核算

因为稿酬是出版社、报社、杂志社经营过程中的主要成本,应将其作为直接成本计入图书或报纸杂志的成本。计算出应代扣代缴的个人所得税,按代扣的所得税,借记"图书成本"等相关账户,贷记"应交税费——代扣代缴个人所得税"账户;税款实际上缴入库时,借记"应交税费——代扣代缴个人所得税"账户,贷记"银行存款"等账户。

【例8-14】 刘某写了一本著作,在报刊上连载(2个月),1月和2月分别取得稿酬收入为1 000元和800元。后经本人同意出书,刘某从某出版社取得8 000元稿酬。由于该

书很畅销,一年后再版,刘某又取得5 000元稿酬。计算刘某应缴纳的个人所得税。

报刊连载应纳税额＝[(1 000＋800)－800]×20％×(1－30％)＝140(元)

出书应纳税额＝8 000×(1－20％)×20％×(1－30％)＝896(元)

再版应纳税额＝5 000×(1－20％)×20％×(1－30％)＝560(元)

报刊连载的会计处理如下(出书和再版的会计处理基本相同):

借:报刊成本 1 800

　　贷:应交税费——代扣代缴个人所得税 140

　　　　库存现金 1 660

8.3.7 特许权使用费所得

1.应纳税所得额的确定(与劳务报酬所得相同)

对个人从事技术转让中所支付的中介费,若能提供有效合法凭证,允许其在所得中扣除。

2.应纳税额的计算

$$应纳税额＝应纳税所得额×适用税率(20％)$$

3.特许权使用费所得的会计核算

企业在向个人支付特许权使用费时,一般应将发生的代扣代缴的个人所得税记入"管理费用"。发生购买特许权使用费业务时,计算出应代扣代缴的个人所得税,按代扣的所得税,借记"管理费用"等期间费用账户,贷记"应交税费——代扣代缴个人所得税"账户;税款实际上缴入库时,借记"应交税费——代扣代缴个人所得税"账户,贷记"银行存款"等账户。

【例8-15】 何某经专利事务所介绍,将其拥有的一项专利权授予华天公司使用,使用费为24 000元,同时按协议向专利事务所支付中介费3 600元,并能提供有效合法凭证。则华天公司在支付该特许权使用费时应当代扣代缴个人所得税税额为:

$$应纳税额＝(24 000－3 600)×(1－20％)×20％＝3 264(元)$$

华天公司进行会计核算时,应当作如下会计分录:

借:管理费用 24 000

　　贷:库存现金(或银行存款) 20 736

　　　　应交税费——代扣代缴个人所得税 3 264

8.3.8 财产租赁所得

1.应纳税所得额的确定(与劳务报酬所得相同)

(1)个人出租财产取得的财产租赁收入,在计算个人所得税时,应依次扣除以下费用:

①财产租赁过程中缴纳的税费;

②由纳税人负担的该出租财产实际开支的修缮费用(以800元为限,一次扣除不完的,准予在下一次继续扣除,直至扣完)。

(2)税法规定的费用扣除标准及计算公式:

①每次(月)收入不超过4 000元的

应纳税所得额＝每次(月)收入额－准予扣除项目－修缮费用(800元为限)－800

②每次(月)收入超过4 000元的

应纳税所得额＝[每次(月)收入额－准予扣除项目－修缮费用(800元为限)]×(1－20％)

2. 应纳税额的计算

$$应纳税额＝应纳税所得额×适用税率（20\%）$$

说明：个人租赁财产应纳的营业税、城市维护建设税、教育费附加、房产税、个人所得税等，一般是由个人到税务机关申报并开具发票时，由税务机关一并征收。

3. 财产租赁所得的会计核算

企业在向个人支付财产租赁费时，一般应将发生的代扣代缴的个人所得税计入管理费用、制造费用或销售费用。支付租赁费时，计算出应代扣代缴的个人所得税，按代扣的所得税，借记"管理费用"、"销售费用"、"制造费用"等账户，贷记"应交税费——代扣代缴个人所得税"账户；税款实际上缴入库时，借记"应交税费——代扣代缴个人所得税"账户，贷记"银行存款"等账户。

【例 8-16】 厦门华天兴业公司于 2012 年 1 月与吴某签订合同，租用吴某的一幢私房作为办公室使用，面积为 1 000 平方米，地处市区，租期为 3 年，合同约定的月租金为40 000 元，按月支付，租金税款由吴某承租。吴某到税务机关代开发票时，税务机关计缴吴某出租私房的营业税 600 元，房产税 1 600 元，城市维护建设税 42 元，教育费附加18 元，地方教育费附加 6 元。

$$应纳税所得额＝[40\ 000－（600＋1\ 600＋42＋18＋6）]×（1－20\%）＝30\ 187.2（元）$$
$$应纳税额＝30\ 187.2×10\%＝3\ 018.72（元）$$

注：2001 年以后，个人私房出租的个人所得税率为 10\%，营业税率暂减按 3\% 征收，房产税暂减按 4\% 征收。

华天兴业公司收到吴某从税务部门开具的发票，支付租赁费时的会计处理如下：

借：管理费用——租赁费　　　　　　　　　　　　40 000
　　贷：银行存款（或库存现金）　　　　　　　　　　　40 000

8.3.9　财产转让所得

1. 应纳税所得额的确定

$$应纳税所得额＝转让财产收入－财产原值－合理费用$$

财产转让过程中缴纳的各种税费及手续费属于合理费用。

2. 应纳税额的计算

$$应纳税额＝应纳税所得额×20\%$$

3. 财产转让所得的会计核算

企业在受让财产代扣代缴个人所得税时，一般应将发生的代扣代缴的个人所得税计入相应资产的成本，比如企业购买房产，要将代扣代缴税额计入固定资产成本。发生受让财产业务时，计算出应代扣代缴的个人所得税，按代扣的所得税，借记"固定资产"等相关资产账户，贷记"应交税费——代扣代缴个人所得税"账户；税款实际上缴入库时，借记"应交税费——代扣代缴个人所得税"账户，贷记"银行存款"等账户。

8.3.10　利息、股息、红利所得，偶然所得和其他所得

利息、股息、红利所得和偶然所得属于间接性投资所得或消极所得，直接以每次收入

额为应纳税所得额,而不扣除任何费用。应纳税额的计算公式为

$$应纳税额＝每次收入额×20\%$$

【例8-17】 为解决企业资金的暂时困难,某企业进行内部集资,共向职工集资200万元,期限为3年。约定的年利息率为8%,利息每年支付一次。当年企业共支付利息16万元,则企业应代扣代缴利息个人所得税如下:

$$应纳税额＝160\ 000×20\%＝32\ 000(元)$$

某企业的会计处理如下:

(1)收到集资款时:

借:库存现金	2 000 000	
贷:其他应付款——职工集资款		2 000 000

(2)支付职工集资利息时:

借:财务费用	160 000	
贷:应交税费——代扣代缴个人所得税		32 000
库存现金		128 000

【例8-18】 某上市公司2012年4月派发2011年股利,每股派发现金股利0.1元,每20股配发股票股利1股。企业发行在外的个人股100万股,每股面值1元。按规定,以股票形式向股东个人支付股利,应以派发红股的股票票面金额为收入额计算应代扣的个人所得税。则企业在派发红利时应当代扣代缴个人所得税税额为:

$$应纳税所得额＝(1\ 000\ 000\ 股×0.1\ 元/股＋\frac{1\ 000\ 000\ 股}{20\ 股}×1\ 元/股)×50\%$$

$$＝(100\ 000\ 元＋50\ 000\ 元)×50\%$$

$$＝75\ 000\ 元$$

$$应纳税额＝75\ 000\ 元×20\%＝15\ 000\ 元$$

在具体进行会计核算时,应当作如下会计分录:

借:应付股利	150 000	
贷:银行存款		85 000
股本		50 000
应交税费——代扣代缴个人所得税		15 000

注:2005年6月13日起对个人投资者从上市公司取得的股息红利所得,暂减按50%计入个人应纳税所得额。

8.3.11 个人所得税特殊计税

1. 雇主为其雇员负担个人所得税的计税

在实际工作中,存在雇主(单位或个人)为纳税人代付个人所得税款的情况,即支付给纳税人的报酬(包括工资、薪金、劳务报酬等所得)是不含税的净所得或称为税后所得,纳税人的应纳税额由雇主代为缴纳。雇主在代付个人所得税时,首先应当将不含税收入换算成含税收入,然后再计算应代扣代缴的个人所得税。具体又可以分为如下两种情况:

(1)企业为职工负担全部税款

企业为职工负担全部税款的,其计算公式为

$$应纳税所得额＝(不含税收入额－费用扣除标准－速算扣除数)÷(1－税率)$$

$$应纳税额＝应纳税所得额×税率－速算扣除数$$

应当注意:在上述两个公式中,计算应纳税所得额税率是指不含税收入按不含税级距对应的税率,而计算应纳税额公式中的税率则是按含税级距对应的税率,下面通过具体例子加以说明。

【例8-19】　天华建筑工程公司聘用林某担任工程师,合同规定月薪为税后净所得8 000元。2012年4月15日企业按规定向林某支付3月份工资8 000元。对于林某3月份的工资,公司应负担的个人所得税计算如下:

$$应纳税所得额＝(8\ 000－3\ 500－555)÷(1－20\%)＝4931.25(元)$$

在上式中,不含税应税收入额为4 500元(8 000元－3 500元),查"工资、薪金所得税率表",其对应的级距为"超过4 155元至7 755元的部分",则其相应的税率为20%,速算扣除数为555。

根据上述应纳税所得额,计算应纳税额为:

$$应纳税额＝4931.5×20\%－555＝431.25(元)$$

在具体进行会计核算时,对于由企业负担的个人所得税应作为企业应付职工薪酬,作如下会计分录:

借:应付职工薪酬　　　　　　　　　　　　　　　8431.25
　贷:库存现金　　　　　　　　　　　　　　　8 000.00
　　　应交税费——代扣代缴个人所得税　　　　　431.25

(2)企业为职工负担部分税款

企业为职工负担部分税款又可以分为两种情况:一种是定额负担部分税款,另一种是定率负担部分税款。所谓定额负担部分税款是指企业每月为职工负担固定金额的税款;而企业为职工定率负担部分税款是指企业为职工负担一定比例的工资所应纳的税款或者负担职工工资应纳税款的一定比例。

①企业为职工定额负担部分税款的,其计算公式为

$$应纳税所得额＝职工工资＋企业负担的税款－费用扣除标准$$
$$应纳税额＝应纳税所得额×税率－速算扣除数$$

【例8-20】　2012年6月,华天设计工程有限公司聘请高级工程师高某为公司的总工程师,合同约定由公司每月支付月薪12 000元,并负担其工资1 000元的税款。则在支付工资时:

$$应纳税所得额＝12\ 000＋1\ 000－3\ 500＝9\ 500(元)$$
$$应纳税额＝9\ 500×25\%－1\ 005＝1\ 370(元)$$
$$应从高某工资中扣除的个人所得税＝1\ 370－1\ 000＝370(元)$$

在具体进行会计核算时,应作如下会计分录:

借:应付职工薪酬(12 000＋1 000)　　　　　　　13 000
　贷:库存现金(12 000－370)　　　　　　　　　11 630
　　　应交税费——代扣代缴个人所得税　　　　　1 370

②企业为职工定率负担部分税款的,其计算公式为

$$应纳税所得额＝(未含企业负担税款的职工工资－费用扣除标准－速算扣除数×$$
$$负担比例)÷(1－税率×负担比例)$$
$$应纳税额＝应纳税所得额×税率－速算扣除数$$

注:计算应纳税所得额公式中的税率和速算扣除数是指不含税收入对应的税率和速

算扣除数。

【例 8-21】 2012 年 5 月，弘都房地产公司聘请张某为销售总监，合同约定由企业支付月薪 12 000 元，并负担其月薪应纳个人所得税税款的 50％。则在支付工资时，应代扣税款为：

$$应纳税所得额＝(12\ 000－3\ 500－555×50\％)÷(1－20\％×50\％)＝9\ 136.11(元)$$
$$应纳税额＝9\ 136.11×25\％－1\ 005＝1\ 279.02(元)$$
$$应代扣税款＝1\ 279.02×50\％＝639.51(元)$$

在具体进行会计核算时，应作如下会计分录：

借：应付职工薪酬(12 000＋639.51)　　　　　　　12 639.51
　贷：库存现金(12 000－639.51)　　　　　　　　　11 360.49
　　　应交税费——代扣代缴个人所得税　　　　　　　1 279.02

(3)雇主为纳税人的劳务报酬代付税款的计税

单位或个人为纳税人负担个人所得税税款的，应将纳税人取得的不含税收入额换算为应纳税所得额，计算征收个人所得税。

①不含税收入额为 3 360 元(即含税收入额为 4 000 元)以下的，其计算公式为

$$应纳税所得额＝(不含税收入额－800)÷(1－税率)$$

②不含税收入额为 3 360 元(即含税收入额 4 000 元)以上的，其计算公式为

$$应纳税所得额＝[(不含税收入额－速算扣除数)×(1－20\％)]÷[1－税率×(1－20\％)]$$

注：公式中的税率是指不含税所得按不含税级距对应的税率。

【例 8-22】 甲企业聘请某一外单位张技术员设计制造某一特种加工设备，设备设计加工完成并投入正常运行后，支付劳务报酬 30 000 元，劳务报酬所得的应纳税款由甲企业承担。甲企业本次应代付张技术员应纳税款计算如下：

$$应纳税所得额＝[(30\ 000－2\ 000)×(1－20\％)]÷[1－30\％×(1－20\％)]＝29\ 473.68(元)$$
$$应纳税额＝29\ 473.68×30\％－2\ 000＝6\ 842.10(元)$$

借：在建工程　　　　　　　　　　　　　36 842.10
　贷：库存现金　　　　　　　　　　　　　30 000.00
　　　应交税费——代扣代缴个人所得税　　6 842.10

2. 共同取得同一项收入的分解计税

两个或两以上的纳税人共同取得一项所得的，可以对每一个人分得的收入分别减除费用，各自计算应纳税款。

【例 8-23】 甲、乙、丙三人利用业余时间合作为某企业设计完成了一项装饰工程的设计，共获得设计费 50 000 元。根据各人在项目中的贡献，甲分得 30 000 元，乙分得 16 500 元，丙分得 3 500 元。试计算这三人各应缴纳多少个人所得税。

甲、乙、丙三人的收入为共同取得的劳务报酬，应该分别按各自取得的收入计税。

$$甲应纳税额＝30\ 000×(1－20\％)×30\％－2\ 000＝5\ 200(元)$$
$$乙应纳税额＝16\ 500×(1－20\％)×20\％＝2\ 640(元)$$
$$丙应纳税额＝(3\ 500－800)×20\％＝540(元)$$

某单位的会计处理如下：

借：在建工程　　　　　　　　　　　　　50 000
　贷：库存现金　　　　　　　　　　　　　41 620
　　　应交税费——代扣代缴个人所得税　　8 380

3.有公益、救济性捐赠的个人收入计税

【例 8-24】 某著名歌星一次受某演艺团体的邀请到外地演出,个人获得演出收入 8 万元,并将其中 3 万元通过当地慈善机构捐赠给希望工程。试计算该歌星应缴纳的个人所得税税款,并作代扣代缴的会计处理。

$$未扣除捐赠的应纳税所得额 = 80\,000 \times (1 - 20\%) = 64\,000(元)$$
$$捐赠的扣除标准 = 64\,000 \times 30\% = 19\,200(元)$$
$$应缴纳的个人所得税 = (64\,000 - 19\,200) \times 30\% - 2\,000 = 11\,440(元)$$

借:主营业务成本	80 000
贷:库存现金(或银行存款)	38 560
其他应付款——慈善机构	30 000
应交税费——代扣代缴个人所得税	11 440

4.一人多项应税所得的个人收入计税

【例 8-25】 厦门某大学黄教授 2012 年 8 月的收入情况如下:获得工资收入 12 000 元;为甲企业进行税收的筹划获得报酬 8 000 元;从事乙企业管理咨询获得收入 3 000 元。试计算他当月应缴纳的个人所得税,并作出相关的会计处理。

$$工资所得应纳税额 = (12\,000 - 3\,500) \times 20\% - 555 = 1\,145(元)$$
$$甲企业税收筹划报酬应纳税额 = 8\,000 \times (1 - 20\%) \times 20\% = 1\,280(元)$$
$$乙企业管理咨询收入应纳税额 = (3\,000 - 800) \times 20\% = 440(元)$$
$$当月应纳所得税额 = 1\,145 + 1\,280 + 440 = 2\,865 元)$$

厦门某大学会计处理:

借:应付职工薪酬	12 000
贷:银行存款	10 855
应交税费——代扣代缴个人所得税	1 145

甲企业支付税收筹划报酬代扣个人所得税:

借:管理费用	8 000
贷:库存现金(或银行存款)	6 720
应交税费——代扣代缴个人所得税	1 280

乙企业支付管理咨询费用代扣个人所得税:

借:管理费用	3 000
贷:库存现金(或银行存款)	2 560
应交税费——代扣代缴个人所得税	440

5.有境内、境外所得的个人收入计税

居民纳税人从中国境外取得的所得应单独计税,并准予抵免已在境外缴纳的税额,抵免限额应分国分项计算,计算公式为

抵免限额 = (来自某国或地区的某应税项目的所得 - 费用扣除标准) × 适用税率 - 速算扣除数

可抵免数额为抵免限额与实际已在境外缴纳的税额中的较小数。

境外已纳税额>抵免限额,不退国外多交税款;

境外已纳税额<抵免限额,在我国补缴差额部分税额。

【例 8-26】　某英国籍来华人员已在中国境内居住 10 年。2012 年 8 月取得英国一家公司净支付的薪金所得 20 000 元(折合人民币,下同),已被扣缴所得税 1 200 元。同月还从美国取得净股息所得 8 500 元,已被扣缴所得税 1 500 元。经核查,境外完税凭证无误。计算境外所得在我国境内应补缴的个人所得税。

该纳税人上述来源于两国的所得应分国计算抵免限额。

来自英国所得的抵免限额＝(20 000＋1 200－4 800)×25%－1 005＝3 095(元)

来自美国所得的抵免限额＝(8 500＋1 500)×20%＝2 000(元)

由于该纳税人在英国和美国已被扣缴的所得税额均不超过抵免限额,故来自英国和美国的所得允许抵免额分别为 1 200 元和 1 500 元。

应补缴个人所得税＝(3 095－1 200)＋(2 000－1 500)＝2 395(元)

8.4　个人所得税纳税申报

我国个人所得税采取源泉扣缴税款和自行申报纳税两种纳税形式。

8.4.1　自行申报纳税

自行申报纳税:纳税人自行向税务机关申报取得的应税所得项目和数额,如实填写个人所得税纳税申报表,并按税法规定计算应纳税额的一种纳税方法。

1. 自行申报纳税的所得项目

税法规定,凡有下列情形之一的,纳税人必须自行向税务机关申报所得并缴纳税款:

(1)个人所得超过国务院规定数额的(2006 年 1 月 1 日起当年取得所得 12 万元以上者);

(2)从两处或两处以上取得工资、薪金所得的;

(3)取得应税所得,没有扣缴义务人的;

(4)分笔取得属于一次劳务报酬所得、稿酬所得、特许权使用费所得和财产租赁所得的;

(5)取得应税所得,扣缴义务人未按规定扣缴税款的;

(6)税务主管部门规定必须自行申报纳税的。

2. 自行申报的纳税期限

除特殊情况外,自行申报纳税人每月应纳的税款,都应当在次月 7 日前缴入国库,并向税务机关报送纳税申报表。具体规定如下:

(1)年所得 12 万元以上的纳税义务人,在年度终了后 3 个月内到主管税务机关办理纳税申报。

(2)账册健全的个体工商户的生产、经营所得应纳的税款,按年计算,分月预缴,由纳税义务人在次月 7 日前预缴,年度终了后 3 个月内汇算清缴,多退少补;账册不健全的个体工商户的生产、经营所得应纳的税款,由各地税务机关依据征管法及其实施细则的有关规定,自行确定征收方式。

(3)对企事业单位的承包经营、承租经营所得应纳的税款,按年计算,由纳税义务人在年度终了后 30 日内缴入国库,并向税务机关报送纳税申报表。纳税义务人在 1 年内分次取得承包经营、承租经营所得的,应当在取得每次所得后的 7 日内预缴,年度终了后 3 个月内汇算清缴,多退少补。

（4）从中国境外取得所得的纳税义务人,应当在年度终了后 30 日内,将应纳的税款缴入国库,并向税务机关报送纳税申报表。

各项所得的计算,以人民币为单位。所得为外国货币的,按照国家外汇管理机关规定的外汇牌价折合成人民币缴纳税款。

8.4.2　个人所得税代扣代缴

个人所得税代扣代缴:按照税法规定负有扣缴税款义务的单位或者个人,在向个人支付应纳税所得时,应计算应纳税额,并从其所得中扣除,同时向税务机关报送扣缴个人所得税报告表。这种做法的目的是控制税源,防止漏税和逃税。

1. 代扣代缴的范围

凡是支付个人应纳税所得的企业（公司）、事业单位、机关单位、社团组织、军队、驻华机构、个体户等单位或者个人,都是个人所得税的扣缴义务人。从 2006 年 1 月 1 日起,扣缴义务人必须依法履行个人所得税全员全额扣缴申报义务,即扣缴义务人向个人支付应税所得时,不论其是否属于本单位人员、支付的应税所得是否达到纳税标准,扣缴义务人应当在代扣税款的次月内,向主管税务机关报送其支付应税所得个人的基本信息、支付所得项目和数额、扣缴税款数额以及其他相关涉税信息。

扣缴义务人向个人支付下列所得时,应代扣代缴个人所得税:工资、薪金所得;对企事业单位的承包经营、承租经营所得;劳务报酬所得;稿酬所得;特许权使用费所得;利息、股息、红利所得;财产租赁所得;财产转让所得;偶然所得,以及经国务院财政部门确定征税的其他所得。

扣缴义务人在向个人支付应纳税所得（包括现金、实物和有价证券）时,不论纳税人是否属于本单位人员,均应代扣代缴其应纳的个人所得税税款。

2. 代扣代缴期限

扣缴义务人每月扣缴的税款,应当在次月 7 日前缴入国库,并向主管税务机关报送扣缴个人所得税报告表、代扣代缴税款凭证和包括每一纳税人姓名、单位、职务、收入、税款等内容的支付个人收入明细表以及税务机关要求报送的其他有关资料。税务机关应根据扣缴义务人所扣缴的税款,付给 2% 的手续费,由扣缴义务人用于代扣代缴费用开支和奖励代扣代缴工作做得较好的办税人员。

8.4.3　个人所得税纳税申报表

个人所得税申报表主要设置了 7 类 9 种,其中常用的有 7 种:
（1）扣缴个人所得税报告表（表 8-7）;
（2）个人所得税纳税申报表（适用于年所得 12 万元以上的纳税人申报）（表 8-8）;
（3）支付个人收入明细表（表 8-9）;
（4）个人独资企业和合伙企业投资者个人所得税申报表（表 8-10）;
（5）特定行业个人所得税月份申报表（格式略）;
（6）特定行业个人所得税年度申报表（格式略）;
（7）个体工商户所得税年度申报表（格式略）。

表 8-7

扣缴个人所得税报告表

扣缴义务人编码：□□□□□□□□□□□

扣缴义务人名称（公章）：

金额单位：元（列至角分）

填表日期：　　年　　月　　日

序号	纳税人姓名	身份证照类型	身份证照号码	国籍	所得项目	所得期间	收入额	免税收入额	允许扣除的税费	费用扣除标准	准予扣除的捐赠额	应纳税所得额	税率%	速算扣除数	应扣税额	已扣税额	备注
1	2	3	4	5	6	7	8	9	10	11	12	13	14	15	16	17	18
合计										—	—	—	—	—	—			

扣缴义务人声明：我声明：此扣缴报告表是根据国家税收法律、法规的规定填报的，我确定它是真实的、可靠的、完整的。

会计主管签字：　　　　　　　　　　　负责人签字：　　　　　　　　　　　声明人签字：

受理人（鉴章）：　　　　　　　　　　受理日期：　　年　　月　　日　　　　扣缴单位（或法定代表人）（鉴章）：

本表一式二份，一份扣缴义务人留存，一份报主管税务机关。　　　　　　　　受理税务机关：

国家税务总局监制

表 8-8

个人所得税纳税申报表

（适用于年所得12万元以上的纳税人申报）

INDIVIDUAL INCOME TAX RETURN

(For individuals with an annual income of over 120,000 RMB Yuan)

纳税人识别号：
Taxpayer's ID number

税款所属期：
Income year

填表日期： 年 月 日
Date of filing: date month year

纳税人名称（签字或盖章）：
Taxpayer's name (signature/stamp)

金额单位：元（列至角分）
Monetary unit: RMB Yuan

纳税人姓名 Taxpayer's name		国籍 Nationality		身份证照号码 ID number	
抵华日期 Date of arrival in China		职业 Profession		身份证照类型 ID Type		任职、受雇单位 Employer		经常居住地 Place of residence
中国境内有效联系地址 Address in China				邮编 Post code		联系电话 Tel. number

所得项目 Categories of income	年所得额 Annual Income			应纳税额 Tax payable	已缴（扣）税额 Tax pre-paid and withheld	抵扣税额 Foreign tax credit	应补（退）税额 Tax owed or overpaid
	境内 Income from within China	境外 Income from outside China	合计 Total				
1. 工资、薪金所得 Wages and salaries							
2. 个体工商户的生产、经营所得 Income from production or business operation conducted by self-employed industrial and commercial households							

3. 对企事业单位的承包经营、承租经营所得 Income from contracted or leased operation of enterprises or social service providers partly or wholly funded by state assets				
4. 劳务报酬所得 Remuneration for providing services				
5. 稿酬所得 Author's remuneration				
6. 特许权使用费所得 Royalties				
7. 利息、股息、红利所得 Interest, dividends and bonuses				
8. 财产租赁所得 Income from lease of property				
9. 财产转让所得 Income from transfer of property				
10. 偶然所得 Incidental income				
11. 其他所得 other income				
合 计 Total				

我声明，此纳税申报表是根据《中华人民共和国个人所得税法》的规定填报的，我确信它是真实的、可靠的、完整的。

Under penalties of perjury, I declare that this return has been filed according to the provisions of THE INDIVIDUAL INCOME TAX LAW OF THE PEOPLE'S RE-PUBLIC OF CHINA, and to the best of my knowledge and belief, the information provided is true, correct and complete.

纳税人（签字）

Taxpayer's signature

代理人名称（Firm's name）：

代理人（公章）(Firm's stamp)：

经办人（鉴章）(Preparer's signature)：

联系电话 (Phone number)：

受理人：

(Responsible tax officer)

受理申报机关：

(Responsible tax office)

受理时间： 年 月 日

(Time; Date/Month/Year)

表 8-9　　　　　　　　　　　　　支付个人收入明细表

扣缴义务人编码：□□□□□□□□□□□□□□□□□□□□

扣缴义务人名称(公章)：　　　　　　　　　　　　　　　　金额单位：元(列至角分)

所属期：　年　月　日至　年　月　日　　　　　填表日期：　年　月　日

姓名	身份证照类型及号码	收入额						备注
		合计	工资薪金所得	承包、承租所得	劳务报酬所得	利息、股息、红利所得	其他各项所得	
1	2	3	4	5	6	7	8	9
合计								

制表人：　　　　　　　　　　　　　　　　　　　　　　审核人：

表 8-10　　　　　　个人独资企业和合伙企业投资者个人所得税申报表

纳税人识别号：□□□□□□□□□□□□□□□□□□□□

纳税人名称(公章)：

税款所属期限：自　年　月　日至　年　月　日　填表日期：　年　月　日　金额单位：元(列至角分)

投资者姓名		投资者身份证号码			
企业名称		企业税务登记号		企业电话	
企业地址		行业类别		企业银行账号	

项　目	行次	本期数	累计数	补充资料
一、收入总额	1			1.年平均职工人数　　人
减：成本	2			2.工资总额　　元
费用、税金	3			3.从其他企业取得的生产经营所得
营业外支出	4			(1)　　(分配比例 ％)
二、企业利润总额	5			(2)　　(分配比例 ％)
三、纳税调整增加额	6			(3)　　(分配比例 ％)
1.超过规定标准扣除的项目	7			(4)　　(分配比例 ％)
(1)从业人员工资支出	8			4.实行核定应税所得率征收方式的应税所得率
(2)职工福利费	9			为　　％
(3)职工教育经费	10			
(4)工会经费	11			
(5)利息支出	12			
(6)广告费	13			
(7)业务招待费	14			
(8)教育和公益事业捐赠	15			
(9)提取折旧费	16			

（续表）

项　目	行次	本期数	累计数	补充资料
(10)无形资产摊销	17			纳税人或代理人声明：
(11)其他	18			此纳税申报表是根据国家税收法律的规定
2.不允许扣除的项目	19			填报的，我确信它是真实的、可靠的、完整的。
(1)资本性支出	20			
(2)无形资产受让、开发支出	21			如纳税人填报，由纳税人填写以下各栏
(3)违法经费罚款和被没收财物损失	22			经办人(签章)
(4)税收滞纳金、罚金、罚款	23			会计主管(签章)
(5)灾害事故损失赔偿	24			法定代表人(签章)
(6)非教育和公益事业捐赠	25			如委托代理人填报，由代理人填写以下各栏
(7)各种赞助支出	26			代理人名称
(8)计提的各种准备金	27			经办人(签章)
(9)投资者的工资	28			联系电话
(10)与收入无关的支出	29			
3.应税收益项目	30			代理人(公章)
(1)少计应税收益	31			
(2)未计应税收益	32			
四、纳税调整减少额	33			
1.弥补亏损	34			
2.国库券利息收入	35			
3.投资者标准费用扣除额	36			(本栏目由税务机关填写)
4.其他	37			收到日期：
五、经纳税调整后的生产经营所得	38			接收人：
六、应纳税所得额(分配比例%)	39			审核日期：
七、适用税率	40			审核记录：
八、应纳所得税额	41			
减:减、免所得税额	42			主管税务机关盖章：
九、应缴入库所得税额	43			
加:期初未缴所得税额	44			年　月　日
减:实际已缴所得税额	45			主管税务官员签字：
十、期末应补(退)所得税额	46			

复习与思考

一、单项选择题

1.某演员一次表演收入 30 000 元，其应纳的个人所得税额为(　　)元。

A.5 200　　　　　　B.6 000　　　　　　C.4 800　　　　　　D.5 600

2.个体工商户的生产经营所得和对企事业单位的承包经营、承租经营所得，适用
(　　)的超额累进税率。

A. 5%～35%　　　　　　　　　　　　B. 5%～45%

C. 5%～25%　　　　　　　　　　　　D. 5%～55%

3. 稿酬所得适用比例税率,税率为20%,并按应纳税额减征(　　)。

A. 10%　　　　B. 20%　　　　C. 30%　　　　D. 40%

4. 下列所得一次收入畸高的,可以实行加成征收(　　)。

A. 稿酬所得　　　　　　　　　　　　B. 利息、股利、红利所得

C. 劳务报酬所得　　　　　　　　　　D. 偶然所得

5. 从2011年9月起,下列个人所得在计算应纳税所得额时每月减除费用3 500元的有(　　)。

A. 财产租赁所得　　　　　　　　　　B. 财产转让所得

C. 企事业单位的承包、承租经营所得　D. 劳务报酬所得

6. 某中外合资企业外方经理每月从该企业获得薪金收入25 000元。在计算应纳税所得额时,应当减除的费用是(　　)。

A. 800元　　　　B. 3 200元　　　　C. 4 000元　　　　D. 4 800元

7. 某人2012年将自有房屋出租,租期1年。该人每月取得租金2 500元,全年租金收入30 000元,此人全年应纳个人所得税为(　　)元。

A. 5 840　　　　B. 4 800　　　　C. 4 080　　　　D. 2 040

二、多项选择题

1. 对个人所得征收个人所得税时,以每次收入额为应纳税所得额的有(　　)。

A. 利息、股息、红利所得　　　　　　B. 稿酬所得

C. 财产转让所得　　　　　　　　　　D. 偶然所得

2. 下列各项所得应征个人所得税的是(　　)。

A. 保险赔款　　　　　　　　　　　　B. 国家民政部门付给个人的生活困难补助

C. 劳务报酬所得　　　　　　　　　　D. 稿酬所得

3. 下列个人所得适用20%比例税率的有(　　)。

A. 财产租赁所得

B. 财产转让所得

C. 对企事业单位的承包、承租经营所得

D. 稿酬所得

4. 在确定应纳税所得额时,不得扣除任何费用的项目有(　　)。

A. 股息、利息所得　　　　　　　　　B. 财产转让所得

C. 偶然所得　　　　　　　　　　　　D. 工资薪金所得

5. 个人所得税的纳税人一般分为居民纳税人和非居民纳税人两类。国际上通常采用的划分标准是(　　)。

A. 收入来源地标准　　　　　　　　　B. 住所标准

C. 居住时间标准　　　　　　　　　　D. 国籍标准

6. 《个人所得税法》列举的居民纳税人条件是(　　)。

A. 在中国境内有住所

B．在中国境内无住所，但住满 183 天

C．在中国境内无住所，但住满 365 天

D．在中国境内无住所，又不居住

三、判断题

1．居民纳税义务人，从中国境内和境外取得的所得，依法缴纳个人所得税；非居民纳税义务人，从中国境内取得的所得，依法缴纳个人所得税。　　　　　　（　　）

2．个人从单位取得的年终加薪、劳动分红，应视同股息、红利征税。　　（　　）

3．工资、薪金所得适用超额累进税率，特许权使用费所得与财产转让所得均适用比例税率。　　　　　　　　　　　　　　　　　　　　　　　　　　　　（　　）

4．劳务报酬收入适用 20％ 比例税率，其应纳税所得额超过 2 万不超过 5 万的部分，加征五成；超过 5 万的部分加征十成。　　　　　　　　　　　　　（　　）

5．按税法规定，一般性的奖金应按 20％ 的税率缴纳个人所得税。　（　　）

6．个人在两处以上取得工资薪金所得，分别由支付单位或机构代扣代缴个人所得税，个人不需要再申报纳税。　　　　　　　　　　　　　　　　　　　（　　）

7．利息、股利、红利所得，特许权使用费所得，偶然所得在计算个人所得税时，不允许扣除费用。　　　　　　　　　　　　　　　　　　　　　　　　（　　）

8．同一作品先在报刊上连载，然后再出版，两次稿酬所得可视为一次合并申报缴纳个人所得税。　　　　　　　　　　　　　　　　　　　　　　　　　（　　）

9．劳务报酬所得、稿酬所得、特许权使用费所得、财产租赁所得，减除 20％ 的费用，其余额为应纳税所得额。　　　　　　　　　　　　　　　　　　　　（　　）

10．同一作品在报刊上连载分期取得收入的，以连载一个月内取得的收入为一次，计征个人所得税。　　　　　　　　　　　　　　　　　　　　　　　　（　　）

11．对企事业单位承包经营、承租经营所得，以每一个纳税年度的收入总额，减除必要费用后的余额为应纳税所得额。2011 年 9 月减除必要的费用是按月 3 500 元。　（　　）

12．支付工资薪金所得的单位，在支付工资薪金款项时，无论个人所得税是由企业代为负担，还是由个人自己负担，均借记"应付职工薪酬"，贷记"应交税费——代扣代缴个人所得税"。　　　　　　　　　　　　　　　　　　　　　　　　　　（　　）

13．对企事业单位的承包经营、承租经营所得税的核算，因为企业属于承包经营、承租经营，所以只需缴纳个人所得税，而无需缴纳企业所得税。　　　　　（　　）

14．企业支付劳务报酬、稿酬等各项所得，由支付单位在向纳税人支付时代扣代缴个人所得税，并计入该企业的有关费用账户。　　　　　　　　　　　　　（　　）

15．个人取得的应税所得包括货币、实物和有价证券。　　　　　　　（　　）

16．加印作品而取得的稿酬，应单独作为一次稿酬所得计缴个人所得税。　（　　）

17．《个人所得税法》规定征税的工资、薪金所得，包括个人每月的岗位津贴和奖金收入。　　　　　　　　　　　　　　　　　　　　　　　　　　　　　（　　）

18．股份制企业向法人股东支付股利，无需代扣代缴个人所得税。　（　　）

19．个人转让唯一的家庭生活用房取得的所得可以暂免征收个人所得税。（　　）

20．境外所得的延期扣除的补扣期限最多不得超过 5 年。　　　　　（　　）

四、实务题

1.某中国公民在 2012 年的月工资收入 5 300 元,12 月份领取年终奖 30 000 元。该纳税人前 11 个月已按规定缴纳了个人所得税,请计算其 12 月份应纳的个人所得税税额;若该纳税人的月工资收入为 2 400 元,请计算其 12 月份应纳的个人所得税税额。

2.中国公民张某是一外商投资企业的中方雇员,2012 年收入情况如下:

(1)1~12 月每月取得由雇佣单位支付的工资 8 000 元;

(2)1~12 月每月取得由派遣单位支付的工资 2 500 元;

(3)4 月在某杂志社发表文章,取得稿费收入 1 000 元;

(4)6 月为某公司翻译外文资料,取得收入 30 000 元;

(5)1 月将自有住房一套出租,每月租金 3 000 元,租期半年;

(6)7 月将上述自有住房出售,售价 40 万元,原价 32 万元,支付转让过程的税费共 1.5 万元;

(7)8 月取得国债利息收入 4 285 元;

(8)10 月取得 2007 年 9 月存入银行的定期存款利息收入 500 元;

(9)将一项专利权转让给某境外公司,转让收入 250 000 元,已在该国缴纳个人所得税 36 000 元,相关凭证合法齐全。

要求:

(1)分析 2012 年取得的 9 项收入,指出哪些需要缴纳个人所得税。

(2)需缴纳个人所得税的收入,计算支付单位应扣缴的个人所得税。

(3)张某是否应自行申报纳税?

3.某公司为财务部职员甲代付个人所得税,2012 年 1 月支付给职员甲的工资为 5 500 元人民币;同月,该公司还支付给职员乙后勤管理人员 5 500 元,但不为其负担个人所得税税款。计算该公司为雇员甲代付和为雇员乙代扣的个人所得税税额,并作代扣个人所得税的账务处理。(员工工资由银行代发)

4.2012 年 3 月,某公司与张某解除劳动关系,支付一次性补偿费 6 万元,当地上年企业职工年平均工资为 1.5 万元,其在本单位工作年限为 2 年。试计算张某应纳税所得额、应纳税月收入以及应扣个人所得税并作代扣个人所得税的账务处理。

第**9**章

其他税种会计

知识目标

1. 了解资源税、土地增值税、城镇土地使用税、耕地占用税、房产税、契税、车船税、印花税、城市维护建设税、教育费附加的概念、纳税人、计税依据等相关内容；
2. 熟悉相关税种的纳税期限及申报；
3. 掌握相关税种的应纳税额计算和会计核算。

9.1 资源税会计

9.1.1 资源税概述

1. 资源税的概念

资源税是以自然资源为课税对象而缴纳的一种税。为了体现国家的权力，促进合理开发利用资源，调节资源级差收入而缴纳资源税。

2. 资源税的纳税人

资源税的纳税人是指在中华人民共和国领域或管辖海域开采应税资源的矿产品或者生产盐的单位和个人。所称单位，包括企业、事业单位、社会团体、行政单位、军事单位以及其他单位；所称个人，包括个体工商户以及其他个人。

3. 资源税扣缴义务人

为了加强管理，避免漏税，税法规定收购未税矿产品的独立矿山、联合企业以及其他收购未税矿产品的单位为资源税扣缴义务人。

4. 资源税的征收范围

资源税采取"普遍征收"的原则，因此，凡是在中华人民共和国领域或管辖海域开采的应税资源均是资源税的征收范围。从理论上讲，资源税的征收范围应包括自然界存在的一切自然资源,包括矿产资源、土地资源、动植物资源、海淡水资源、太阳能资源等。但由于我国的资源税开征较晚,资源的计量和资源税的计量问题无法解决,因此目前资源税的征收范围只包括矿产品、盐等。具体的征收范围如下:

(1)原油,指开采的天然原油,不包括人造石油。

(2)天然气,指专门开采或与原油同时开采的天然气。

(3)煤炭,指原煤,不包括洗煤、选煤及其他煤炭制品。

(4)黑色金属矿原矿和有色金属矿原矿,指开采后自用、销售的,用于直接入炉冶炼或作为主产品先入选精矿、制造人工矿,再最终入炉冶炼的金属矿原矿。

(5)其他非金属矿原矿,指上列矿产品和井矿盐以外的非金属矿原矿。

(6)盐,包括各种原盐,原盐指固体盐和液体盐。固体盐是指海盐原盐、湖盐原盐和井矿盐;液体盐是指卤水。

(7)伴生矿、伴采矿、伴选矿。

5.资源税的优惠政策

下列情况可以减免资源税:

(1)开采原油过程中用于加热、修井的原油免税。

(2)纳税人开采或者生产应税产品过程中,因意外事故、自然灾害等原因受重大损失的,可由省、自治区、直辖市政府酌情决定减税或者免税。

(3)国务院规定的其他减税、免税项目。

纳税人的减税、免税项目,应当单独核算销售额或者销售数量;未单独核算或者不能准确提供销售额或者销售数量的,不予减税或者免税。

9.1.2　资源税应纳税额计算

1.资源税的确认、计量

资源税的应纳税额,按照从价定率或者从量定额的办法,分别以应税产品的销售额乘以纳税人具体适用的比例税率,或者以应税产品的销售数量乘以纳税人具体适用的定额税率计算。销售数量,包括纳税人开采或者生产应税产品的实际销售数量和视同销售的自用数量。纳税人不能准确提供应税产品销售数量的,以应税产品的产量,或者以主管税务机关确定的折算比换算成的数量作为计征资源税的销售数量。

(1)纳税人以人民币以外的货币结算销售额的,应当折合成人民币计算。其销售额的人民币折合率可以选择销售额发生的当天或者当月1日的人民币汇率中间价。纳税人应在事先确定采用何种折合率计算方法,确定后1年内不得变更。

(2)纳税人申报的应税产品销售额明显偏低并且无正当理由的、有视同销售应税产品行为而无销售额的,除财政部、国家税务总局另有规定外,按下列顺序确定销售额。

①按纳税人最近时期同类产品的平均销售价格确定。

②按其他纳税人最近时期同类产品的平均销售价格确定。

③按组成计税价格确定。组成计税价格的计算公式为

$$组成计税价格＝成本×(1＋成本利润率)÷(1－税率)$$

公式中的成本是应税产品的实际生产成本。公式中的成本利润率由省、自治区、直辖市税务机关确定。

2.资源税的税率

资源税调节级差收益的税收调节,是通过对因资源赋存状况、开采条件、资源本身优劣、地理位置等客观存在的差别而产生的资源级差收益,实施差别单位税额标准进行的。即贯彻"级差调节"的原则,其具体税目、单位税额见表9-1。

表 9-1 资源税税目税额表

税目		税率
一、原油		销售额的 5%~10%
二、天然气		销售额的 5%~10%
三、煤炭	焦煤	每吨 8~20 元
	其他煤炭	每吨 0.3~5 元
四、其他非金属矿原矿	普通非金属矿原矿	每吨或者每立方米 0.5~20 元
	贵重非金属矿原矿	每千克或者每克拉 0.5~20 元
五、黑色金属矿原矿		每吨 2~30 元
六、有色金属矿原矿	稀土矿	每吨 0.4~60 元
	其他有色金属矿原矿	每吨 0.4~30 元
七、盐	固体盐	每吨 10~60 元
	液体盐	每吨 2~10 元

3.资源税纳税义务发生时间

资源税的确认以资源税纳税义务发生为标准。《中华人民共和国资源税暂行条例》中对资源税纳税义务发生的时间做了明确的规定。

(1)纳税人销售应税产品,其纳税义务发生时间具体规定如下:

①纳税人采取分期收款结算方式,其纳税义务发生时间为销售合同规定的收款日期当天。

②纳税人采取预收货款结算方式,其纳税义务发生时间为发出应税产品的当天。

③纳税人采取其他结算方式的,其纳税义务发生时间为收讫销售款或者取得索取销售款凭据的当天。

(2)纳税人自产自用应税产品的纳税义务发生时间为移送使用应税产品的当天。

(3)由扣缴人代扣代缴资源税税款的,其纳税义务发生时间为支付货款的当天。

9.1.3 资源税会计核算

按照应税资源的用途,资源税的账务处理分为以下几种情况:

1.直接销售资源产品的应纳资源税

我国地域辽阔,各地资源结构和开发条件存在着很大的差异,资源赋存条件好、品位高、开采条件优越的企业,成本低,收益高;反之,成本高,收益低。征收资源税一方面可以实现国有资源的有偿开采,另一方面可以调节这种级差收入。因此,纳税人缴纳的资源税应作为收益的扣减。计算出应纳资源税时,借记"营业税金及附加"账户,贷记"应交税费——

应交资源税"账户。缴纳税款时,借记"应交税费——应交资源税"账户,贷记"银行存款"等账户。

【例9-1】 某南方盐场2012年2月销售海盐1 000吨,取得收入800 000元(不含增值税)。南方海盐适用的单位税额为12元/吨。盐的增值税率为13%。

$$应纳资源税税额=1 000×12=12 000(元)$$

增值税销项税额=800 000×13%=104 000(元),会计处理如下:

取得收入时:

借:银行存款(或库存现金等)   904 000

    贷:主营业务收入   800 000

      应交税费——应交增值税(销项税额)   104 000

计提资源税时:

借:营业税金及附加   12 000

    贷:应交税费——应交资源税   12 000

2.自用资源产品的应纳资源税

企业自采自用或自产自用资源产品的资源税应作为所生产产品成本的一部分。因为资源税作为一种价内税,包含在产品生产的原材料成本之中,所以计算应纳资源税时,应借记"生产成本"账户,贷记"应交税费——应交资源税"账户。

【例9-2】 某铜矿山2012年销售铜矿石原矿30 000吨,移送入选精矿4 000吨,选矿比为20%,按规定适用7元/吨单位税额。计算该矿山本月应纳的资源税税额,并作出会计处理。

(1)外销铜矿石原矿应纳资源税税额:

$$应纳税额=30 000×7=210 000(元)$$

(2)因无法准确掌握入选精矿矿石的原矿数量,按选矿比计算应纳税额:

应纳税额=入选精矿÷选矿比×单位税额=4 000÷20%×7=140 000(元)

(3)本月应纳税额=210 000+140 000=350 000(元)

会计处理如下:

借:营业税金及附加   210 000

    生产成本   140 000

    贷:应交税费——应交资源税   350 000

9.1.4 纳税期限、纳税地点

1.纳税期限

资源税的纳税期限为1日、3日、5日、10日、15日或1个月,具体的纳税期限由主管税务机关根据纳税人应纳税款的大小分别核定。不能按固定期限计算缴纳的,可按次纳税。

纳税人以1个月为一期纳税的,自期满之日起10日内申报纳税;以1日、3日、5日、10日、15日为一期纳税的,自期满之日起5日内预缴税款,于次月1日起10日内申报纳税并结清上月的税款。扣缴义务人的解缴税款期限,比照上述规定执行。

2.纳税地点

(1)纳税人应纳的资源税,应当向应税产品的开采或者生产所在地主管税务机关缴纳。

(2)凡跨省开采的矿山或油田,其下属生产单位与核算单位不在同一省、自治区、直辖市的,对其开采的矿产品,一律在开采地纳税。

(3)如果纳税人在本省、自治区、直辖市范围内开采或者生产应税产品,其纳税地点需要调整的,由所在地省、自治区、直辖市税务机关决定。

(4)扣缴义务人代扣代缴的资源税,也应当向收购地主管税务机关缴纳。

9.1.5　资源税纳税申报

1.纳税申报方式

资源税纳税申报主要涉及两个方面:纳税单位应税资源纳税申报和收购应税资源单位代扣代缴申报。

2.纳税申报表填制

(1)资源税纳税申报表

资源税纳税申报表(见表9-2)适用于开采应税矿产品或者生产盐的单位或个人申报缴纳资源税。主要按应税项目和免税项目区分填列。

表 9-2　　　　　　　　　　　　资源税纳税申报表

税款所属期起:　　年　月　日　　税款所属期止:　　年　月　日　　申报日期:　　年　月　日

纳税人识别号		纳税人名称		
征收管理代码		注册经营地址		

应税产品品目	油(气)田、矿山、盐场等其他名称	产品名称	等级	计税数量(吨/桶/千立方米/立方米)		单价			税(额)率	应纳税额	减免税额	已缴(或被扣缴)税额	应补(退)税额
				销售量	自用量	外币	牌价	折人民币					
1	2	3		4	5	6	7	8	9	10	11	12	13
合计	—	—				—	—		—				

如纳税人填报,由纳税人填写以下各栏		如委托税务代理机构填报,由税务代理机构填写以下各栏	
会计主管（签章）	经办人(签章)	税务代理机构名称	税务代理机构（公章）
		税务代理机构地址	
		代理人(签章)	

申报说明: 此纳税申报表是根据国家税收法律的规定填报的,我确信它是真实的、可靠的、完整的。 　　　　　　　　　　申明人:	以下由税务机关填写	
	受理日期	受理人
	审核日期	审核人
	审核记录	

（2）资源税扣缴报告表

资源税扣缴报告表填报内容与资源税纳税申报表基本相同。其中：产品名称、课税单位、课税数量、单位税额均按收购未税矿产品具体情况填写，免税项目栏要求填报收购未列举征税的产品。

资源税作为营业税金及附加列示于利润表中，与主营业务成本一起抵减主营业务收入后计算主营业务利润。应交的资源税作为应交税费的一部分，与其他应交税费一起列示于资产负债表中。

9.2　土地增值税会计

9.2.1　土地增值税概述

土地增值税是对转让国有土地使用权、地上建筑物及其附着物并取得收入的单位和个人就其转让房地产所取得的增值额征收的一种税。征收土地增值税的目的有三：一是适应改革开放新形势，进一步完善税制，增强国家对房地产开发和房地产市场的调控力度；二是抑制炒买炒卖土地投机获取暴利的行为；三是规范国家参与土地增值收益的分配方式，增加国家财政收入。

1.土地增值税的纳税人

土地增值税的纳税人是指转让国有土地使用权、地上的建筑物及其附着物（以下简称转让房地产）并取得收入的单位和个人。区分土地增值税的纳税人与非纳税人关键看其是否因转让房地产的行为而取得了收益，只有以出售或者其他方式有偿转让房地产而取得收益的单位和个人，才是土地增值税的纳税人。

2.土地增值税的计税依据

土地增值税的计税依据是纳税人转让房地产所取得的增值额。

（1）增值额

增值额是指纳税人转让房地产所取得的收入减除规定的扣除项目金额后的余额。如果纳税人转让房地产取得的收入减除规定的扣除项目金额后没有余额，则不需要缴纳土地增值税。增值额的计算公式为

$$增值额＝转让房地产取得的收入－扣除项目金额$$

纳税人有下列情形之一的，土地增值税按照房地产评估价格计算征收：

①隐瞒、虚报房地产成交价格的，是指纳税人不报或有意低报转让土地使用权、地上建筑物及其附着物价款的行为。对于这种情形，应由评估机构参照同类房地产的市场交易价格进行评估。税务机关根据评估价格确定转让房地产的收入。

②提供扣除项目金额不实的，是指纳税人在纳税申报时不据实提供扣除项目金额的行为。对于这种情形，应由评估机构按照房屋重置成本价乘以成新度折扣率计算的房屋成本价和取得土地使用权时的基准地价进行评估。税务机关根据评估价格确定扣除项目金额。

③转让房地产的成交价格低于房地产评估价格,又无正当理由的,是指纳税人申报的转让房地产的实际成交价格低于房地产评估机构评定的交易价,纳税人又不能提供凭证或无正当理由的行为。对于这种情形,应由税务机关参照房地产评估价格确定转让房地产的收入。

(2)转让房地产取得的收入

纳税人转让房地产取得的收入包括转让房地产的全部价款及有关的经济收益。从收入的形式来看,包括货币收入、实物收入和其他收入。

(3)扣除项目

土地增值税的扣除项目包括:

①取得土地使用权所支付的金额,是指纳税人为取得土地使用权所支付的地价款和按照国家统一规定交纳的有关费用。凡是通过行政划拨方式无偿取得土地使用权的企业和单位,则以转让土地使用权时按规定补交的出让金及有关费用,作为取得土地使用权所支付的金额。

②房地产开发成本,是指纳税人房地产开发项目实际发生的成本,包括土地征用及拆迁补偿费、前期工程费、建筑安装工程费、基础设施费、公共配套设施费、开发间接费用等。

③房地产开发费用,是指与房地产开发项目有关的销售费用、管理费用、财务费用。这三项费用作为期间费用,直接计入当期损益,不按成本核算对象进行分摊,因此,房地产开发费用的扣除,不按照纳税人实际发生的期间费用扣除,而是按税法规定的标准进行扣除。

纳税人能够按转让房地产项目计算分摊利息支出并能提供金融机构的贷款证明的,其允许扣除的房地产开发费用计算公式为

$$允许扣除的房地产开发费用＝利息＋(取得土地使用权所支付的金额＋房地产开发成本)×5\%以内$$

纳税人不能按转让房地产项目计算分摊利息支出或不能提供金融机构贷款证明的,其允许扣除的房地产开发费用计算公式为

$$允许扣除的房地产开发费用＝(取得土地使用权所支付的金额＋房地产开发成本)×10\%以内$$

上述计算扣除的具体比例,由各省、自治区、直辖市人民政府规定。

④其他扣除项目。财政部规定,对从事房地产开发的纳税人,可以按取得土地使用权所支付的金额和房地产开发成本的金额之和,加计20%的扣除。

⑤与转让房地产有关的税金,是指在转让房地产时缴纳的营业税、城市维护建设税、印花税、教育费附加。

⑥旧房及建筑物的评估价格,是指在转让已使用的房屋及建筑物时,由政府批准设立的房地产评估机构评定的重置成本价乘以成新度折扣率后的价格。评估价格须经当地税务机关确认。

3.应纳税额计算

在纳税人转让房地产的增值额确定后,按照规定的四级超率累进税率,以增值额中属于每一税率级别部分的金额,乘以该级的税率,再将由此而得出的每一级的应纳税额相加,得到的总数就是纳税人应缴纳的土地增值税税额。其计算公式为

$$增值率＝增值额÷扣除项目金额×100\%$$

$$应纳税额＝\sum（每级距的土地增值额×适用的税率）$$

为了简化土地增值税的计算，一般可采用速算扣除法计算。速算扣除法的计算公式为

$$应纳税额＝增值额×适用税率－扣除项目金额×速算扣除系数$$

土地增值税使用四级超率累进税率，具体税率见表9-3。

表9-3　　　　土地增值税四级超率累进税率表

级数	增值额占扣除项目金额的比例	适用税率(%)	速算扣除系数(%)
1	50%(含)以下	30	0
2	50%～100%	40	5
3	100%～200%	50	15
4	200%以上	60	35

注：上述四级超率累进税率，每级增值额未超过扣除项目金额的比例，均包括该比例数本身。

9.2.2　税收优惠政策

1.纳税人建造普通标准住宅出售，增值额未超过扣除项目金额20%的，免征土地增值税。

2.因国家建设需要依法征用、收回的房地产，免征土地增值税。

3.因城市实施规划、国家建设的需要而搬迁，由纳税人自行转让原房地产的，比照有关规定免征土地增值税。

4.个人因工作调动或改善居住条件而转让原自用住房，经向税务机关申报核准，凡居住满5年或5年以上的，免予征收土地增值税；居住满3年未满5年的，减半征收土地增值税；居住未满3年的，按规定计算征收土地增值税。

9.2.3　土地增值税会计核算

1.主营房地产业务的企业土地增值税的会计核算

主营房地产业务的企业，是指企业的经营业务中房地产业务是企业的主要经营业务，其经营收入在企业的经营收入中占有较大比重，并且直接影响企业的经济效益。主营房地产业务的企业既有房地产开发企业，也有对外经济合作企业、股份制企业和外商投资房地产企业等。

由于土地增值税是在转让房地产的流转环节纳税，并且是为了取得当期营业收入而支付的费用，因此，土地增值税应同营业税的会计核算相同，借记"营业税金及附加"账户，贷记"应交税费——应交土地增值税"账户。实际缴纳土地增值税时，借记"应交税费——应交土地增值税"，贷记"银行存款"等账户。

(1)现货房地产销售

在现货房地产销售情况下，采用一次性收款、房地产移交使用、发票账单提交买主、钱

货两清的,应于房地产已经移交和发票账单提交时作为销售实现,借记"银行存款"等账户,贷记"主营业务收入"等账户。同时计算应负担的土地增值税,借记"营业税金及附加",贷记"应交税费——应交土地增值税"账户。

在现货房地产销售情况下,采取赊销、分期收款方式销售房地产的,应以合同规定的收款时间作为销售实现,分次结转收入,同时计算应负担的土地增值税。会计核算同上。

【例 9-3】　某房地产开发公司开发销售楼盘(普通住宅)一栋,取得收入 16 000 万元。公司为取得土地使用权支付 6 000 万元,开发土地、建房及配套设施等支出 2 500 万元,支付开发费用 1 200 万元(其中:利息支出 600 万元,未超过规定标准),支付转让房地产有关的税金 660 万元。税额及会计处理如下:

应纳税额计算:

①取得土地使用权费用:6 000 万元

②房地产开发成本:2 500 万元

③房地产开发费用＝600＋(6 000＋2 500)×5％＝1 025(万元)

④转让房地产的相关税费:660 万元

⑤其他扣除费用＝(6 000＋2 500)×20％＝1 700(万元)

合计＝6 000＋2 500＋1 025＋660＋1 700＝11 885(万元)

增值额＝16 000－11 885＝4 115(万元)

增值额占扣除项目金额的比例:4 115÷11 885×100％＝34.62％

该比例未超过 50％,故适用税率为 30％,速算扣除系数为 0。

应纳税额＝4 115×30％－0＝1 234.5(万元)

收入实现时:

借:银行存款	160 000 000	
贷:主营业务收入		160 000 000

计提土地增值税时:

借:营业税金及附加	12 345 000	
贷:应交税费——应交土地增值税		12 345 000

缴纳税款时:

借:应交税费——应交土地增值税	12 345 000	
贷:银行存款		12 345 000

(2)商品房预售

在商品房预售的情况下,商品房交付使用前采取一次性收款或分次分款的,收到购房款,借记"银行存款"账户,贷记"预收账款"账户;按规定预交税款时,借记"应交税费——应交土地增值税"账户,贷记"银行存款"等账户;待该商品房交付使用后,开具发票结算账单交给买主时,收入实现,借记"应收账款"账户,贷记"主营业务收入"等账户;同时将"预收账款"转入"应收账款",并计算由实现的营业收入负担的土地增值税,借记"营业税金及附加",贷记"应交税费——应交土地增值税"账户。按照税法的规定,该项目全部竣工,须决算后进行清算,企业收到退回多交的土地增值税时,借记"银行存款"等账户,贷记"应交税费——应交土地增值税"账户。补缴土地增值税时,则作相反的会计分录。

【例9-4】　某市房地产开发公司2012年6月开发的楼盘取得预售许可证后,开始预售,当月取得预售商品房收入1 200万元,并存入银行。按规定土地增值税预征率为预收款的1.5%,请计算当月预缴的土地增值税,并作会计处理。

预售商品房款应预缴土地增值税＝1 200×1.5%＝18(万元)

收到预售商品房款时:

借:银行存款	12 000 000	
贷:预收账款		12 000 000

计提应预缴的土地增值税时:

借:营业税金及附加	180 000	
贷:应交税费——应交土地增值税		180 000

预缴土地增值税时:

借:应交税费——应交土地增值税	180 000	
贷:银行存款		180 000

【例9-5】　承【例9-4】,假设该楼盘2012年12月全部竣工,并办理了决算,税务部门对公司的所有税费进行了清算。公司共取得预售商品房收入8 000万元,已预缴土地增值税120万元,清算应补缴土地增值税20万元。相关的会计处理如下:

计提清算应补缴的土地增值税记入"营业税金及附加":

借:营业税金及附加	200 000	
贷:应交税费——应交土地增值税		200 000

补缴土地增值税时:

借:应交税费——应交土地增值税	200 000	
贷:银行存款		200 000

2. 兼营房地产业务的企业土地增值税会计核算

兼营房地产业务的企业,是指兼营或附带经营房地产业务的企业。

兼营房地产业务的企业转让房地产取得收入时,应按规定计算出应缴纳的土地增值税,借记"营业税金及附加"账户,贷记"应交税费——应交土地增值税"账户。

企业实际缴纳土地增值税时,借记"应交税费——应交土地增值税"账户,贷记"银行存款"等账户。

3. 销售旧房的会计核算

旧房是企业已使用过的房屋,一般在"固定资产"账户中反映。销售旧房时,首先将旧房从"固定资产"账户转入"固定资产清理"账户,借记"固定资产清理"、"累计折旧",贷记"固定资产"账户。取得收入时,借记"银行存款"、"应收账款"等账户;应交纳的土地增值税,借记"固定资产清理"账户,贷记"应交税费——应交土地增值税"账户。

【例9-6】　某工业企业因迁到新厂区,将旧车间出售,取得收入80万元。该车间账面原值30万元,已提折旧14万元,评估价值(重置完全价值乘成新率)40万元,交纳营业税25 000元、城市维护建设税1 750元、教育费附加750元,共计27 500元,发生其他清理费用8 000元,假设不考虑契税等其他的税费。计算应纳土地增值税额,并作相关会计处理。

（1）计算应纳土地增值税

$$扣除项目金额＝400\ 000＋27\ 500＝427\ 500（元）$$

$$增值额＝800\ 000－427\ 500＝372\ 500（元）$$

$$增值额占扣除项目金额的比例＝372\ 500÷427\ 500＝87.13\%$$

$$应纳税额＝372\ 500×40\%－427\ 500×5\%＝127\ 625（元）$$

（2）会计处理如下：

旧车间转入清理：

借：固定资产清理	160 000
累计折旧	140 000
贷：固定资产	300 000

取得转让收入：

| 借：银行存款 | 800 000 |
| 　贷：固定资产清理 | 800 000 |

计提营业税、土地增值税等：

借：固定资产清理	155 125
贷：应交税费——应交土地增值税	127 625
——应交营业税	25 000
——应交城市维护建设税	1 750
——应交教育费附加	750

支付清理费用时：

| 借：固定资产清理 | 8 000 |
| 　贷：银行存款 | 8 000 |

结转出售收益时：

| 借：固定资产清理 | 476 875 |
| 　贷：营业外收入 | 476 875 |

9.2.4　土地增值税纳税申报

纳税人应当自转让房地产合同签订之日起 7 日内，向房地产所在地主管税务机关办理纳税申报，并向税务机关提交房屋及建筑物产权、土地使用权证书，土地转让、房屋买卖合同，房地产评估报告及其他与转让房地产有关的资料。纳税人因经常发生房地产转让而难以在每次转让后申报的，经税务机关审核同意后，可以定期进行纳税申报，具体期限由税务机关根据情况确定。房地产所在地是指房地产的坐落地。纳税人转让的房地产坐落在两个或两个以上地区的，应按房地产所在地分别申报缴纳土地增值税。

土地增值税纳税申报表分为两种，分别适用于房地产开发企业和非从事房地产开发的纳税人。

（1）土地增值税纳税申报表（一）（从事房地产开发的纳税人适用）（见表 9-4）；

（2）土地增值税纳税申报表（二）（非从事房地产开发的纳税人适用）（见表 9-5）。

表 9-4

土地增值税纳税申报表（一）
（从事房地产开发的纳税人适用）

纳税人识别号：

填表日期：　　年　月　日　　　　　　　　金额单位：元（列至角分）　　　面积单位：平方米

纳税人名称		税款所属时期			

项　　　目		行次	金　额
一、转让房地产收入总额(1＝2＋3)		1	
其中	货币收入	2	
	实物收入及其他收入	3	
二、扣除项目金额合计(4＝5＋6＋13＋16＋20)		4	
1.取得土地使用权所支付的金额		5	
2.房地产开发成本(6＝7＋8＋9＋10＋11＋12)		6	
其中	征用土地及拆迁补偿费	7	
	前期工程费	8	
	建筑安装工程费	9	
	基础设施费	10	
	公共配套设施费	11	
	开发间接费用	12	
3.房地产开发费用(13＝14＋15)		13	
其中	利息支出	14	
	其他房地产开发费用	15	
4.与转让房地产有关的税金等(16＝17＋18＋19)		16	
其中	营业税	17	
	城市维护建设税	18	
	教育费附加	19	
5.财政部规定的其他扣除项目		20	
三、增值额(21＝1－4)		21	
四、增值额与扣除项目金额之比(%)(22＝21÷4)		22	
五、适用税率(%)		23	
六、速算扣除系数(%)		24	
七、应缴土地增值税税额(25＝21×23－4×24)		25	
八、已缴土地增值税税额		26	
九、应补(退)土地增值税税额(27＝25－26)		27	

如纳税人申报,由纳税人填写此栏			如委托代理人申报,由代理人填写以下各栏			备注
会计主管 (签章)	经办人 (签章)	纳税人 (签章)	代理人名称		代理人 (签章)	
			代理人地址			
			经办人	电话		
以下由税务机关填写						
收到申报表日期			接收人			

表 9-5　　　　　　　　　**土地增值税纳税申报表(二)**

(非从事房地产开发的纳税人适用)

纳税人识别号：

填表日期：　年　月　日　　　　　　　　金额单位：元(列至角分)　　　　面积单位：平方米

纳税人名称		税款所属时期			
项　目				行次	金额
一、转让房地产收入总额(1=2+3)				1	
其中	货币收入			2	
	实物收入及其他收入			3	
二、扣除项目金额合计(4=5+6+9)				4	
1. 取得土地使用权所支付的金额				5	
2. 旧房及建筑物的评估价格(6=7×8)				6	
其中	旧房及建筑物的重置成本价			7	
	成新度折扣率			8	
3. 与转让房地产有关的税金等(9=10+11+12+13)				9	
其中	营业税			10	
	城市维护建设税			11	
	印花税			12	
	教育费附加			13	
三、增值额(14=1-4)				14	
四、增值额与扣除项目金额之比(％)(15=14÷4)				15	
五、适用税率(％)				16	
六、速算扣除系数(％)				17	
七、应缴土地增值税额(18=14×16-4×17)				18	
如纳税人申报，由纳税人填写以下各栏			如委托代理人申报，由代理人填写以下各栏		备注
会计主管 (签章)	经办人 (签章)	纳税人 (签章)	代理人名称		代理人 (签章)
			代理人地址		
			经办人	电话	
以下由税务机关填写					
收到申报表日期		接收人			

9.3　城镇土地使用税会计

9.3.1　城镇土地使用税概述

城镇土地使用税是对城镇拥有土地使用权的单位和个人征收的一种税。

1. 纳税人

城镇土地使用税的纳税人是在城市、县城、建制镇、工矿区内范围使用土地的单位和个人。所称单位，包括国有企业、集体企业、私营企业、股份制企业、外商投资企业、外国企业以及其他企业和事业单位、社会团体、国家机关、军队以及其他单位;所称个人,包括个体工商户以及其他个人。城镇土地使用税纳税人通常包括以下几类:

(1)拥有土地使用权的单位和个人;

(2)拥有土地使用权的单位和个人不在土地所在地的,以土地的实际使用人或代管人为纳税人;

(3)土地使用权未确定或权属纠纷未解决的,以实际使用人为纳税人;

(4)土地使用权共有的,共有各方都是纳税人,由共有各方分别纳税。

2. 征税范围

城镇土地使用税的征税范围,包括城市、县城、建制镇和工矿区内的国家所有和集体所有的土地。上述城市、县城、建制镇和工矿区分别按以下标准认定:

(1)城市是指国务院批准设立的市,包括直辖市、副省级城市、地级市和县级市。

(2)县城是指县级人民政府所在地。

(3)建制镇是指经省、自治区、直辖市人民政府批准设立的建制镇。

(4)工矿区是指工商业比较发达,人口比较集中,符合国务院规定的建制镇标准,但尚未设立建制镇的大中型工矿企业所在地。工矿区须经省、自治区、直辖市人民政府批准。

城镇土地使用税征收的地域范围:城市的土地包括市区和郊区的土地;县城的土地指县人民政府所在地的土地;建制镇的土地是指镇人民政府所在地的土地。

3. 计税依据

城镇土地使用税以纳税人实际占用的土地面积为计税依据,计税单位为平方米。

纳税人实际占用的土地面积按下列办法确定:

(1)凡有由省、自治区、直辖市人民政府确定的部门组织测定的土地面积,以测定的面积为准;

(2)尚未组织测量但纳税人持有政府主管部门核发的土地使用证书的,以证书确认的土地面积为准;

(3)尚未核发土地使用证书的,应由纳税人申报土地面积据以纳税,待核发土地使用证书后再作调整。

4. 税率

城镇土地使用税采用定额税率,由于全国城镇经济发展水平千差万别,又是地方税,所以国家只是规定了一个幅度差别税额。具体标准如下:

(1)大城市 1.5 元至 30 元;

(2)中等城市 1.2 元至 24 元;

(3)小城市 0.9 元至 18 元;

(4)县城、建制镇、工矿区 0.6 元至 12 元。

各省、自治区、直辖市人民政府可根据市政建设情况和经济繁荣程度等条件,在规定税额幅度内确定所辖地区的适用税额幅度。经济落后地区土地使用税的适用税额标准可适当降低,但降低额不得超过上述规定最低税额的 30%。经济发达地区的适用税额标准可以适当提高,但须报财政部批准。

5. 城镇土地使用税的免税政策

下列土地免缴土地使用税：

(1)国家机关、人民团体、军队自用的土地；

(2)由国家财政部门拨付事业经费的单位自用的土地；

(3)宗教寺庙、公园、名胜古迹自用的土地；

(4)市政街道、广场、绿化地带等公共用地；

(5)直接用于农、林、牧、渔业的生产用地；

(6)经批准开山填海整治的土地和改造的废弃土地，从使用的月份起免缴土地使用税5年至10年；

(7)由财政部另行规定免税的能源、交通、水利设施用地和其他用地。

除前述(6)规定外，纳税人缴纳土地使用税确有困难需要定期减免的，由省、自治区、直辖市税务机关审核后，报国家税务局批准。

6. 应纳税额计算及征收

(1)应纳税额计算

城镇土地使用税按纳税人实际占用的土地面积和规定的税额按年计算，分期纳税。其计算公式为

$$年度应纳税额＝应税土地实际占用面积×适用单位税额$$

$$月(或季、半年)度应纳税额＝年度应纳税额÷12(或4、2)$$

(2)纳税期限

城镇土地使用税实行按年计算、分期缴纳的征收办法，具体纳税期限由省、自治区、直辖市人民政府确定。一般按月、季或半年征收一次。

新征用的耕地，自批准征用之日起满1年时开始缴纳城镇土地使用税(征用耕地第一年缴纳耕地占用税)；新征用的土地属非耕地，即无须缴纳耕地占用税的，自批准征用次月起申报纳税。征用土地当年或开始征收城镇土地使用税当年，不是12个月的，其应纳税额为按年应纳税额除以12乘以实际使用月数求得。

(3)纳税地点

城镇土地使用税由土地所在地的税务机关征收。

纳税人使用的应税土地不属于同一省、自治区、直辖市管辖的，由纳税人分别向土地所在地的税务机关缴纳土地使用税；在同一省、自治区、直辖市管辖范围内，纳税人跨地区使用的土地，其纳税地点由省、自治区、直辖市的地方税务局确定。

9.3.2　城镇土地使用税会计核算

提取城镇土地使用税时，借记"管理费用"，贷记"应交税费——应交城镇土地使用税"账户核算；若税务机关征收次数少，一次数额较大的，可先通过"待摊费用"分摊"管理费用"账户；交纳城镇土地使用税时，借记"应交税费——应交城镇土地使用税"，贷记"银行存款"等账户。

【例 9-7】 某城市甲企业使用土地面积10 000平方米，经税务机关核定，该土地为应税土地，税额为6元/平方米，按当地规定，每年3月和9月申报城镇土地使用税。该企业

当年3月预缴的土地使用税及会计处理如下：

$$应纳上半年土地使用税＝10\ 000×6×50\%＝30\ 000(元)$$

借:管理费用　　　　　　　　　　　　　　30 000

　　贷:应交税费——应交城镇土地使用税　　　　　　30 000

上缴时:

借:应交税费——应交城镇土地使用税　　　30 000

　　贷:银行存款　　　　　　　　　　　　　　　　30 000

9.3.3　城镇土地使用税纳税申报

1.城镇土地使用税纳税申报表

城镇土地使用税纳税申报表的格式见表9-5。

表 9-5　　　　　　　　　　城镇土地使用税纳税申报表

填表日期：　　年　月　日

纳税人识别号码：　　　　　　　　　　　　　　　　　　　　　金额单位:元(列至角分)

纳税人名称										税款所属时期				
坐落地点	上期占地面积	本期增减	本期实际占地面积	法定免税面积	应税面积	土地等级		适用税率		全年应缴税额	缴纳次数	本期		
						I	II	I	II			应纳税额	已纳税额	应补(退)税额
1	2	3	4＝2＋3	5	6＝4－5	7	8	9	10	11＝7×9＋8×10	12	13＝11÷12	14	15＝13－14
合计														

如纳税人申报,由纳税人填写以下各栏			如委托代理人申报,由代理人填写以下各栏		备注
会计主管(签章)	经办人(签章)	纳税人(签章)	代理人名称	代理人(签章)	
			代理人地址		
			经办人	电话	
以下由税务机关填写					
收到申报表日期			接收人		

2.纳税申报表填报说明

(1)城镇土地使用税是按年计算,分期预缴,"期"可以是月,即可分为12个月缴纳,也可以是季或半年,即分为4次或2次缴纳。具体如何分期由主管税务机关根据应纳税款的大小情况确定。

(2)表中第1栏"坐落地点"按土地使用证书上标明的地点或实际位置分行填列。

(3)"上期占地面积"为上期申报实际占用土地面积,包括免税面积。

(4)"本期增减"填写实际占用的面积增加或减少的数量。

(5)其他各栏的填报方法,根据纳税申报表中注明的计算关系填写。

9.4 耕地占用税会计

9.4.1 耕地占用税概述

耕地占用税是对占用耕地建房或从事其他非农业建设的单位和个人,按其实际占用的耕地面积,一次性定额征收的一种税。

耕地占用税从税种的征税对象来讲是资源税类,从1987年4月1日起开征。自2008年1月1日起施行新的《中华人民共和国耕地占用税暂行条例》,1987年4月1日国务院发布的《中华人民共和国耕地占用税暂行条例》同时废止。

1.征税范围

耕地占用税的征税对象为占用耕地建房或从事其他非农业建设行为。具体包括:

(1)占用耕地,是指用于种植农作物的土地。

(2)占用林地、牧草地、农田水利用地、养殖水面以及渔业水域滩涂等其他农用地,建房或者从事非农业建设的。

建设直接为农业生产服务的生产设施占用前款规定的农用地的,不征收耕地占用税。

2.纳税人

凡是在我国境内占用耕地建房或从事其他非农业建设的单位和个人,都是耕地占用税的纳税人。所称单位,包括国有企业、集体企业、私营企业、股份制企业、外商投资企业、外国企业以及其他企业和事业单位、社会团体、国家机关、部队以及其他单位;所称个人,包括个体工商户以及其他个人。

3.计税依据

耕地占用税以纳税人实际占用的耕地面积为计税依据,按照规定的适用税额一次性征收。耕地面积的计量(税)单位为平方米(1亩=666.67平方米),耕地占用面积依据土地管理部门批准占用耕地的文件。实际工作中出现批少占多、批非占耕、不批先用等情况,在征收耕地占用税时,必须核定纳税人实际占用耕地面积计税。

4.耕地占用税的税额规定

(1)人均耕地不超过1亩的地区(以县级行政区域为单位,下同),每平方米为10元至50元;

(2)人均耕地超过1亩但不超过2亩的地区,每平方米为8元至40元;

(3)人均耕地超过2亩但不超过3亩的地区,每平方米为6元至30元;

(4)人均耕地超过3亩的地区,每平方米为5元至25元。

(5)经济特区、经济技术开发区和经济发达且人均耕地特别少的地区,适用税额可以适当提高,但是提高的部分最高不得超过前款(3)规定的当地适用税额的50%。

(6)占用基本农田的,适用税额应当在前款(3)及前款(5)规定的当地适用税额的基础上提高 50%。

(7)纳税人临时占用耕地,应当依照耕地占用税暂行条例规定缴纳耕地占用税。纳税人在批准临时占用耕地的期限内恢复所占用耕地原状的,全额退还已经缴纳的耕地占用税。

国务院财政、税务主管部门根据人均耕地面积和经济发展情况确定各省、自治区、直辖市的平均税额。各地适用税额,由省、自治区、直辖市人民政府在规定的税额幅度内,根据本地区情况核定。各省、自治区、直辖市人民政府核定的适用税额的平均水平,不得低于前款(2)规定的平均税额。

5. 耕地占用税减免税规定

(1)军事设施占用耕地,免征耕地占用税。

(2)学校、幼儿园、养老院、医院占用耕地,免征耕地占用税。

(3)铁路线路、公路线路、飞机场跑道、停机坪、港口、航道占用耕地,减按每平方米2 元的税额征收耕地占用税。

根据实际需要,国务院财政、税务主管部门商国务院有关部门并报国务院批准后,可以对前款规定的情形免征或者减征耕地占用税。

(4)农村居民占用耕地新建住宅,按照当地适用税额减半征收耕地占用税。农村烈士家属、残疾军人、鳏寡孤独以及革命老根据地、少数民族聚居区和边远贫困山区生活困难的农村居民,在规定用地标准以内新建住宅缴纳耕地占用税确有困难的,经所在地乡(镇)人民政府审核,报经县级人民政府批准后,可以免征或者减征耕地占用税。

依照耕地占用税暂行条例规定免征或者减征耕地占用税后,纳税人改变原占地用途,不再属于免征或者减征耕地占用税情形的,应当按照当地适用税额补缴耕地占用税。

9.4.2　耕地占用税应纳税额计算及征收

1. 应纳税额的计算

应纳税额的计算公式为

$$应纳税额=应税耕地实际占用面积(平方米)\times 单位税额$$

2. 税款征收

耕地占用税由地方税务机关负责征收。土地管理部门在通知单位或者个人办理占用耕地手续时,应当同时通知耕地所在地同级地方税务机关。获准占用耕地的单位或者个人应当在收到土地管理部门的通知之日起 30 日内缴纳耕地占用税。土地管理部门凭耕地占用税完税凭证或者免税凭证和其他有关文件发放建设用地批准书。

9.4.3　耕地占用税会计核算

企业缴纳的耕地占用税不需要通过"应交税费"账户核算,缴纳时,借记"在建工程"等账户,贷记"银行存款"等账户。待工程完工后,再借记"固定资产"账户,贷记"在建工程"账户。

【例 9-8】2012 年 2 月,某企业经当地政府土地部门的批准征用耕地 100 亩,用于厂房扩建用地。当地耕地占用税单位税额为 25 元/平方米。计算应纳的耕地占用税并作会计处理。

$$应纳税额 = 100 \times 666.67 \times 25 = 1\,666\,675(元)$$

会计处理如下：

借：在建工程   1 666 675
 贷：银行存款   1 666 675

【例 9-9】 2012 年 5 月，某房地产开发企业经过土地管理部门组织的竞拍，获得建房规划用地 30 000 平方米，用于房地产开发。该地块属于耕地，当地政府规定的耕地占用税单位税额为 25 元/平方米。计算应纳的耕地占用税并作会计处理。

$$应纳税额 = 30\,000 \times 25 = 750\,000(元)$$

会计处理如下：

借：开发成本   750 000
 贷：银行存款   750 000

9.4.4 耕地占用税纳税申报

耕地占用税纳税申报表的格式见表 9-6。

表 9-6   **耕地占用税纳税申报表**

填表日期： 年 月 日   金额单位：人民币元(列至角分)

纳税人名称		联系电话	
地　址		邮政编码	
批准通知书	＿＿＿＿＿年国土征 No ＿＿＿＿＿		
受让耕地面积(m²)	标准税额(元/m²)		计征税额
滞纳金申报	逾期缴款金额	应纳税期限	逾期天数	应纳滞纳金
		年　月　日		
应缴金额合计	人民币(大写)		

此纳税申报表是根据《中华人民共和国耕地占用税暂行条例》的规定填报的，以上填报内容是真实的、可靠的、完整的。

声明人签字：＿＿＿＿＿＿＿

9.5　房产税会计

9.5.1　房产税概述

房产税是以房产为征税对象，依据房产价格或房产租金收入向房产所有人或经营人征收的一种税。

1. 纳税人

房产税以在征税范围的房屋的产权所有人为纳税人。

其中：

(1)产权出典的,由承典人缴纳税款。

(2)产权所有人、承典人不在房屋所在地的,由房产代管人或者使用人纳税。

(3)产权未确定及租典纠纷未解决的,由房产代管人或者使用人缴纳。

(4)纳税单位和个人无租使用房产管理部门、免税单位及纳税单位的房产,应由使用人代为缴纳房产税。

从2009年1月1日起,外商投资企业、外国企业以及外籍个人,也是房产税的纳税人。

2. 征税范围

房产税以房产为征税对象。房产是指有屋面和围护结构(有墙或两边有柱),能够遮风避雨,可供人们在其中生产、学习、工作、娱乐、居住或贮藏物资的场所。

房产税的具体征税范围是位于城市、县城、建制镇和工矿区的房屋。坐落在农村的房屋不征收房产税。

房地产开发企业建造的商品房,在出售前,不征收房产税;但对出售前房地产开发企业已使用或出租、出借的商品房应按规定征收房产税。

3. 计税依据

房产税的计税依据是房产的计税价值或房产的租金收入。按照房产计税价值征税的称为从价计征,按照房产租金收入计征的称为从租计征。

(1)从价计征是指以房产原值一次减除10%～30%后的余值为计税依据。具体扣除比例由省、自治区、直辖市人民政府确定。

房产原值是指纳税人按照会计制度规定,在账簿"固定资产"账户中记载的房屋造修、购买价(或原价)。房产余值是指房产的原价减除一定比例后剩余价值。

(2)从租计征是指以房屋出租取得的租金收入为计税依据。租金收入是房屋产权所有人暂时出让一定期间房产使用权所得到的报酬,包括货币收入和实物收入。

(3)三种特殊情况下的计征:以房产投资联营的,投资者参与投资企业利润分红、共担风险的,按房产原值作为计税依据;对投资者以房产投资收取固定收入,不承担联营风险的,应以租金收入(固定收入)为计税依据;对融资租赁的房屋,实际上是一种变相的分期付款购买固定资产的形式,其房产税应以房产余值为计税依据。

4. 税率

以房产原值一次减除10%至30%后的余值计征的,税率为1.2%;以房产租金收入计征的,税率为12%。对个人按市场价格出租的居民住房租金收入,暂减按4%的税率征收房产税。

9.5.2 应纳税额计算及征收

从价计征的计算公式为

$$应纳税额 = 房产原值 \times (1 - 10\% 至 30\%) \times 1.2\%$$

从租计征的计算公式为

$$应纳税额＝房产租金收入×12\%$$

房产税按年计征,分期缴纳。一般每半年缴纳一次,上半年在 3 月份缴纳一次,下半年在 9 月份缴纳一次,每次征收期为 1 个月。

9.5.3　房产税减免税优惠

1.《房产税暂行条例》及其实施细则规定,下列房产免征房产税:

(1)国家机关、人民团体、军队自用的房产;

(2)由国家财政部门拨付事业经费的单位,包括由国家财政部门拨付事业经费、实行差额预算管理的事业单位自用的房产;

(3)宗教寺庙、公园、名胜古迹自用的房产;

(4)个人所有非营业用的房产;

(5)经财政部批准免税的其他房产。

2.按有关政策规定,具有下列情形的纳税单位可减免房产税:

(1)企业办的各类学校、医院、托儿所、幼儿园的用房,可以比照国家财政部门拨付事业经费的单位自用的房产,免征房产税。

(2)对为高等学校学生提供住宿服务并按高教系统收费标准收取租金收入的学生公寓,免征房产税。

(3)经有关部门鉴定,对毁损不堪居住的房屋和危险房屋,在停止使用后,免征房产税。

(4)房屋大修停用在半年以上的,在房屋大修期间免征房产税,免征税额由纳税人在申报缴纳房产税时自行计算扣除,并在申报表或备注栏中作相应说明。

(5)对军需工厂(含武警部队工厂),凡生产军品的房产可免征房产税。

(6)对司法部所属的少年犯管教所的房产,免征房产税。对司法部所属的劳改工厂、劳动农场等单位,凡作为管教或生活用房的房产,免征房产税。

(7)对民政福利企业安置残疾人员占生产人员总数 35%(含 35%)以上的,免征房产税。

(8)对煤炭工业部所有并专门用于抢险救灾工作的防排水抢救站使用的房产,免征房产税。

(9)老年服务机构自用的房产,免征房产税。

3.纳税人纳税有困难的,可申请定期减征免征房产税。

纳税人按规定缴纳房产税确有困难,需给予减免税照顾的,可写出书面报告,送当地主管地方税务局。

9.5.4　房产税的征收管理

1.纳税义务发生时间

(1)纳税人将原有房产用于生产经营,从生产经营之月起缴纳房产税。

(2)纳税人自行新建房屋用于生产经营,从建成之日的次月起缴纳房产税。

（3）纳税人委托施工企业建设的房屋，从办理验收手续的次月起缴纳房产税。

（4）纳税人购置新建商品房，自房屋交付使用之次月起缴纳房产税。

（5）纳税人购置存量房，自办理房屋权属转移、变更登记手续，房地产权属登记机关签发房屋权属证书之次月起缴纳房产税。

（6）纳税人出租、出借房产，自交付出租出借房产之次月起缴纳房产税。

（7）房地产开发企业自用、出租、出借本企业建造的商品房，自房屋使用或交付之次月起缴纳房产税。

2．纳税期限

房产税按年计算、分期缴纳。纳税期限由省、自治区、直辖市人民政府规定。

3．纳税地点

房产税在房产所在地缴纳。对房产不在同一地方的纳税人，应按房产的坐落地点分别向房产所在地的税务机关缴纳。

9.5.5　房产税会计核算

企业计算出应缴纳的房产税时，借记"管理费用"账户，贷记"应交税费——应交房产税"账户；缴纳税金时，借记"应交税费——应交房产税"账户，贷记"银行存款"等账户。

【例 9-10】　某企业 2012 年的经营用房原值为 6 000 万元，出租房屋原值为 600 万元，年租金为 40 万元。当地政府规定的扣除比例为 25％。房产税每半年申报缴纳一次，税款通过指定的银行存款扣缴。计算 2012 年上半年应申报缴纳的房产税并作会计处理。

$$经营用房应纳税额＝6\ 000×（1－25％）×1.2％＝54（万元）$$
$$2012\ 年上半年应申报缴纳税额＝540\ 000×50％＝270\ 000（元）$$
$$出租用房应纳税额＝40×12％＝4.8（万元）$$
$$2012\ 年上半年应申报缴纳税额＝48\ 000×50％＝24\ 000（元）$$

会计处理如下：

计提房产税：

借：管理费用	294 000
贷：应交税费——应交房产税	294 000

上缴房产税费时：

借：应交税费——应交房产税	294 000
贷：银行存款	294 000

9.5.6　房产税纳税申报

1．房产税纳税申报表

房产税纳税申报表的格式见表 9-7。

房产税纳税申报表

表 9-7

纳税人识别号

金额单位：元（列至角分）

纳税人名称								税款所属时期								
坐落地点							建筑面积					房屋结构				
上期申报房产原值（评估值）	本期增减	本期实际房产原值	其中			扣除率 %	计税依据		适用税率		全年应纳税额	缴纳次数	本期			备注
			从价计税的房产原值	从租计税的房产原值	免税房产原值		房产余值	租金收入					应纳税额	已纳税额	应补（退）税额	
1	2	3＝1＋2	4＝3－5－6	5	6	7	8＝4－4×7	9	10	1.2%	12＝8×10＋9×11	13	14＝12÷13	15	16＝14－15	
										12%						

如纳税人填报，由纳税人填写以下各栏　　　　　　如委托代理人填报，由代理人填写以下各栏

会计主管（签章）	经办人（签章）	纳税人（签章）	代理人名称	代理人（签章）
			代理人地址	
			经办人	电话

以下由税务机关填写

收到申报表日期	接收人

2．房产税纳税申报表填报说明

（1）房产原值，为"固定资产"账户借方记载的房屋造价（或购价）。其中：

①第 1 栏"上期申报房产原值（评估值）"，填写经税务机关审核认可的房产原值，或没有房产原值经税务机关评估的价值；

②第 2 栏"本期增减"，反映纳税人因为原有房产改扩建或毁损而增减的房产原值；

③第 4～6 栏在确定第 3 栏"本期实际房产原值"的基础上，区分为从价从租计税和免税的房产原值。

（2）计税依据，第 8 栏从价计税的为房产原值减除 10％～30％折旧后的余值，第 9 栏从租计税的为实际取得的租金收入。

（3）应纳税额按本期应缴和汇算填报，其中：第 13 栏"缴纳次数"按主管地方税务机关的规定填写，如全年分两次或四次缴纳；第 14 栏"本期应纳税额"为全年应纳税额的1/2 或 1/4。

9.6 契税会计

9.6.1 契税概述

契税指在我国境内土地使用权、房屋所有权的权属转移过程中，向取得土地使用权和房屋所有权的单位和个人征收的一种税。

契税属不动产财产税性质，它是对土地使用权和房屋所有权权属的受让（购买）方征收的一种地方性财产税，目前，由农税部门或地方税务部门征收。

1．征税范围

契税的征税对象是发生土地使用权和房屋所有权权属转移的土地和房屋。具体包括：

（1）国有土地使用权出让，是指土地使用者向国家交付土地使用权出让费用，国家将国有土地使用权在一定年限内让与土地使用者的行为。

（2）土地使用权转让，是指土地使用者以出售、赠与、交换或者其他方式将土地使用权转移给其他单位和个人的行为。但不包括农村集体土地承包经营权的转移。

（3）房屋买卖，是指出卖者向购买者过渡房屋所有权的交易行为。以下几种特殊情况，视同买卖房屋：

①以房产作投资或作股权转让；

②以房产抵债或实物交换房屋；

③买房拆料或翻建新房，应照章征收契税。

（4）房屋赠与。房屋的受赠人要按规定缴纳契税。

2．纳税人

契税的纳税人是在转移土地、房屋权属过程中，承受土地使用权或房屋所有权的单位和个人。由购买者纳税是契税区别于其他税种的特点。承受是指以受让、购买、受赠、交换等方式取得土地、房屋权属的行为。

3.计税依据

契税的计税依据为不动产的价格。由于土地、房屋权属转移方式不同,定价方法不同,具体的计税依据视不同情况而定。

(1)国有土地使用权出让、土地使用权出售、房屋买卖,计税依据为成交价格,包括承受者应付的货币、实物、无形资产或其他经济利益。

(2)土地使用权赠与、房屋赠与,计税依据由征收机关参照土地使用权和房屋买卖市场价格核定。

(3)土地使用权交换、房屋交换,计税依据为所交换的土地使用权、房屋的价格差额。交换价格相等时,免征契税;交换价格不等时,由多交付货币、实物、无形资产或其他价格利益的一方按价差交纳契税。

(4)以划拨方式取得土地使用权的,经批准转让房地产时,应由房地产转让者补缴契税。其计税依据为补缴的土地使用权出让费用或土地收益。

对成交价格明显低于市场价格并且无正当理由的,或者所交换土地使用权、房屋的价格的差额明显不合理并且无正当理由的,征收机关可以参照市场价格核定计税依据。

4.税率

契税实行 3% 至 5% 的幅度比例税率。具体适用税率,由各省、自治区、直辖市人民政府根据本地区的实际情况在规定幅度内确定。

5.契税优惠政策

(1)国家机关、事业单位、社会团体、军事单位承受土地、房屋用于办公、教学、医疗、科研和军事设施的,免征契税。

(2)城镇职工按规定第一次购买公有住房的,免征契税。

(3)因不可抗力灭失住房而重新购买住房的,酌情减免契税。

(4)土地、房屋被县级以上人民政府征用、占用后,重新承受土地、房屋权属的,由省级人民政府确定是否减免契税。

(5)承受荒山、荒沟、荒丘、荒滩土地使用权,并用于农、林、牧、渔业生产的,免征契税。

(6)经外交部确认,依照我国有关法律规定以及我国缔结或参加的双边和多边条约或协定的规定应当予以免税的外国驻华使馆、领事馆、联合国驻华机构及其外交代表、领事官员和其他外交人员承受土地、房屋权属的,经外交部确认,可以免征契税。

9.6.2　应纳税额计算及征收

1.应纳税额计算

计算契税应纳税额的基本计算公式为

$$应纳税额 = 计税依据 \times 适用税率$$

2.税款征收

契税纳税义务发生时间是纳税人签订土地、房屋权属转移合同的当天,或者纳税人取得其他具有土地、房屋权属转移合同性质的凭证的当天。

纳税人应当自纳税义务发生之日起 10 日内,向土地、房屋所在地的契税征收机关办理纳税申报,并在契税征收机关核定的期限内缴纳税款。

纳税人出具契税完税凭证和其他规定的文件材料后,土地和房产管理部门才能办理有关土地、房屋的权属变更登记手续。

契税在土地、房屋所在地的征收机关缴纳。

9.6.3　契税会计核算

交纳契税不需通过"应交税费"账户核算,缴纳契税时,属于受让土地使用权的,就应缴纳的契税借记"在建工程",贷记"银行存款"等;属于购买房屋和受赠房屋的,就应缴纳的契税借记"固定资产",贷记"银行存款"等。

【例 9-11】　某企业购置一套住房,用于引进高级人才居住使用。该住房的成交价格为 80 万元,当地的住房交易的契税税率为 3%,作出缴纳契税的会计处理。

借:固定资产(800 000×3%)　　　　　　　　24 000
　　贷:银行存款　　　　　　　　　　　　　　　24 000

9.6.4　契税纳税申报

契税纳税申报表的格式见表 9-8。

表 9-8　　　　　　　　　　　　契税纳税申报表

税款所属时期:　　年　月　日　　　　　　　　　　　填表时间:　　年　月　日

纳税人名称		地址		邮政编码		电话号码	
开户银行				银行账号			
土地房屋权属转移	合同签订时间						
	土地、房屋地址						
	权属转移类型						
	数　　量						
	成交价格						
税率							
减免税额							
减免税依据							
应纳税额							
备注							

如由纳税人申报,由纳税人填写以下各栏			如委托代理人申报,由代理人填写以下各栏			备注
会计主管（签章）	经办人（签章）	纳税人（签章）	代理人名称		代理人（签章）	
			代理人地址			
			经办人	电话		

以下由税务机关填写

收到申报表日期			接收人	

9.7　车船税会计

9.7.1　车船税概述

车船税是指在中华人民共和国境内属于《中华人民共和国车船税法》所附《车船税税目税额表》规定的车辆、船舶的所有人或者管理人按照本税法规定缴纳的一种税。

《中华人民共和国车船税法》自 2012 年 1 月 1 日起施行。2006 年 12 月 29 日国务院发布的《中华人民共和国车船税暂行条例》同时废止。

1.纳税人

在中华人民共和国境内属于《中华人民共和国车船税法》所附《车船税税目税额表》规定的车辆、船舶的所有人或者管理人,为车船税的纳税人。从事机动车第三者责任强制保险业务的保险机构为机动车车船税的扣缴义务人,应当在收取保险费时依法代收车船税,并出具代收税款凭证。

2.征税范围

车船税的征税范围包括:依法应当在车船登记管理部门登记的机动车辆和船舶;依法不需要在车船登记管理部门登记的在单位内部场所行驶或者作业的机动车辆和船舶。

车辆,包括乘用车、商用车、半挂牵引车、三轮汽车、低速载货汽车、挂车、专用作业车、轮式专用机械车、摩托车。

船舶,包括各类机动、非机动船舶以及其他水上移动装置,但是船舶上装备的救生艇筏和长度小于 5 米的艇筏除外。其中,机动船舶是指用机器推进的船舶;拖船是指专门用于拖(推)动运输船舶的专业作业船舶;非机动驳船,是指在船舶登记管理部门登记为驳船的非机动船舶;游艇是指具备内置机械推进动力装置,长度在 90 米以下,主要用于游览观光、休闲娱乐、水上体育运动等活动,并应当具有船舶检验证书和适航证书的船舶。

3.计税依据

车船税的计税依据,按车船种类和性能,分别确定辆、吨和米三种计税单位。

(1)乘用车、商用车、摩托车以"辆"为计税依据。

(2)半挂牵引车、三轮汽车、低速载货汽车、挂车、专用作业车、轮式专用机械车以整备质量"吨"为计税依据。

(3)船舶机动船舶按"净吨位"为计税依据。

(4)船舶游艇按艇身长度为计税依据。

4.税率

车辆的具体适用税额由省、自治区、直辖市人民政府依照《中华人民共和国车船税法》所附《车船税税目税额表》规定的税额幅度和国务院的规定确定。船舶的具体适用税额由国务院在该法所附《车船税税目税额表》规定的税额幅度内确定。

表 9-9 车船税税目税额表

税目	计税单位	年基准税额	备注
乘用车［按发动机汽缸容量（排气量）分档］			
1.0 升（含）以下	每辆	60 元～360 元	核定载客人数 9 人（含）以下
1.0 升以上～1.6 升（含）		300 元～540 元	
1.6 升以上～2.0 升（含）		360 元～660 元	
2.0 升以上～2.5 升（含）		660 元～1 200 元	
2.5 升以上～3.0 升（含）		1 200 元～2 400 元	
3.0 升以上～4.0 升（含）		2 400 元～3 600 元	
4.0 升以上的		3 600 元～5 400 元	
商用车客车	每辆	480 元～1 440 元	核定载客人数 9 人以上，包括电车
商用车货车按整备质量	每吨	16 元～120 元	包括半挂牵引车、三轮汽车和低速载货汽车等
挂车按整备质量	每吨	按照货车税额的 50% 计算	
其他车辆专用作业车按整备质量	每吨	16 元～120 元	不包括拖拉机
其他车辆轮式专用机械车按整备质量	每吨	16 元～120 元	不包括拖拉机
摩托车	每辆	36 元～180 元	
船舶机动船舶按净吨位	每吨	3 元～6 元	拖船、非机动驳船分别按照机动船舶税额的 50% 计算
船舶游艇按艇身长度	每米	600 元～2 000 元	

9.7.2 车船税税收优惠政策

1.法定免税、不征税车船

(1)捕捞、养殖渔船。

(2)军队、武装警察部队专用的车船。

(3)警用车船。

(4)依照法律规定应当予以免税的外国驻华使领馆、国际组织驻华代表机构及其有关人员的车船。

(5)临时入境的外国车船和香港特别行政区、澳门特别行政区、台湾地区的车船,不征收车船税。

(6)按照规定缴纳船舶吨税的机动船舶,自车船税法实施之日起 5 年内免征车船税。

(7)依法不需要在车船登记管理部门登记的机场、港口、铁路站场内部行驶或者作业的车船,自车船税法实施之日起 5 年内免征车船税。

2.经批准免税的其他车船

(1)对节约能源、使用新能源的车船可以减征或者免征车船税。

(2)对受严重自然灾害影响纳税困难以及有其他特殊原因确需减税、免税的,可以减征或者免征车船税。具体办法由国务院规定,并报全国人民代表大会常务委员会备案。

省、自治区、直辖市人民政府根据当地实际情况,可以对公共交通车船,农村居民拥有并主要在农村地区使用的摩托车、三轮汽车和低速载货汽车定期减征或者免征车船税。

9.7.3 应纳税额计算及征收

1.纳税义务发生时间

车船税的纳税义务发生时间,为取得车船所有权或管理权的当月。

2.纳税期限

车船税按年申报缴纳。具体申报纳税期限由省、自治区、直辖市人民政府确定。

3.纳税地点

车船税的纳税地点为车船的登记地或者车船税扣缴义务人所在地。依法不需要办理登记的车船,车船税的纳税地点为车船的所有人或者管理人所在地。

4.征收机关车船税由地方税务机关负责征收

公安、交通运输、农业、渔业等车船登记管理部门、船舶检验机构和车船税扣缴义务人的行业主管部门应当在提供车船有关信息等方面,协助税务机关加强车船税的征收管理。

9.7.4 车船税会计核算

车船税,通过"管理费用"、"应交税费——应交车船税"、"银行存款"等账户核算。

【例 9-12】 某公司拥有商用载货汽车 6 辆,总载重量为 60 吨,商用大客车 3 辆,该省规定的载货汽车年税额为 60 元/吨,大客车年纳税额为 480 元/辆。计算每年应纳的车船税并作出会计处理。

$$应纳税额＝60×60＋480×3＝5\ 040(元)$$

会计处理如下:

借:管理费用——税金　　　　　　　　　　　5 040
　　贷:应交税费——应交车船税　　　　　　　　　5 040

注:一般情况下,车船税是在车船年检时缴纳,可不通过"应交税费——应交车船税"账户核算,而是根据实际缴纳的税款,直接借记"管理费用"等账户,贷记"银行存款"等账户。

9.8　印花税会计

9.8.1 印花税概述

印花税是对经济活动和经济交往中书立、使用、领受具有法律效力的凭证的单位和个人征收的一种税。

印花税是一种具有行为税性质的凭证税,属地方税。从新中国成立初即开征印花税,曾经历了一个发展、停征、恢复的过程。现行印花税于1988年10月1日开征。

1. 纳税人

印花税的纳税人是在我国境内书立、领受印花税法所列举的凭证的单位和个人。单位和个人,是指国内各类企业、事业、机关、团体、部队以及中外合资企业、合作企业、外资企业、外国公司企业和其他经济组织及其在华机构等单位和个人。

按照书立、领受应税凭证的不同,印花税纳税人可分为立合同人、立据人、立账簿人、领受人、使用人、各类电子应税凭证的签订人六种。

(1)立合同人,指合同的当事人。当事人是指对凭证有直接权利义务关系的单位和个人,但不包括合同的担保人、证人、鉴定人。各类合同的纳税人是立合同人。当事人的代理人有代理纳税的义务,他与纳税人负有同等的税收法律义务和责任。

(2)立据人,指设立产权转移书据的单位和个人。产权转移书据的纳税人是立据人。

(3)立账簿人,指设立并使用营业账簿的单位和个人。营业账簿的纳税人是立账簿人。

(4)领受人,指领取或接受并持有该项凭证的单位和个人。权利、许可证照的纳税人是领受人。

(5)使用人,指在国外书立、领受,但在国内使用的应税凭证,其纳税人是使用人。

对应税凭证,凡由两方或两方以上当事人共同书立的,其当事人各方都是印花税的纳税人,应各就其所持凭证的计税金额履行纳税义务。

(6)各类电子应税凭证的签订人,即以电子形式签订的各类应税凭证的当事人。

2. 征税范围

印花税的征税对象为合法凭证。印花税列举的纳入征税范围的凭证有以下五类:

(1)购销、加工承揽、建设工程承包、财产租赁、货物运输、仓储保管、借款、财产保险、技术合同或具有合同性质的凭证。

(2)产权转移书据,包括财产所有权和版权、商标专用权、专利权、专有技术使用权等转移所产生的书据和土地使用权出让、土地使用权转让、商品房销售等权利转移合同。

(3)营业账簿,包括单位或者个人记载生产经营活动的各种财务会计核算账簿。

(4)权利、许可证照,包括房屋产权证、工商营业执照、商标注册证、土地使用权证、专利证、土地使用证等。

(5)经财政部确定征税的其他凭证。

3. 计税依据

印花税的计税依据是应税凭证所载金额或应税凭证件数。

对一些载有金额的凭证,包括经济合同和具有合同性质的凭证(指具有合同效力的协议、契约、合约、单据、确认书及其他各种名称的凭证)及记载资金的账簿,以凭证所载金额为计税依据。对一些无法计算金额的凭证,如各种权利、许可证照,或虽载有金额,但作为计税依据明显不合理的凭证,如其他账簿,以凭证件数为计税依据。

4. 税率

经济合同和具有合同性质的凭证、产权转移书据、记载资金的账簿,适用比例税率。

　　"营业账簿"税目中的其他账簿,"权利、许可证照"适用定额税率,均为按件贴花,税额5 元。印花税税目税率表见表 9-10。

表 9-10　　　　　　　　　　　　　　　印花税税目税率表

税目	范围	税率	纳税人	说明
1.购销合同	包括供应、预购、采购、购销结合及协作、调剂、补偿、易货等合同	按购销金额万分之三贴花	立合同人	
2.加工承揽合同	包括加工、定做、修缮、修理、印刷、广告、测绘、测试等合同	按加工或承揽收入万分之五贴花	立合同人	
3.建设工程勘察设计合同	包括勘察、设计合同	按收取费用万分之五贴花	立合同人	
4.建筑安装工程承包合同	包括建筑、安装工程承包合同	按承包金额万分之三贴花	立合同人	
5.财产租赁合同	包括租赁房屋、船舶、飞机、机动车辆、机械、器具、设备等合同	按租赁金额千分之一贴花。税额不足 1 元的按 1 元贴花	立合同人	
6.货物运输合同	包括民用航空运输、铁路运输、海上运输、内河运输、公路运输和联运合同	按运输费用万分之五贴花	立合同人	单据作为合同使用的,按合同贴花
7.仓储保管合同	包括仓储、保管合同	按仓储保管费用千分之一贴花	立合同人	仓单或栈单作为合同使用的,按合同贴花
8.借款合同	银行和其他金融组织与借款人(不包括银行同业拆借)所签订的借款合同	按借款金额万分之零点五贴花	立合同人	单据作为合同使用的,按合同贴花
9.财产保险合同	包括财产、责任、保证、信用等保险合同	按保费收入千分之一贴花	立合同人	单据作为合同使用的,按合同贴花
10.技术合同	包括技术开发、转让、咨询、服务等合同	按所载金额万分之三贴花	立合同人	
11.产权转移书据	包括财产所有权和版权、商标专用权、专利权、专有技术使用权等转移书据	按所载金额万分之五贴花(目前,股权转移书据按千分之四贴花)	立据人	
12.营业账簿	生产经营用账册	记载资金的账簿,按实收资本和资本公积的合计金额万分之五贴花。其他账簿按件贴花 5 元。	立账簿人	
13.权利、许可证照	包括政府部门发给的房屋产权证、工商营业执照、商标注册证、专利证、土地使用证	按件贴花 5 元	领受人	

5.印花税应纳税额计算及征收

（1）应纳税额计算

印花税纳税人的应纳税额的计算，根据应税凭证的性质，分别按比例税率或者定额税率计算。

$$应纳税额＝应税凭证计税金额（或应税凭证件数）×适用税率（或税额）$$

（2）税款征收

印花税按照应纳税额大小、纳税次数多少以及税源控管需要，分别采用自行贴花、汇贴或汇缴、委托代征三种征收办法。

①自行贴花。纳税人书立、领用或者使用应税凭证的同时，纳税义务即已产生，应当根据应税凭证的性质和适用税率，自行计算应纳税额，自购印花税票，自行一次贴足印花税票，并加以注销或划销，纳税义务才算全部履行完毕。这种办法一般适用于应税凭证较少或同一凭证纳税次数较少的纳税人。

②汇贴或汇缴。一份凭证应纳税额超过 500 元的，应向当地税务机关申请填写缴款书或者完税证，将其中的一联粘贴在凭证上或由税务机关在凭证上加注完税标记代替贴花。这就是通常所说的"汇贴"。

同一种类应税凭证，需要频繁贴花的，应向当地税务机关申请按期汇总缴纳印花税。获准汇总缴纳印花税的纳税人，应持有税务机关发给的汇缴许可证。汇总缴纳的期限由当地税务机关确定，但最长期限不得超过 1 个月。

凡汇总缴纳印花税的凭证，应加注税务机关指定的汇缴戳记，编号并装订成册后，将已贴印花或者缴款书的一联粘附册后，盖章注销，保存备查。

③委托代征。凡通过国家有关部门发放、鉴证、公证或仲裁的应税凭证可由税务机关委托这些部门代为征收印花税税款。

纳税人不论采取哪一种纳税办法，均应对纳税凭证妥善保存。凭证的保存期限，凡国家已有明确规定的，按规定办理；其余凭证均在履行纳税义务完毕后保存 1 年。

6.违章处理

纳税人有以下行为之一的，由税务机关根据情节轻重予以处罚：

（1）在应税凭证上未贴或少贴印花税票的，或者已粘在应税凭证上的印花税票未注销或者未划销的，由税务机关追缴其不缴或者少缴的税款、滞纳金，并处不缴或者少缴的税款 50％以上 5 倍以下的罚款。

（2）将已贴用在应税凭证上的印花税票揭下重用造成未缴或少缴印花税的，由税务机关追缴其不缴或者少缴的税款、滞纳金，并处不缴或者少缴的税款 50％以上 5 倍以下的罚款。

（3）伪造印花税票的，由税务机关责令改正，处以 2 000 元以上 1 万元以下的罚款；情节严重的,处以1万元以上5万元以下的罚款;构成犯罪的,依法追究刑事责任。

(4)按期汇总缴纳印花税的纳税人,超过税务机关核定的纳税期限,未缴或少缴印花税款的,由税务机关追缴其不缴或者少缴的税款、滞纳金,并处不缴或少缴的税款50%以上5倍以下的罚款;情节严重的,同时撤销其汇缴许可证;构成犯罪的,依法追究刑事责任。

(5)纳税人未按规定期限保存纳税凭证的,由税务机关责令限期改正,处以2 000元以下的罚款;情节严重的,处以2 000元以上1万元以下的罚款。

(6)代售户对取得的税款逾期不缴或者挪作他用或者违反合同将所领印花税票转托他人代售或者转至其他地区销售,或者未按规定详细提供领售印花税票情况的,税务机关可视其情节轻重,给予警告或者取消其代售资格处罚。

9.8.2 印花税会计核算

企业交纳的印花税不通过"应交税费"账户核算。印花税税额较小时,多可直接作为"管理费用"处理,借记"管理费用",贷记"库存现金"或"银行存款"账户。

【例9-13】 某企业2012年8月开业,领受房屋产权证、工商营业执照、商标注册证、土地使用证、专利证各一件;与其他企业订立购销合同一件,所载金额100万元;订立借款合同一份,所载金额200万元;订立加工承揽合同一份,内列加工收入10万元,受托方提供原材料金额90万元;订立财产保险合同一份,投保金额200万元,保险费5万元;签订建筑工程总承包合同一份,承包金额5 000万元,其中1 000万元转包给其他单位,已签订转包合同。请计算该企业共应纳的印花税额,并作会计处理。

$$各项权利、许可证照应纳印花税 = 5 \times 5 = 25(元)$$
$$购销合同应纳印花税 = 1\,000\,000 \times 0.3‰ = 300(元)$$
$$借款合同应纳印花税 = 2\,000\,000 \times 0.05‰ = 100(元)$$
$$加工承揽合同应纳印花税 = 100\,000 \times 0.5‰ + 900\,000 \times 0.3‰$$
$$= 50 + 270 = 320(元)$$
$$财产保险合同应纳印花税 = 50\,000 \times 1‰ = 50(元)$$
$$工程承包合同应纳印花税 = (50\,000\,000 + 10\,000\,000) \times 0.3‰ = 18\,000(元)$$
$$该企业应纳印花税 = 25 + 300 + 100 + 320 + 50 + 18\,000 = 18\,795(元)$$

上缴印花税金时,会计处理为:

借:管理费用——税金　　　　　　　　　　　　　18 795
　　贷:银行存款　　　　　　　　　　　　　　　　　　18 795

9.8.3 印花税纳税申报

印花税纳税申报表格式见表9-11。

表 9-11　　　　　　　　　　　　印花税纳税申报表

纳税人识别号：□□□□□□□□□□□□□□□□□□□

纳税人名称(公章)：

税款所属期限：自　年　月　日至　年　月　日

填表日期：　年　月　日　　　　　　　　　金额单位：元(列至角分)

应税凭证	计税金额或件数	适用税率	核定征收		本期应纳税额	本期已缴税额	本期应补(退)税额
			核定依据	核定比例			
	1	2	3	4	5＝1×2＋2×3×4	6	7＝5－6
购销合同		0.3‰					
加工承揽合同		0.5‰					
建设工程勘察设计合同		0.5‰					
建筑安装工程承包合同		0.3‰					
财产租赁合同		1‰					
货物运输合同		0.5‰					
仓储保管合同		1‰					
借款合同		0.05‰					
财产保险合同		1‰					
技术合同		0.3‰					
产权转移书据		0.5‰					
营业账簿（记载资金的账簿）		0.5‰	—	—			
营业账簿（其他账簿）		5	—	—			
权利、许可证照		5	—	—			
合 计	—	—					

纳税人或代理人声明： 此纳税申报表是根据国家税收法律的规定填报的,我确信它是真实的、可靠的、完整的。	如纳税人填报,由纳税人填写以下各栏		
	经办人 (签章)	会计主管 (签章)	法定代表人 (签章)
	如委托代理人填报,由代理人填写以下各栏		
	代理人名称		代理人(公章)
	经办人(签章)		
	联系电话		

受理人：　　　　　　　　受理日期：　　　　　　　　受理税务机关(签章)：

填表说明：

1.本表适用于印花税(股票交易印花税除外)纳税人填报。

2.纳税人识别号是办理税务登记时由税务机关确定的税务登记号。

3.核定依据指采用核定方式征收印花税的应税凭证所对应的费用、收入金额。如购销合同对应采购金额、销售收入；加工承揽合同对应加工承揽金额；建筑安装承包合同对应承包金额等。

4.对于购、销业务量较大的纳税人,在此申报表后须附《购、销合同编号目录》。

9.9 城市维护建设税会计

9.9.1 城市维护建设税概述

城市维护建设税是国家对缴纳增值税、消费税、营业税(简称"三税")的单位和个人就其实际缴纳的"三税"应纳税款为计税依据而征收的一种税。

城市维护建设税是一种目的税,其目的就是专门筹集城市建设与维护资金,所征收的税款有专门用途,属地方性税种。

1.纳税人

城市维护建设税的纳税人是缴纳增值税、消费税、营业税的单位和个人。外商投资企业和外国企业不征收城市维护建设税。

2.征税范围

城市维护建设税在全国范围内征收,只要缴纳增值税、消费税、营业税的纳税人所在的地方,除税法另有规定外,都属于征收城市维护建设税的范围。

3.计税依据

城市维护建设税的计税依据是纳税人实际缴纳的增值税、消费税、营业税的税额。这一税额仅指正税,不包括非税税项。它随"三税"的正税补征,退税而退税。

4.税率

城市维护建设税的税率是指纳税人应纳的城市维护建设税税额与纳税人实际缴纳的增值税、消费税、营业税之间的比率。城市维护建设税根据纳税人所在地不同,设置三档差别比例税率:

(1)纳税人所在地为城市市区的,税率为7%;

(2)纳税人所在地为县城、镇的,税率为5%;

(3)纳税人所在地不在市区、县城或镇的,税率为1%。

城市维护建设税税率的适用,应以当地人民政府规定的税率执行,一般都是从行政区划。另外,下列两种情况可按"三税"纳税人缴纳税款所在地规定税率计征城市维护建设税:

(1)由受托方代扣代缴增值税、消费税、营业税的单位和个人,其代扣代缴的城市维护建设税按受托方所在地适用税率计征。

(2)流动经营等无固定纳税地点的单位和个人,在经营地缴纳增值税、消费税、营业税的,按经营地适用税率缴纳城市维护建设税。

5.应纳税额计算及征收

(1)应纳税额计算

城市维护建设税应纳税款的计算公式为

应纳税额＝纳税人实际缴纳的增值税、消费税、营业税税额×适用税率

(2)税款征收

城市维护建设税以增值税、消费税、营业税的纳税环节为纳税环节,以其纳税地点为纳税地点。下列情况下城市维护建设税纳税地点的规定为:

①委托加工产品、委托代销商品以及企业收购工业、手工业品,规定由受托方或收购

企业代扣代缴增值税、消费税、营业税的单位和个人,同时按受托方、收购企业当地适用税率代扣代缴城市维护建设税。

②交通运输管理部门对运输单位和个人代扣代缴营业税时,同时按代扣企业当地适用税率代扣代缴城市维护建设税。

③跨省开采的油田,下属生产单位与核算单位不在一个省内的,其生产的原油在油井所在地缴纳增值税,其应纳税款由核算单位按照各油井的产量和规定税率,计算汇拨各油井缴纳。所以各油井应纳的城市维护建设税应由核算单位计算,随同增值税一并汇拨油井所在地,由油井在缴纳增值税的同时一并缴纳城市维护建设税。

④对管道局输油部分收入,也应由取得收入的各管道局于所在地缴纳营业税时,一并缴纳城市维护建设税。

9.9.2　城市维护建设税会计核算

企业计算当期应纳城市维护建设税税额时,借记"营业税金及附加"、"其他业务成本"等账户,贷记"应交税费——应交城市维护建设税"账户。随同正税上缴时,借记"应交税费——应交城市维护建设税"账户,贷记"银行存款"等账户。

9.10　教育费附加会计

9.10.1　教育费附加概述

教育费附加是对缴纳增值税、消费税、营业税的单位和个人,就其实际缴纳的税额为计税依据征收的一种附加费。教育费附加是一种目的税(费),其目的是为地方办学而筹集一部分教育经费,所征收的税(费)款专用补助当地教育部门经费不足。现行教育费附加是 1986 年 7 月 1 日开始征收的。

1.征收范围和缴纳人

凡缴纳增值税、消费税、营业税的单位和个人,除按照《国务院关于筹措农村学校办学经费的通知》的规定缴纳农村教育事业费附加的农业和乡镇企业外,都是教育费附加的缴纳人。

海关对进出口产品征收的增值税、消费税,不附征教育费附加。

2.计征依据和征收率

教育费附加的计征依据是纳税人实际缴纳的增值税、消费税、营业税税额。征收率为 3%。

3.计税与征收

教育费附加缴纳额的计算公式为

缴纳额＝纳税人实际缴纳的增值税、消费税、营业税税额×征收率(3%)

教育费附加分别与增值税、消费税、营业税同时缴纳。

由于减免或计算增值税、消费税、营业税错误而发生补退税时,同时补退教育费附加。但对出口产品退还增值税和消费税,不退还已纳教育费附加。

教育费附加的征收机关根据分管税种分别由国家税务局和地方税务局征收。国家税务局负责征收按增值税、消费税附征的教育费附加。地方税务局负责征收按营业税附征的教育费附加。

9.10.2　教育费附加会计核算

企业计算当期应纳教育费附加,借记"营业税金及附加",贷记"应交税费——应交教育费附加"。

【例 9-14】　地处厦门市区的厦门某酒业集团公司,2012 年 2 月份生产销售酒类产品应纳消费税 500 000 元、应纳增值税 1 500 000 元,车队运输收入应纳营业税 50 000 元(附属车队经营与公司分开,并独立核算)。请计算该企业当月应纳的城市维护建设税和教育费附加,并作出计提应纳税款的会计处理。

销售产品应纳城市维护建设税及教育费附加:

$$应纳城市维护建设税 = (500\,000 + 1\,500\,000) \times 7\% = 140\,000(元)$$
$$应纳教育费附加 = (500\,000 + 1\,500\,000) \times 3\% = 60\,000(元)$$

车队运输收入应纳城市维护建设税及教育费附加:

$$应纳城市维护建设税 = 50\,000 \times 7\% = 3\,500(元)$$
$$应纳教育费附加 = 50\,000 \times 3\% = 1\,500(元)$$

①酒厂的会计处理如下:

借:营业税金及附加	700 000	
贷:应交税费——应交消费税		500 000
——应交城市维护建设税		140 000
——应交教育费附加		60 000

应交的增值税:

借:应交税费——应交增值税(转出未交增值税)	1 500 000	
贷:应交税费——未交增值税		1 500 000

②车队应作会计处理如下:

借:营业税金及附加	55 000	
贷:应交税费——应交营业税		50 000
——应交城市维护建设税		3 500
——应交教育费附加		1 500

复习与思考

一、单项选择题

1. 依据我国《资源税暂行条例》及实施细则的规定,下列单位和个人的生产经营行为应缴纳资源税的是(　　)。

A. 冶炼企业进口矿石　　　　　　　　B. 煤炭经销商销售原煤
C. 军事单位开采石油　　　　　　　　D. 开采过程中用于加热的原油

2. 以下关于原油的资源税征税范围的说法中,正确的是(　　)。

A. 原油,是指开采的天然原油,不包括人造石油
B. 原油,是指开采的原油,但是也包括人造石油
C. 原油,包括油页岩
D. 原油是指所有的石油产品

3.福建省一独立核算的煤炭企业,下属一生产单位在江西省。2012年该企业开采原煤340万吨(其中含江西省生产单位开采的60万吨),当年销售原煤400万吨(其中含江西省生产单位销售的150万吨)。已知原煤每吨单位税额4元,2012年该企业在本省应缴纳的资源税为(　　)万元。

A.1 000　　　　　　B.1 120　　　　　　C.1 360　　　　　　D.1 400

4.下列各项中,有关土地增值税征税范围表述正确的是(　　)。

A.对转让集体土地使用权及地上建筑物和附着物的行为征税

B.无论是单独转让国有土地使用权,还是将房屋和土地一并转让,只要取得收入,均属于土地增值税的征收范围

C.对转让房地产未取得收入的行为征税

D.对房地产的出租行为征税

5.在土地增值税计算过程中,不准予按实际发生额扣除的项目是(　　)。

A.支付的土地出让金　　　　　　　　B.建筑安装工程费

C.房地产企业管理费用　　　　　　　D.转让房产交纳的营业税

6.某独立铁矿山,8月份开采铁矿石7 000吨,销售4 000吨,适用的单位税额为每吨14元,该矿当月应纳资源税为(　　)元。

A.22 400　　　　　　B.33 600　　　　　　C.56 000　　　　　　D.70 000

7.城镇土地使用税适用的税率属于(　　)。

A.定额税率　　　　　　　　　　　　B.幅度比例税率

C.差别比例税率　　　　　　　　　　D.地区差别比例税率

8.建发企业实际占地面积共为31 000平方米,其中企业子弟学校面积3 000平方米,职工医院占地1 000平方米。如该企业所处地段适用年税额为3元/平方米,则该企业每年应缴纳的城镇土地使用税为(　　)元。

A.81 000　　　　　　B.84 000　　　　　　C.87 000　　　　　　D.90 000

9.2012年蒋某将市区住房出租给柳某居住,取得全年租金收入2万元,该房产原值70万元,房产税的扣除比例为20%,则蒋某全年应纳的房产税为(　　)元。

A.4 800　　　　　　B.3 840　　　　　　C.2 400　　　　　　D.800

10.按照规定应缴纳契税的纳税人是(　　)。

A.出让土地使用权的国土资源管理局

B.销售别墅的某房地产公司

C.承受土地、房屋用于医疗、科研的医院

D.购买花园别墅的用户

11.契税的纳税义务发生时间是(　　)。

A.签订土地、房屋权属转移合同或合同性质凭证的当天

B.签订土地、房屋权属转移合同或合同性质凭证的7日内

C.签订土地、房屋权属转移合同或合同性质凭证的10日内

D.签订土地、房屋权属转移合同或合同性质凭证的30日内

12.下列项目中,属于车船税的扣缴义务人的是(　　)。

A.办理交强险业务的保险机构　　　　B.机动车的生产厂家

C.车辆船舶的所有人　　　　　　　　D.车辆船舶的管理人

13.下列各项中,不属于车船税征税范围的是(　　)。

　　A.三轮汽车　　　　B.火车　　　　　C.摩托车　　　　D.拖船

14.某运输公司拥有 10 辆商用载货汽车用于运输业务,每辆整备质量 10 吨,其中 5 辆带有挂车,挂车的自重吨位为 5 吨。当地核定的商用载货汽车单位税额每吨为 20 元。该单位每年应该缴纳的车船税为(　　)元。

　　A.2 500　　　　　B.2 350　　　　　C.3 000　　　　　D.1 750

15.企业的车船如果跨省使用,应在(　　)缴纳车船税。

　　A.车船登记地　　　B.机构所在地　　　C.车船购买地　　　D.车船使用地

16.下列各项中,可以不征收印花税的项目有(　　)。

　　A.委托加工合同　　B.审计合同　　　　C.技术开发合同　　D.出版印刷合同

17.甲公司与乙公司签订了一项以货易货合同,按合同规定,甲公司向乙公司提供 50 吨钢材,每吨 0.6 万元;乙公司则向甲公司提供价值 40 万元的设备。则甲、乙两个公司合计应纳印花税(　　)元。

　　A.90　　　　　　　B.420　　　　　　C.210　　　　　　D.30

18.某公司受托加工制作广告牌,双方签订的加工承揽合同中分别注明加工费 40 000 元,委托方提供价值 60 000 元的主要材料,受托方提供价值 3 000 元的辅助材料。该公司此项合同应缴纳印花税(　　)元。

　　A.20.9　　　　　　B.21.5　　　　　　C.38　　　　　　　D.39

19.某市甲卷烟厂委托某县城乙卷烟厂加工一批雪茄烟,委托方提供原材料 30 000 元(不含增值税),支付加工费 2 000 元(不含增值税),雪茄烟消费税税率为 36%。这批雪茄烟无同类产品市场价格。受托方代收代缴的城市维护建设税为(　　)元。

　　A.59.5　　　　　　B.900　　　　　　C.1 050　　　　　D.1 500

20.某县城一运输公司 2012 年取得货物运输收入 170 万元、装卸劳务收入 30 万元,该公司 2012 年缴纳的城市维护建设税为(　　)万元。

　　A.0.18　　　　　　B.0.29　　　　　　C.0.25　　　　　　D.0.30

21.房地产开发企业在确定土地增值税扣除项目时,允许单独扣除的税金是(　　)。

　　A.营业税,印花税　　　　　　　　　　B.房产税,城市维护建设税

　　C.营业税,城市维护建设税　　　　　　D.印花税,城市维护建设税

二、多项选择题

1.纳税人销售应纳资源税的产品,其资源税的纳税义务发生时间是(　　)。

　　A.纳税人采取分期收款结算方式的,其纳税义务发生时间为销售合同规定的收款日期的当天

　　B.纳税人采取其他结算方式的,其纳税义务发生时间为收讫销售款或者取得索取销售款凭据的当天

　　C.纳税人采取预收货款结算方式的,其纳税义务发生时间为收到预收款的当天

　　D.纳税人自产自用应税产品的,其纳税义务发生时间为移送使用应税产品的当天

2.以下属于土地增值税纳税义务人的有(　　)。

　　A.外商投资企业　　B.国家机关　　　C.个人　　　　　D.国有企业

3.城镇土地使用税的缴纳地点规定包括(　　)。

　　A.跨省、市、自治区的应税土地,分别在土地所在地纳税

　　B.同一省、市、自治区范围跨地区的应税土地纳税地点,由省、市、自治区地方税务局确定

C.由纳税人选择纳税地点

D.由当地税务所指定纳税地点

4.按照《房产税暂行条例》的有关规定,以下的表述中不正确的是(　　)。

A.房屋出租的,由承租人纳税

B.房屋产权未确定的,暂不缴纳房产税

C.产权人不在房屋所在地的,由房屋代管人或使用人纳税

D.某纳税单位无租使用另一纳税单位的房产,由使用人代为缴纳房产税

5.下列契税计税依据的确定正确的是(　　)。

A.土地使用权转让、房屋买卖,计税依据为成交价格

B.土地使用权交换,计税依据为交换双方确定的价格

C.土地使用权赠与、房屋赠与,计税依据由征税机关按市场价格核定

D.承受的房屋附属设施权属如为单独计价的,按照当地确定的适用税率征收契税;如与房屋统一计价的,按房屋适用税率的50%征税

6.甲企业将原值28万元的房产评估作价30万元投资乙企业,乙企业办理产权登记后又将该房产以40万元价格售给丙企业,当地契税税率为3%,则下列说法正确的是(　　)。

A.丙企业缴纳契税0.9万元　　　　　　B.丙企业缴纳契税1.2万元

C.乙企业缴纳契税0.9万元　　　　　　D.乙企业缴纳契税0.84万元

7.下列项目中,属于车船税纳税人的有(　　)。

A.事业单位　　　　B.养殖渔船　　　　C.私营企业　　　　D.个人

8.下列各项中,符合印花税有关规定的有(　　)。

A.已贴用的印花税票,不得揭下重用

B.凡多贴印花税票者,不得申请退税或者抵用

C.应税合同不论是否兑现或是否按期兑现,均应贴花

D.伪造印花税票的,税务机关可处以伪造印花税票金额3倍至5倍的罚款

9.符合城市维护建设税和教育费附加税率规定范围的有(　　)。

A.7%　3%　　　　B.5%　3%　　　　C.1%　1%　　　　D.3%　3%

10.以下情况符合城市维护建设税计征规定的有(　　)。

A.对出口产品退还增值税、消费税的,也一并退还已纳城市维护建设税

B.纳税人享受增值税、消费税、营业税的免征优惠时,也同时免征城市维护建设税

C.纳税人违反增值税、消费税、营业税有关税法而加收的滞纳金和罚款,也作为城市维护建设税的计税依据

D.海关对进口产品代征的增值税、消费税,不征收城市维护建设税

三、判断题

1.纳税人外购液体盐加工成固体盐销售时,耗用液体盐已纳资源税允许扣除。(　　)

2.资源税以应税矿产品销售数量或者自用数量为计税数量,如果不能准确确定课税数量的,以销售额为依据征收。(　　)

3.港澳台同胞、海外华侨、外国公民不是土地增值税的纳税义务人。(　　)

4.扣除项目一定时,土地增值额越大,增值额占扣除项目比率越高,计算土地增值税适用税率越高。(　　)

5.某县城利用林场土地兴建度假村等休闲娱乐场所,其经营、办公和生活用地,免征城镇土地使用税。(　　)

6.纳税人新征用的非耕地,自批准征用次月起缴纳土地使用税。　　　　　（　　）

7.1吨以下的小型车船,不计征车船税。　　　　　　　　　　　　　（　　）

8.从事机动车责任强制保险业务的保险机构,在向纳税人依法代收代缴车船税时,纳税人可以选择向保险机构缴纳,也可以选择向当地地方税务局缴纳。　　　　（　　）

9.甲公司与乙公司签订一份受托加工合同,甲公司提供价值40万元的辅助材料并收取加工费15万元,乙公司提供价值100万元的原材料。甲公司应纳印花税275元。（　　）

10.对于单据代替合同的,如果此项业务既书立合同,又开立单据的,应当就单据及合同同时贴花。　　　　　　　　　　　　　　　　　　　　　　　　　　　（　　）

11.印花税票代售取得的税款逾期不缴或者挪作他用的,税务机关可以处以万分之五的滞纳金。　　　　　　　　　　　　　　　　　　　　　　　　　　　　　（　　）

四、实务题

1.大海盐场2012年7月自产液体盐30 000吨,以自产液体盐25 000吨和外购液体盐6 000吨(每吨已缴纳资源税2元),加工成固体盐7 000吨对外销售。已知固体盐每吨资源税额为10元,请计算该盐场当月应纳资源税。

2.某超市与某娱乐中心共同使用一块面积为1 500平方米的土地,其中超市实际使用的土地面积占这块土地总面积的2/3,另外1/3归娱乐中心使用。当地每平方米土地使用税年税额为5元,税务机关每半年征收一次城镇土地使用税。计算该超市半年应纳城镇土地使用税税额,并作出计提和上缴时的会计处理。

3.某企业2012年有5吨位的载货汽车两辆,载人中型客车3辆(核定载客人数9人以下)。载货汽车每整备质量吨年税额为16元,9座以下面包车年税额为每辆420元。汽车应纳的车船税于车辆年检时缴纳。计算该企业2012年度应纳的车船税,并作以银行存款缴纳时的会计处理。

4.某企业2012年拥有房屋原值700万元,将其中一部分房产出租,原值200万元,年租金收入12万元,另有一部分房产用于幼儿园使用,原值50万元。当地政府规定,按原值一次减除25%后的余值纳税。房产税每半年申报缴纳一次,并从指定的银行存款账户扣缴。计算该企业2012年上半年应纳房产税额,并作出计提和申报缴纳时的会计处理。

5.某企业2012年1月份更换账簿4本;与其他企业订立购销合同3件,所载金额共计200万元;与银行签订借款合同一份,所载金额500万元;订立加工承揽合同一份,内列加工收入10万元,受托方提供辅助材料金额5万元;订立财产保险合同一份,投保财产金额1 000万元,保险费6万元;签订安装工程总承包合同一份,承包金额500万元,其中200万元分包给其他单位,已签订分包合同。请计算该企业应纳的印花税额,并作会计处理。

6.某市房地产开发公司发生下例业务:

(1)2012年3月,开发的楼盘取得预售许可证后开始预售,当月取得预售商品房收入500万元,并存入银行。按规定土地增值税预征率为预收款的1.5%。计算预缴的土地增值税,并作相应会计处理。

(2)该楼盘2012年8月全部出售完毕,按规定进行税款的清算,清算委托某税务师事务所进行。公司共取得商品房销售收入18 000万元,已预缴土地增值税235万元,清算应补缴土地增值税35万元。请作出相关的会计处理。

7.地处市区的某公司2012年6月应纳增值税50 000元。请计算该企业当月应纳的城市维护建设税和教育费附加,并作出相关的会计处理。

参 考 文 献

1.全国注册税务师执业资格考试教材编写组.税法（Ⅰ）.北京:中国税务出版社,2013

2.全国注册税务师执业资格考试教材编写组.税法（Ⅱ）.北京:中国税务出版社,2013

3.全国注册税务师执业资格考试教材编写组.税务代理实务.北京:中国税务出版社，2013

4.梁俊娇.纳税会计.第二版.北京:中国人民大学出版社,2006

5.于长春,黄国成.新企业会计准则讲解与实务.上海:立信会计出版社,2006